운 동 과 생 활 습 관 개 선 으 로 지 키 는

라이프 스타일 가이드

서영환, 오장록, 윤수미 저

dcb
대경북스

저ㅣ자ㅣ소ㅣ개

서 영 환

조선대학교 대학원 이학박사(운동생리학 전공)
현) 조선대학교 체육대학 체육학과 교수
　　한국발육발달학회 회장
　　세계바이오융합스포츠공학회 부회장
　　한국유산소운동과학회 부회장
　　한국운동생리학회 이사

오 장 록

조선대학교 대학원 이학박사(운동생리학 전공)
현) 조선대학교 체육대학 체육학과 초빙객원교수
　　조선이공대학교 스포츠재활과 외래교수
　　순천청암대학교 재활스포츠학과 외래교수
　　한국발육발달학회 이사

윤 수 미

조선대학교 대학원 이학박사(운동생리학 전공)
현) 조선이공대학교 스포츠재활과 외래교수
　　동강대학교 스포츠재활트레이닝과 외래교수
　　한국발육발달학회 편집이사

운동과 생활습관 개선으로 지키는
라이프 스타일 가이드

초판발행　2020년 4월 10일
초판인쇄　2024년 3월 5일
발 행 인　김영대
발 행 처　대경북스
ISBN　　978-89-5676-815-1

dkb 대경북스
등록번호 제 1-1003호
서울시 강동구 천중로42길 45 2F · 전화 : 02) 485-1988, 485-2586~87
팩스 : 02) 485-1488 · e-mail:dkbooks@chol.com · http://www.dkbooks.co.kr

머리말

　의학과 과학의 눈부신 발전 덕에 수많은 질병이 정복되고, 인류의 평균수명도 크게 늘어났다. 그럼에도 21세기 첨단의료시대를 살고 있는 인류는 현재 들불처럼 번지는 코로나 바이러스 앞에 아무런 대책 없이 공포 속에서 떨고 있다. 마스크 없이는 외출도 하기 힘든 상황에서 대부분의 국민들은 안전하고 평온한 일상의 소중함을 크게 느끼고 있다. 질병관리본부의 재난대비 매뉴얼 완비와 바이러스 사태를 대비한 비상훈련, 일사불란한 일처리로 인해 다른 국가들에 비해 비교적 잘 대응하고 있는 우리나라의 경우를 보더라도, 예기치 못한 재난에 대비하여 미리미리 경각심을 갖고 준비하는 자세가 얼마나 중요한 것인지 알 수 있다.

　우리나라의 평균 기대수명은 2018년 기준 남자 79.7세, 여자 85.7세로 나타나 평균 82.7세로 나타났다. '100세 시대'라는 말이 이제 눈앞으로 다가온 것이다. 이러한 시대에 건강 패러다임은 생존을 위한 건강 차원에서 삶의 질 충족을 통한 건강한 인생의 실현으로 바뀌어가고 있다.

　하지만 앞서 이야기한 코로나 바이러스의 예처럼 예기치 못한 질병이나 사고로 언제든지 생명의 위험에 봉착할 수 있다. 이러한 일을 미연에 방지하기 위해서라도 각 개인이 스스로 건강한 생활습관에 대해 이해하고, 지속적인 운동을 통해 건강을 관리해야 할 필요가 있다. 인간의 생로병사는 자연재해와 마찬가지로 피할 수 없는 자연현상이지만 미리 대책을 세워 대응한다면 질병을 예방하고 보다 건강한 노후를 맞이할 수 있기 때문이다.

　　대부분의 사람들이 건강관리가 중요하다는 사실은 인지하고 있지만, 제대로 실천하는 사람들은 드물다. 그 이유는 건강과 체력에 대한 개념이 올바르게 정립되어 있지 못하기 때문이다. 즉 자신의 건강과 체력에 대해 과신하고 있으며 위험신호를 제때에 파악하지 못하고 있는 것이다. 그렇기 때문에 남이 시켜서 하는 건강관리가 아니라 스스로 자기관리의 필요성을 느끼고 실천하는 것이 중요하다.

　　고혈압, 당뇨, 고지혈증, 골다공증 등 현대인들의 가장 큰 적인 성인병은 생활습관병이라고도 한다. 왜냐하면 이들 질병은 운동부족과 고지방식사, 불규칙한 생활 등 현대인들의 나쁜 생활습관에서 비롯되기 때문이다. 생활습관병에 대해 올바로 이해하고 적당한 운동과 규칙적인 생활, 식생활의 개선 등을 통해 건강을 유지·증진하는 것은 개인의 몫이다.

　　이 책은 현대인들이 건강하고 올바른 생활습관을 생활화하고 운동을 통해 자신의 체력을 관리함으로써 노후까지 건강한 삶을 지속할 수 있는 기초 지식을 전달할 목적으로 집필되었다. 영양소와 건강한 식품에 대한 이슈와 술·담배·카페인 등의 기호식품, 최근 들어 건강의 커다란 적으로 대두되고 있는 스트레스 문제, 그리고 여성의 건강에 대한 이슈에 대해서도 빠짐없이 다루어 건강 관련 강좌의 교재로 사용하기에 부족함이 없도록 하였다.

　　아무쪼록 이 책이 독자들에게 삶의 활력소가 되는 운동과 건강에 대한 다양한 지식과 정보를 접하게 하고 질병을 예방하고 궁극적인 삶의 질을 유지하고 증진할 수 있는 지침서로서 제 역할을 할 수 있기를 바란다.

2020년 3월

저 자 씀

차 례

3 운동을 통한 체력향상 ★

5 노화와 운동 ★

6 스트레스 대책 ★

7 영양과 운동 ★

8 기호식품과 운동 ★

9 여성과 건강 ★

제1장

건강한 삶

1. 건강의 개념과 건강한 삶의 의미

1) 건강의 개념

과거에는 아프지 않은 상태를 건강이라고 생각했다. 페스트, 폐렴, 콜레라 등과 같은 치명적인 전염병으로 수백만 명이 죽었을 때 생존자들은 건강하다고 믿었다.

오래 동안 건강은 의학적 모델(medical model)의 지배를 받았다. 건강상태는 기본적으로 개인적 또는 생태학적으로 문제가 있거나, 질병에 걸린 단체에 관심의 초점이 맞춰졌다. 건강 환경을 개선하기 위한 가장 확실한 방법은 병을 고치거나 치료하는 것이었다. 건강과 건강상태는 부정적인 영향을 주는 기초적으로 열악한 환경, 병원균과의 접촉 등에 의해 인체가 받는 결과로 보았다. 약물이나 치료를 통한 건강 회복이 의학적 모델의 주요 목표였고, 정부 정책은 중재적 의미에서 질병치료를 주도하는 데 초점을 맞췄다. 오늘날 병의 예방보다 병을 치료하기 위해 약을 제공하는 것이 더 저렴하다고 믿는 사람도 있다.

19세기부터 건강전문가들은 건강의 생태학적 또는 공중보건적 모델에 초점을 맞추기 시작했다. 그 모델에서 나타나는 질병과 기타 부정적인 요소는 각 개인의 사회적 및 물리적 환경이 상호작용한 결과이다. 따라서 오염된 공기와 물, 위험한 근무조건, 가정과 사회적 열악한 환경, 알코올 및 약물의 남용, 다이어트, 좌식생활, 많은 비용, 과도한 삶의 질 및 건강관리의 추구 등을 건강에 영향을 주는 요인으로 볼 수 있다. 만약 외부환경과 개인의 행동요인이 건강의 위험요소가 된다면 이들이 건강에 미치는 부정적인 영향을 예방하기 위해 노력해야 한다. 생태학적 및 공중보건적 모델에 의한 예방과 사후관리는 개인뿐만 아니라 전 국민의 건강을 어느 정도는 향상시킬 수 있을 것이다.

1947년 세계보건기구(WHO : World Health Organization)는 건강의 참의미를 명확하게 하였다. 즉 WHO는 "건강이란 완전한 육체적·정신적·사회적 웰빙상태를 일컫는 것이지, 단지 질병이 없는 상태를 의미하지는 않는다."라고 정의하였다.

이는 건강의 개념을 처음으로 '질병이 없는 상태 이상'이라고 공식적으로 정의한 것이다.

그러나 1960년대와 1970년대까지는 공중보건 전문가들이 수십년간 대변해온 포괄적인 생태학적 모델을 좀더 밀접하게 반영하여 건강의 정의를 내리기 시작했다. 그들은 '건강이란 질병이 없는 상태 이상'이라고 주장하였다. 그 정의에는 삶의 신체적·사회적·정신적 요소와 환경적·영혼적·감정적·지적 범위가 포함된다.

진정으로 건강하기 위해서는 생산적이고 정신적으로 건강한 방법으로 다른 사람들, 그리고 더 큰 환경과 상호작용할 뿐만 아니라 이에 관련된 모든 영역에서 최고의 수준으로 작용할 수 있어야 한다. 나아가 공중보건 지도자들은 얼마나 오래 사는가보다는 오히려 스스로의 수명에 맞게 살되 행복하고, 건강하고, 생산적인 삶을 위한 가능성에 도전하는 것을 건강이라고 주장했다. 오늘날에는 삶의 질(quality of life)이 수명만큼 중요하게 여겨지고 있다.

2) 건강한 삶의 의미

생물학자이자 철학자인 듀보(Dubos, R.)는 "건강이란 환경에 대한 적응으로부터 비롯되는 사회적·정서적·정신적·영적·생물학적 건강과 관련된 삶의 질이다."라고 정의하였다.

그리고 적응성(adaptability)의 개념 혹은 삶의 변화에 성공적으로 대처할 수 있는 능력이 건강의 주요 요소가 되었다. 결국 '웰니스(wellness ; 심신이 모두 건강한 상태)'라는 용어가 유행하게 되어 과거에 언급한 요소들뿐만 아니라 모든 부문에서 건강 수준이 향상되었음을 의미하고 있다. 한 사람이 높은 수준의 웰니스에 도달하려면 긍정적 건강지표의 연속 위에 진취적으로 나아가야 한다. 이 수준에 도달하지 못한 사람들은 질병을 걸릴 수도 있다.

오늘날 건강과 웰니스라는 용어는 종종 상호밀접한 여러 관계 내에서 자신의 잠재력을 끌어내기 위해 시도하는 기능적이고 변화하는 과정을 서로 바꿀 수 있는 의미로 사용되기도 한다.

다음에 건강과 웰니스 연속체를 구성하는 건강의 각 요소를 살펴보기로 한다.

① 신체적 건강

신체적 건강은 체격과 형태, 감각적 날카로움과 반응성, 질병과 기능장애에 대한 감수성, 신체적응, 회복능력 등을 포함한 개념이다. 신체적 건강에 대한 더 새로운 정의는 일상생활동작(ADL : activities of daily living)을 정상적으로 수행할 수 있는 능력 혹은 오늘날 사회에서 정상적인 사람에게 부여된 필수적인 임무를 포함한다. 아침에 일어나는 것, 신발끈을 묶기 위해 구부리는 것 등이 일상생활동작(ADL)의 예이다.

② 지적 건강

지적 건강은 명확한 사고능력, 객관적이고 논리적인 사고능력, 비판적 분석능력, 삶의 도전에 효과적으로 대응하기 위한 지력(brainpower)사용능력 등과 관련이 있다. 이것은 성공과 실패, 생각, 모든 상황의 양상 등을 고려한 책임감 있는 결정을 의미하기도 한다.

③ 사회적 건강

사회적 건강은 만족스러운 대인관계를 만드는 것과 관련된 능력이다. 다른 사람들과의 상호작용, 다양한 사회적 상황에 적응, 일상생활행동 등이 있다.

④ 감정적 건강

감정적 건강의 구성요소는 적절한 감정표출, 감정조절 등이다. 자부심, 자신감, 믿음, 애정, 그밖에 많은 감정적 반응은 모두 감정적 건강의 일부로 볼 수 있다.

⑤ 환경적 건강

환경적 건강은 외부환경의 식별과 예방, 보호, 환경조건의 향상 등에 대한 개인의 역할과 관련되어 있다.

⑥ 영적 건강

영적 건강은 절대적 존재에 대한 믿음 혹은 특정종교에 의해 규정된 구체적인 방식과 관련되어 있다. 여기에는 다른 사람들 또는 자연과의 일체감, 의미나 삶의 가치에 대한 유도감각 등과 같이 환경과 통일되는 감정이 포함되기도 한다. 나아가 존재의 더 큰 영역의 일부분을 느끼고, 사랑·기쁨·고통·슬픔·평화·만족감·삶에 대한 궁금증 등을 경험하며, 모든 생명체를 돌보고 존중하기 위해 삶의 목적을 이해하고 표현하는 능력을 포함할 수도 있다.

건강한 사람의 특징은 다음과 같다.

▶ 자신의 능력과 한계를 포함한 자신이 처한 현실에 대한 감각을 가지고 있다.

▶ 예쁘거나 못생겼거나 독특하거나 다르거나 크거나 작거나 상관없이 모든 살아 있는 것에 대해 감사한다.

▶ 불완전함을 이해하고, 타인의 실수를 용서하고, 자신의 실수나 단점을 통해 성숙해지려 노력한다.

▶ 감정적 혼란 없이 울고, 웃고, 나아가 진짜로 자신의 감정을 느낄 수 있다.

▶ 생리학적으로 이치에 맞는 수준에서 활동한다.

▶ 가족, 친구, 연인은 물론 낯선 사람들과도 건강한 관계를 유지할 수 있다.

▶ 환경을 보호하고 보존하는 사람의 역할에 대해 감사한다.

▶ 삶에 대해 만족하고, 인생의 경험단계를 인정한다.

▶ 매일 일어나는 새로운 경험과 도전에 대한 궁금증과 사는 것에 대해 흥미를 갖는다.

▶ 타인은 물론 자기 자신도 존중한다.

▶ 삶의 도전방식은 현실적이며, 삶의 압박과 도전에 대처하는 기술이 있다.

▶ 모든 일에 균형감각을 가진다.

2_ 웰빙과 웰니스

1) 웰빙

웰빙(well-being)이란 육체적 · 정신적 건강의 조화를 통하여 행복하고 아름다운 삶을 추구하는 삶의 유형 또는 문화를 통틀어 일컫는 말이다. 요약하면 웰빙은 '복지 · 행복 · 안녕'을 뜻한다.

산업의 고도화는 인간에게 물질적 풍요를 주었지만, 정신적 여유와 안정을 앗아간 측면도 있다. 현대 산업사회는 구조적으로 사람들에게 물질적 부를 강요하고 있어서, 사람들은 많은 시간을 부를 축적하는 데 소비한다. 따라서 물질적 부에 비해 정신건강은 가볍게 여기는 경향이 있고, 심하면 정신적 공황으로 발전하기까지 한다.

웰빙은 이러한 현대 산업사회의 병폐를 인식하고, 육체적 · 정신적 건강을 조화시킴으로써 행복하고 아름다운 삶을 영위하려는 사람들이 추구하는 새로운 삶의 문화 또는 그러한 양식을 말한다. 1980년대 중반 유럽에서 시작된 슬로푸드(slow food) 운동, 1990년대 초 느리게 살자는 기치를 내걸고 등장한 슬로비족(slow but better working people), 부르주아의 물질적 실리와 보헤미안의 정신적 풍요를 동시에 추구하는 보보스(bobos) 등도 웰빙의 한 형태이다.

웰빙이라는 용어가 본격적으로 나타나기 시작한 것은 2000년 이후이다. 이전에도 다양한 형태의 육체적 · 정신적 삶의 유기적 조화를 추구하는 움직임이 있었다. 그런데 이러한 움직임이나 삶의 문화가 웰빙이라는 포괄적 의미의 이름을 얻게 된 것은 2000년 이후이다.

웰빙을 추구하는 사람들은 육체적으로 질병이 없는 건강한 상태뿐 아니라 직장이나 공동체에서 느끼는 소속감이나 성취감의 정도, 여가생활이나 가족 간의 유대, 심리적 안정 등 다양한 요소들을 웰빙의 척도로 삼는다. 결국 몸과 마음, 일과 휴식, 가정과 사회, 자신과 공동체 등 모든 것이 조화를 이루어 어느 한쪽으로 치우치지 않은 상태를 웰빙이라 할 수 있다.

웰빙을 추구하는 사람들을 '웰빙족'이라고 부른다. 그들은 고기 대신 생선과 유기 농산물을 즐기고, 단전호흡·요가·암벽등반 등 마음을 안정시킬 수 있는 운동을 하며, 외식보다는 가정에서 만든 슬로푸드를 즐겨 먹고, 여행·등산·독서 등 취미를 즐긴다.

우리나라에서도 2003년 이후 웰빙이 확산되어 웰빙족을 겨냥한 의류·건강·여행 등의 상품이 등장하고, 인터넷에도 많은 웰빙 관련 사이트가 나타났다.

2) 웰니스

(1) 웰니스의 정의

웰니스(wellness)는 웰빙(well-being)·행복(happiness)·건강(fitness)의 합성어로, 신체와 정신은 물론 사회적으로 건강한 상태를 의미한다. 다시 말해서 잠재적인 삶의 확대, 효율적인 작업 수행, 사회 봉사 등에 필요한 신체적·정신적·사회적·감정적·지적 및 직업적인 건강과 체력에 관련된 모든 것이 통합된 총체적인 건강의 영역이라고 할 수 있다.

웰니스는 사람이 어떻게 하면 건강하고 행복하며 번영해질 수 있는가 하는 문제뿐만 아니라 모든 일상적인 일들을 어떻게 효과적으로 처리하는가 하는 능력까지도 포함하고 있다. 다시 말하면 웰니스는 기존의 건강의 개념에 자기책임과 자기성취 및 자신의 삶의 질의 향상을 위한 노력까지 건강의 개념에 포함시킨 실천적 의미의 총체적 건강을 말한다.

1958년경 던(Dunn, L. H.)은 질병이 없는 것보다 더 높은 상태의 건강에 대한 연구를 시작하였다. 그는 모든 사람은 서로 관련되어 있고 상호의존적이라고 하면서 활력과 삶에 대한 생동감, 개인 성장과 만족감, 그리고 고수준의 복지와 웰니스의 상태로서 건강을 바라보고 증진시켜야 하는 중요성을 역설하였다. 던은 웰니스를 단지 병이 없는 단조롭고 재미없는 상태보다는 인생이라는 긴 모험을 변화시키는 환상적인 것으로 보았다.

웰니스는 illness와 반대되는 개념으로 쓰이며, 때때로 '좋은 건강의 긍정적인 요인(positive component of good health)'으로 표현하기도 한다. 영어의 웰빙(well-being)에서 유래되었으며, 1961년 미국 국립인구통계청의 초대 감독관이었던 던의 저서인 『High Level Wellness』에서 사용된 것이 문서상의 시초이다.

결국 웰니스는 건강(health)에 비해 보다 자기책임에 의존하여 적극적이고 창조적인 높은 수준의 건강을 획득하여 유지·발전시키고자 하는 실천적 생활영역의 종합적인 개념을 의미한다. 웰니스가 목표로 하는 것은 WHO가 규정한 웰니스의 3요소인 '운동·휴양·영양'을 통합하여 추구해 나가는 것이라고 할 수 있다.

현재 미국에서는 웰니스가 질병에 걸리지 않기 위한 예방프로그램을 의미하는 표어로서 정착되었다. 이 운동의 일환으로 '5S(salt, sugar, snack, smoking, sitting)추방운동'을 전개하였다. 웰니스는 신체적·정신적·사회적·지적·감정적·직업적인 6개 영역으로 분류되며, 상호 통합적으로 기능을 발휘한다.

최근 많은 연구와 실험 등을 통하여 활동적인 생활이 건강과 웰니스에 매우 긍정적인 영향을 미친다고 밝히고 있다. 또 규칙적인 운동이 건강과 삶의 질을 향상시켜 사람들을 바람직한 삶의 형태로 변화시킨다고 보고하고 있다. 건강한 삶의 형태는 이상적인 웰니스 생활을 책임지고 있다고 할 수 있다. 건강한 삶의 형태와 이상적인 웰니스 생활을 성취하기 위해서는 규칙적인 운동을 일상생활에 적용시키는 것이 필수적이라고 할 수 있다.

웰니스란 항상 변화 가능한 유동적인 것이다. 건강을 가변적이고 유동적인 것으로 파악하고 올바른 자각·교육·성장 등을 통하여 높은 수준의 웰니스를 지향하는 것을 웰니스적 생활태도라고 할 수 있다. 다시 말해서 항상 자기 자신의 총체적 건강(holistic health)을 염두에 두고 생활하여 나가는 것이 바람직한 삶의 형태이다. 이와 같은 웰니스의 개념은 1980년대에 들어와 학문적 전개를 하게 되었다. 또한 웰니스는 총체적 건강을 지향하기 때문에 여러 가지의 영역과 구성요인을 갖게 된다.

결국 웰니스란 신체적·지적·감정적·사회적·정신적·직업적인 분야가 통합된 총체적 건강을 의미하는 것으로서, 건강교육(health education), 체력(physi

칼로리 fitness), 영양(nutrition), 심혈관계통질환 위험의 감소(cardiovascular risk reduction), 암의 방지(cancer prevention), 스트레스 관리(stress manage-ment), 금연(smoking cessation), 약물복용 제어(substance abuse control), 성(sexuality), 안전(safety) 등에 대한 관심과 실제생활에서의 끊임없는 노력을 의미하는 것으로 파악할 수 있다.

Health(건강)는 다소 수동적·소극적인 의미를 지니고 있는 데 반해, 웰니스(wellness)는 능동적이고 적극적인 의미를 내포한다고 볼 수 있다. 또한 건강이 환경과의 관계를 크게 고려하지 않는 정태적인 성격이 있는 데 반하여, 웰니스는 환경과 밀접한 상호작용을 고려하는 동태적인 성격이 있다.

(2) 높은 수준의 웰니스

자연적으로 높은 수준의 웰니스(high level wellness)는 나이와 환경에 따라 독특한 특성을 지닌다. 이것은 어린이에서 노인까지 모든 세대, 모든 사회, 가난한 사람에서 부자까지의 모든 경제적 부류에 대해서, 그리고 모든 종류의 사람들에 대해서 받아들일 수 있는 것이다.

웰니스는 생활습관에 대한 신중한 선택과 스스로의 책임감 그리고 성실한 계획과 그것의 이행을 요구한다. 웰니스한 생활습관을 가지고 하는 생활은 결코 우연 또는 행운에 의한 것이 아니다. 이것은 질병의 예방과 치료 그리고 정기적인 의료진단 이상의 것을 말한다. 그보다는 최고의 가능성을 얻기 위한 끊임없는 노력을 의미한다. 이는 자기 자신과 환경을 조절할 수 있는 능력을 얻기 위한 과정을 의미한다.

치료를 통하여 이루어지는 질병치료나 병원의 건강관리와는 달리 웰니스는 최적의 기능을 향한 일생 동안의 탐구이다. 이것은 변화의 올바른 이익을 추구하는 동안에 일어나는 바람직한 삶의 변화를 의미하고 있다. 이러한 추구는 자기 자신에 대한 존중, 탁월함, 건강, 생산성, 삶의 풍요로움 등을 대가로 제공한다.

웰니스를 향하여 끊임없이 노력하는 사람은 경험에 대해 개방적이다. 새로운 경험과 다른 생각들에 대한 두려움이 있겠지만, 그것들을 성장에 이르는 길로서 환영

한다. 그들은 지각을 변형시키는 편견이나, 틀에 박힌 생각을 허용하지 않는다. 그들은 생각이나 활동이 자주적이다. 삶은 창조적이고 신선함으로 꽉 차 있다.

웰니스의 생활습관을 가지고 사는 것은 장수하는 데 아주 좋은 요인이 된다. 그러나 장수하는 것이 웰니스한 삶을 영위하는 주요목적은 아니다. 웰니스 제창자의 한 사람인 아델(Ardell, D.)는 "웰니스 생활습관을 가지게 하는 중요한 원동력은 용어에서 오는 친근함, 매력적인 결과와 이익이다. 이러한 방식으로 살아가는 것은 보다 풍요로운 삶을 영위하는 것이다."라고 하였다. 웰니스는 기쁨이어야 하고, 존재하는 데 만족하여야 한다.

현대사회의 많은 성인들은 주로 생활방식이 잘못된 결과로 인한 질병으로 죽어가고 있다. 건강해지려고 노력하는 사람들은 이처럼 질병으로 인해 초래되는 좋지 않은 결과를 방지함으로써 활기찬 행동의 중요성을 강조한다.

아직도 많은 사람들이 건강을 질병이 없는 중립적인 상태로 보고 있다. 중립적 상태는 많은 기회를 박탈하고 있다. 반면 높은 수준의 웰니스는 잠재력을 최대한 일깨우는 활동적인 수준의 기능 역할을 한다. 그것은 6가지 영역(신체적, 지적, 감정적, 사회적, 정신적, 직업적)에 관련된 생활양식을 통합하는 것으로 중립적인 질병이 없는 상태와 근본적으로 차원이 다르다.

웰니스 생활의 주춧돌은 자기 책임이다. 웰니스 성장은 전 생애에 걸쳐서 이루어지며, 인식 · 평가 · 지식 · 기술개발과 관리기술에 접근하는 여러 요소를 포함하고 있다. 동기와 긍정적인 환경은 웰니스 생활을 유지하는 데 절대 필요한 조건이다.

높은 단계의 웰니스는 자신의 행동에 대한 책임을 지는 것이다. 그것은 사회규범을 이성적으로 판단하는 것을 의미한다. 또한 그것은 자신의 건강과 적극적으로 관련되어 있다. 그것은 자신의 능력을 인식하는 것이고, 의식적으로 실천하는 것이며, 능동적으로 선택하고, 자신의 한계를 이해하는 것이다.

(3) 웰니스의 영역

웰니스의 생활습관은 신체적 · 지적 · 감정적 · 사회적 · 정신적 · 직업적인 6개의 영역을 포함한 통합되고 집약적인 생활형태이다. 그것은 분리되어 기능을 발휘하지만, 각 영역들 사이에는 강한 상호 의존관계가 있다. 예를 들면 사람들이 지역사회에서 가장 두드러진 활동을 하고 있는 운동단체에 가입(사회적 영역)하면 신체적 건강(신체적 영역)을 향상시킨다.

각각의 영역에는 개인적인 성장을 위한 기회가 있다. 그리고 그들의 상호관계 때문에 한 영역에서의 성장은 다른 영역에 대한 흥미를 유발시킨다. 그러나 이러한 영역의 균형을 유지하는 것은 웰니스를 추구하는 데 중요한 요소이다. 예를 들어 독서에는 열성적이지만, 인간관계가 원만하지 못하다면 균형 잡힌 웰니스라고 볼 수 없다.

① 신체적 영역

신체적 영역은 몸의 기능적 동작을 다루며, 신체적인 요소들을 포함한다. 근력·근지구력·심장허파지구력·유연성·체성분·식습관 등은 신체적인 건강에 중요한 영향을 미친다. 생활습관·음주습관·약물복용습관·수면상태 등은 항상 신체적 건강에 영향을 미친다.

신체적 차원은 항상 의학적 자기치료 즉 정기적인 자가 테스트, 적절한 약의 복용, 아플 때 필수적인 치료의 단계를 갖는 것, 적당한 의료 시스템의 이용, 주위환경을 관리하는 것 등은 항상 신체적 건강에 영향을 준다. 예를 들어 흡연과 해로운 오염물질 등에 노출을 최소화하려고 노력하는 것 등이다. 능동적인 건강습관은 신체적 건강에 대단히 중요하다.

② 지적 영역

지적 영역은 마음에 관련된 것이다. 능동적인 마음을 유지하는 것도 전체적인 건강에 기여한다. 지적 성장은 정규교육, 즉 학교교육에 한정되지 않는다. 이것은 전 생애를 통한 지속적인 지식 습득을 의미한다.

한편 지적 영역은 창조에 대한 매력적인 마음과 활발한 정신적인 활력을 포함하기도 한다. 전 생애를 통해 호기심과 학습을 결코 멈춰서는 안 된다. 읽기·쓰기·시사적 사건 등에 뒤떨어지지 않는 것이 지적 추구이다. 비평적으로 생각할 수 있고, 지식을 활용할 수 있는 것은 항상 이러한 차원과 연관된다. 지적 활력과 건강한 삶 사이의 연결은 부정할 수 없다.

건강에 대해 관심을 가지고 건강서적이나 관련자료를 찾아보거나 건강에 관련된 자료를 찾아 스크랩해 보는 것도 지적 영역의 한 부분을 차지한다고 할 수 있다

③ 감정적 영역

적극적인 정신상태를 갖는 것은 직접 웰니스와 연결된다. 감정적 웰니스는 세 영역 즉 자각·수용·관리를 포함한다. 감정적 자각은 자신뿐만 아니라 다른 사람의 감정을 이해하는 것을 포함한다. 감정적 수용은 인간의 평범함을 이해하는 것, 현실적으로 자신의 개인적 능력과 한계를 평가하는 것을 의미한다.

감정적 관리는 개인의 감정을 통제 또는 극복하는 능력을 의미한다. 웃고 인생을 즐기고 변화를 조절하고 스트레스를 극복하고 친숙한 관계를 유지하는 능력은 웰니스의 감정적 차원의 예라고 할 수 있다.

④ 사회적 영역

은둔자를 제외한 모든 사람들은 서로 교류해야 한다. 사회적인 웰니스는 개인차를 인식하는 능력뿐만 아니라 다른 사람들과 사이좋게 지내는 능력을 포함한다. 이것은 공개된 공정성과 정의, 그리고 자신이 속한 사회 공동체의 안녕과의 관계를 의미한다.

웰니스의 사회적 영역에는 주변의 인간관계도 포함된다. 좋은 친구들, 친밀한 가족관계, 믿을 수 있는 유대감 등이 사회적 영역에서 큰 의미를 내포하고 있다.

⑤ 정신적 영역

정신적인 웰니스는 삶의 방식이다. 이것은 삶을 의미있고 유쾌하게 바라보며, 모든 기회에서 자유롭게 선택된 삶을 유지하고 풍요롭게 하는 선택권을 추구한다.

정신적인 웰니스는 경험적인 삶과, 삶에 있어서 개인적인 의미와 목적을 발견하기 위한 경험의 반영을 포함한다. 자신의 삶에 있는 즐거움, 기쁨, 어리석음의 진정한 근원을 구별하는 능력 등은 개인의 가치와 신념이 정신적으로 정화된 결과이다.

⑥ 직업적 영역

직업적 영역은 자신의 직업에 대한 사명감으로부터 개인적인 만족감을 획득하는

것을 포함한다. 대부분의 사람들은 자기 인생의 대부분을 일하는 데 쓴다. 그러므로 자신이 선택한 직업이 내적 및 외적인 보상을 준다는 것이 중요하다. 자신의 직업이 창조성이 있고, 다른 사람들과 잦은 교류를 할 수 있으며, 매일 변화 있고, 자치적 성격을 띠기를 누구나 원한다. 또한 성공하기 위해 기업가 정신, 리더십, 남을 돕는 정신 등을 발휘하고 있는지의 여부도 대단히 중요하다.

직업적 웰니스에는 작업시간과 휴식시간 사이의 만족스러운 균형을 유지시켜주는 것이 포함된다. 이것은 스트레스와 신체적인 건강에 해가 되는 모든 것에 대한 노출을 최소화시켜 주는 작업환경이다. 자신의 직업에 대해 행복함을 느끼지 못한다면 자신이 가장 행복하게 느끼는 것을 가장 불행하게 하는 결과가 된다.

웰니스는 6가지 영역이 모두 조합된 것이다. 그리고 각 차원에서의 성장을 위해 노력하는 것을 의미한다.

(4) 웰니스 안에서 성장

다이나믹한 행동과정인 웰니스에서 긍정적인 생활방식을 결정하여 삶의 질을 높이는 것은 전적으로 자신의 책임임을 인식해야 한다. 그렇다면 "어떻게 긍정적인 생활의 선택을 시작할 것인가?"라는 문제와 "어떻게 하면 웰니스를 발전시킬 수 있는가?"라는 문제는 웰니스 향상을 위한 계획에 그 해답이 있다.

신체적 웰니스에 영향을 미치는 다섯 가지 생활양식은 개인적 습관, 스트레스 관리, 영양과 체중조절, 심장건강, 신체적 훈련 등이다. 그리고 생활양식에 관련된 영역을 확장시키는 데 필요한 요소는 자각, 평가, 지식, 기술, 기술관리 등이다.

① 자각

웰니스를 발전시키기 전에 웰니스한 선택에 대해서 먼저 자각해야 한다. 그것은 흥미로운 것이라고 할 수 있다. 웰니스한 상태와 건강처치는 구별해서 사용해야 하며, 건강·행복·삶의 질이 웰니스한 선택을 하는 자신의 의지에 의해 아주 강하게 영향을 받는 것을 알아야 한다. 오늘날 웰니스에 대한 관심이 증가하고 있고 사람들은 수월하게 웰니스 생활방식을 따를 수 있게 되었다. 왜냐하면 웰니스의 선택은 효용성뿐만 아니라 가치도 있기 때문이다.

② 평가

웰니스한 선택이 무엇인지를 알기만 하면 자신의 생활방식을 평가할 수 있을 것이다. 평가는 자신이 영위하는 현재의 삶이 어떠한 것인가를 알 수 있게 해주고, 변화가 일어나는 곳이 어디인지를 알게 해준다. 평가는 신체의 건강상태를 알아내기 위한 건강검진(혈압, 혈중콜레스테롤 등)에서부터 체력테스트에 이르는 모든 것이 될 수 있다. 또 그것들은 스트레스 목록, 위험인자평가, 식단표, 자세에 대한 설문 등이 될 수도 있다.

③ 지식

생활방식에 관련된 영역에 대한 지식을 갖게 되면 생활방식을 결정하는 데 도움을 준다. 건강검진으로 자신이 혈중콜레스테롤 수치가 높다는 것을 알게 되었다고 가정하자. 먼저 '혈중콜레스테롤 수치는 얼마인가?', '그것은 무엇을 의미하는가?', '어떠한 방법으로 체중감량을 시작할 것인가?' 등에 관한 지식이 자신이 처한 상황의 이해와 그것을 극복하는 데 도움을 줄 것이다.

④ 기술과 관리기술

기술과 관리기술은 여러 가지 선택을 시도할 때 도움을 준다. 목표설정 행동수정, 개인적 전략수립에 관계되는 능숙도 등은 자신이 필요한 생활형태로 변형을 가능하게 한다. '어떻게 스트레스를 관리할 것인가?', '어떻게 기숙사에서 양호한 영양상태를 유지할 것인가?', '어떠한 방법으로 운동강도를 유지할 것인가?' 등에 대한 기술과 관리기술은 웰니스 선택을 결정할 때 도움을 주고 일생의 습관을 형성시켜준다.

⑤ 동기

동기는 웰니스 생활방식의 강력한 원동력이라고 할 수 있다. 동기는 계속적인 웰니스 성장을 위해 노력하는 생활태도를 유지시켜줌과 동시에 시작하게 한다. 동기는 개인적이고 다양하며 인생 전체를 변화시키지만, 각자에게 다르게 나타난다. 19세 때에는 좋은 용모를 위해 체중감량을 원했지만, 65세가 되면 높은 혈중콜레스테롤을 줄이기 위해 체중감량을 원할 것이다.

대부분의 행동저변에 깔려 있는 강력한 동기적 요인은 자아평가이다. 자아평가는 다른 사람의 평가만큼이나 자아인식에도 의존한다. 예를 들어 자신이 미숙한 대화자라고 느낀다면, 그것은 자신의 기술을 잘 알고 있기 때문이다. 거기에 덧붙여 자신이 대화 중에 다른 사람들이 어떻게 반응하는가를 알고 있기 때문이다.

다른 동기적 요인은 자신이 변화를 원하는 것에 대해 어느 정도 가치를 두고 있는가 하는 것이다. 반복해서 미숙한 대화자에 대한 예를 들면, 만약 훌륭한 대화자가 되는 것이 자신에게 중요한 일이라면 자신은 그러한 기술을 고양시키고자 할 것이다. 자신이 대화기술을 개신하기 위해 노력하거나 수업을 받는 순간부터 웰니스 성장은 시작된다. 체중감량, 스트레스를 줄이기, 자신의 부모와 잘 지내기 등을 목표로 설정하였다면 모두 자기평가와 개인적인 가치 내지 동기를 지탱시켜주는 자신의 능력에 영향을 준다.

⑥ 지지

긍정적인 생활방식의 선택과 유지는 자신을 둘러싸고 있는 주위환경이나 조직에 의한 지지와 격려가 있을 때 실현될 수 있다. 예를 들면 자신이 휴가 동안에 금연수업에 참여했다고 가정하자. 이것은 이제 스스로 지속적인 행동변화를 시작해야 한다는 뜻인데, 만약 휴가를 마치고 되돌아와서 흡연하는 룸메이트나 직장에서 흡연하는 동료를 대한다면 자신이 선택한 새로운 변화를 유지하는 것은 상당히 어려워진다. 다시 말해서 주위사람들이 웰니스에 참가하는 환경 속에서 일을 하거나 생활하여야 웰니스 성장에 도움을 준다는 것이다.

웰니스에 대한 새로운 강조가 우리의 문화로 발전한다면 웰니스를 발전시키는 행동을 유지하기가 쉬워질 것이다. "모든 사람들이 생활양식 선택의 중요성을 수용하고 경험해 봐야 하기 때문에 궁극적으로 결과에 대한 책임은 그들의 어깨에 달려 있다". 그러나 그 책임을 감수하는 것이 쉽거나 어렵게 되면 주위환경에 의해 영향을 받게 된다.

⑦ 자기책임

웰니스 성장의 핵심은 자기책임이다. 목표는 긍정적인 생활태도 결정에 의해서 세워지게 되고, 인생의 질적 수준을 높이는 책임은 자기 자신에게 있다는 가정이다. 모든 결정에는 확실하게 양자택일과 결과가 있다. 자신이 추구해야 할 것은 높은 수준의 웰니스로 안내하는 사려 깊은 결정을 하는 것이다. 만약 자신의 생활방식을 바꾸거나 변화시키기가 걱정스럽다면, 이러한 변화는 생각하는 바와 같이 철저함이 요구되어지는 변화가 아님을 알아야 한다.

누구나 즐거움이 없는 인생으로 운명지워지거나 철저한 자기통제로 가득 찬 생을 영위하도록 운명지워지지 않았다. 반면 인생여정은 자극과 만족으로 가득 차 있다. 약간의 평범한 변화가 자신이 보고 느끼는 방식을 변화시킬 수 있다는 것을 깨닫는 것은 매우 흥미로운 일이다. 이러한 것을 염두에 두고, 어떻게 책임을 지고 변화를 시작할 것인가에 대한 것은 자기 스스로에게 달려 있다.

높은 단계의 웰니스는 자신의 행동에 대한 책임을 지는 것이다. 그것은 사회규범을 이성적으로 판단하는 것을 의미한다. 또한 그것은 자신의 건강과 적극적으로 관련되어 있다. 그것은 자신의 능력을 인식하는 것이고, 의식적으로 선택하여 실천하는 것이며, 자신의 한계를 이해하는 것이다.

⑧ 자기관리

자기관리는 행동을 할 때 영구적인 변화를 위해 의식적이고 체계적인 계획을 이용하는 것이다. 성공적으로 행동을 변화시킨다는 것은 단순히 의지력 이상의 것을 필요로 한다.

자기관리는 다음의 다섯 단계를 필요로 한다.

▶ 목표를 정한다.
▶ 기록을 유지한다.
▶ 계획을 세운다.
▶ 실천한다.
▶ 새로운 행동을 계속 유지한다.

3_ 건강에 영향을 주는 요인

건강에 영향을 주는 요인은 다양하지만, 크게 유전과 환경으로 구별할 수 있다. 그것은 대개 5가지로 나누어 생각할 수 있다.

1) 유전

유전(heredity)은 부모로부터 받은 천성임과 동시에 자질이며, 인간의 특성과 건강상태를 결정하는 기본적인 요소가 된다. 체세포는 생식세포에 영향을 줄 수 없으므로 부모로부터 받은 유전을 변화시킬 수 없고, 건강의 잠재력은 염색체 속에 들어있는 유전자에 의하여 결정된다. 좋은 유전이란 건전한 체질, 잘 발달된 육체와 정신적인 지능을 말한다. 따라서 능률적 생활은 개인이 타고난 자질을 최대한 이용하는 것이다.

2) 성장과 발달

성장과 발달(growth and development)은 개인의 능률적 생활을 위해 자신의 능력을 신장 내지 팽창시키는 것을 의미한다. 여기에는 체중·신장·심장·허파 등 신체적 성장뿐 아니라, 지적·정서적·사회적인 성숙까지도 포함한다. 성장과 발달은 질적·양적인 것을 모두 포함하는데, 이것은 자신의 신체적·정신적·사회적 경험에 의해 향상되거나 변화된다.

건강한 성장과 발달을 위해서는 일상생활에서 건전한 경험, 잘 계획된 생활, 균형 있는 식사(balanced diets)로 알맞은 영양공급 등이 필요하다. 건전한 성장과 발달은 자신의 잠재력을 성취하고, 자신이 속한 사회의 발전에 기여하는 개인의 총화된 능력을 갖게 해 준다.

3) 환경

환경(environment)이란 어머니의 태중에서부터 죽음에 이르기까지 우리의 생활에 영향을 미치는 모든 요소를 말한다. 여기에는 의 · 식 · 주를 비롯하여 언어 · 관습 · 전통 · 미신 · 종교 · 금기(taboos) 등의 문화유형(cultural patterns)과 TV · 신문 등의 매스미디어와 같은 것이 모두 포함된다.

환경은 영역에 따라서 다음과 같이 분류한다.

▶ 물리적 환경……기후, 지리적 조건, 물 · 식품 · 공기 · 빛 · 열 등을 말한다. 특히 대기 및 수질오염 · 산업재해 · 소음공해 · 방사선위험 등은 인간생활에 직접적인 영향을 준다.

▶ 생물학적 환경……인간집단을 포함한 동물 및 식물계의 모든 생명체를 말하는 것으로, 미생물이나 병원체도 생물학적 환경의 일부분이다.

▶ 정신적 환경……현대사회가 도시화(복잡화) · 산업화(기계화)됨으로써 정신적 · 신체적 스트레스, 단절과 상실에서 기인되는 소외현상 등은 건강에 결정적인 영향을 미친다.

▶ 사회적 환경……사회적 환경으로서 문화적 가치 · 태도 · 관습 등과 정치 · 경제 · 사회적 조직과 기구와 관계가 깊다. 현대 산업사회에서 사회적 환경과 관계가 깊은 것은 흡연 · 알코올과 약물남용 · 교통사고의 증가 등이다.

4) 상호작용

생활이란 개인과 환경 사이에서 영속적으로 일어나는 상호작용이므로 자신의 건강과 일상생활을 효과적으로 영위하기 위해서는 자신과 환경의 상호작용이 중요하다.

여기에는 대체로 2가지 유형이 있다.

▶ 물리적인 상호작용……주로 인체와 직접적인 상호작용을 하는 것으로 세균, 독성물질, 화상, 동상, 방사선피해 등이 해당된다.

▶ 대인적인 상호작용……자신의 대인반응의 특성과 사회적 특성과의 관련을 갖는 것으로 개인의 행동을 특징 있게 만든다. 바람직한 대인 및 사회적인 적응은 타인을 인정하고 호감을 가지며, 자기의 나쁜 감정을 자제하고 책임을 완수하며, 가족 간에는 화목을 도모하고 건전한 생활철학을 갖게 한다.

5) 의사결정

의사결정은 사신이 조정할 수 있는 요소 중의 하나로서 건깅에 가징 중요힌 영향을 미친다. 다시 말해서 자신의 결정과 선택은 자신의 능률적인 생활과 건강에 직접적으로 영향을 미치는 것이다.

제2장

운동의 효과

1_ 건강증진시스템과 운동치료

1) 건강증진시스템의 구축

현대인의 건강상태를 악화시키는 주원인은 운동부족, 과식, 흡연 등이다. 이것은 건강을 생각하지 않는 도덕적 해이라고 해도 지나치지 않다.

건강을 개인적 과제라고 단정지으면 건강문제는 개인이 살아가는 방법 및 사고방식의 문제가 되어버려 사회 전체에 관련된 건강의 개선은 현실적으로는 어렵게 된다. 왜냐하면 사람은 원래 편한 쪽을 선호하는 특성을 가지고 있기 때문이다. 이대로 건강에 대한 도덕적 위험을 가지고 있는 상황이 지속되면, 앞으로 10년 이내로 우리나라의 건강보험제도나 노동력에 상당한 마이너스 영향을 주게 될 것이다.

이러한 건강에 대한 도덕적 해이가 사회풍조가 되는 것을 타파하는 한 가지 대책은 '건강에 대한 노력을 지원하는 사회시스템'의 구축이다. 특히 일상생활에서 운동은 일반적으로 그 필요성은 이해하더라도 행동에 옮기기는 어렵다. 자신이 변화할 것으로 기대하고 자신에게 필요한 건강교육만 할 것이 아니라 바람직한 건강행동을 일으키기 쉽게 사회제도를 확립시켜야 한다.

표 2-1 건강증진시스템 구축을 위한 사고방식

▶ 고령화사회에서는 건강이 고귀한 자원이다.
▶ 건강에 관련된 도덕적 해이(moral hazard) : 고귀한 자원인 건강의 낭비
　건강은 개인의 것인가? 사회적인 책임을 포함하여 고려해야 한다.
▶ 건강을 지키는 데 쓰이는 지출은 억제하도록 하는 것이 건강증진시스템이다.
　건강증진시스템으로 고귀한 자원인 건강을 국민 각자가 매일 생산하게 한다.
▶ 생활습관병(life style disease)에 다른 질병과 건강보험부담률이 똑같이 부과되는 것은 과연 공평한가?
▶ 건강교육ㆍ계발활동만으로 사람들이 생활을 바꾸기 쉽지 않다. 노력을 지원하는 사회시스템(인센티브)이 필요하다.
　건강증진시스템은 의료비ㆍ간호비의 절약이라는 의미에서 모든 국민이 생산할 수 있는 자원이지만, 그것을 위한 동기부여에는 많은 연구가 필요하다.

따라서 많은 국민이 보다 바람직한 건강행동을 시작하려면 사회(지방자치단체나 기업 등)와 개인 쌍방에 인센티브가 성립하는 사회제도나 민간의 지원시스템이 필요하다.

2) 운동요법

운동요법(therapeutic exercise)은 한마디로 운동으로 치료효과를 거두게 하는 방법이다. 이것은 비만, 당뇨병, 고혈압 등을 치료할 때 응용된다.

운동요법의 기본형태는 다음과 같다.

▶ 근육의 수의적인 수축이 상실되었을 때 관절가동범위를 유지 내지 향상시키기 위한 수동운동
▶ 근육의 수의적인 수축이 불충분할 때 하는 보조 자동운동
▶ 수의적인 동작이 가능한 경우에 하는 자동운동
▶ 저항에 대항해서 움직여 근력증강을 도모하는 저항운동
▶ 단축된 근육이나 연부조직을 늘리는 펴기운동기능
▶ 매트, 평행봉, 지팡이, 보장구 등을 이용한 보행기능훈련

운동요법은 원래 맨손체조나 스포츠와는 다른 것이라는 생각에도 불구하고 그 기초과학적인 기반은 어느 정도 공통성을 가지고 있다. 따라서 광의의 체조나 스포츠가 인간의 수명에 어떤 영향을 미치는지에 대해 겉모습만이라도 살펴보는 것도 무의미한 일은 아니다. 수명은 굉장히 많은 인자에 좌우되지만, 다음과 같은 재미있는 데이터가 보고되고 있다.

1964년 해먼드(Hammond, E. C.)는 뇌졸중, 심장질환, 고혈압, 암 등의 병력이 없는 387,427명의 미국 남자들에게 생활습관과 여러 가지 신체적인 장애에 관한 질문지를 발송했다. 이어진 2년 동안 첫 해에 4,468명이 사망하고, 다음해에 5,614명이 사망하여 합계 10,082명이 사망했다. 이 조사에서는 노동에 종사하거나

스포츠와 체조를 하던 사람의 사망률이 낮았다. 또한 해먼드는 40세부터 80세에 이르는 442,094명을 대상으로 34개월에 걸쳐 사망률을 조사하여 가족병력, 식사, 직업, 동료, 거주지, 신장, 체조와 스포츠 등으로 소분류하여 85구분으로 나눴다. 가장 사망률이 낮은 그룹은 담배를 피우지 않고 중간강도 혹은 격렬한 스포츠를 한 그룹이었다.

카르보넨(Karvonen, M.)이 1959년에 핀란드에서 조사한 결과도 이와 거의 비슷하였다. 388명의 스키 경기자들과 일반인을 비교한 결과 스키 경기자들이 평균 6년 더 오래 살았다는 사실이 증명되었다.

그러나 이에 대한 반론이 없다고는 할 수 없으며, 결정적인 결론은 나지 않았지만 다음과 같은 것들은 틀림없는 사실로 볼 수 있다.

▶ 신체활동이 둔해지면 만성질환에 걸리기 쉽다.
▶ 심장혈관계통질환의 발생은 중간강도의 체조를 규칙적으로 하면 어느 정도 방지할 수 있다.
▶ 폐쇄동맥질환, 허파기종, 천식 등도 규칙적인 운동은 효과가 있다.
▶ 당뇨병환자의 컨디션 유지에는 치료체조가 효과가 있다.

2_ 운동의 효과

우리는 일상생활에서 항상 신체의 일부 혹은 전신을 움직인다. 운동을 하지 않으면 신경·근육뿐만 아니라 전신의 모든 장기에 기능저하현상이 나타난다. 즉 인간은 운동에 의해 전신기능을 유지하고, 건전한 전신기능이 있어야 비로소 운동이 가능해진다.

현대사회는 자동화·기계화로 인하여 전신을 움직일 기회가 감소되어 불사용증후군(disuse syndrome) 문제가 생겼다. 비만, 심장병, 동맥경화, 체력저하, 허리옆굽음증, 뼈발생이상(dysostosis, 이골증), 관절가동범위제한 등이 그 예다. 노인에게는 심장·허파, 운동, 정신 등 신체의 모든 기능이 현저하게 저하된다. 운동에 의해 전신상태 및 치매가 개선되는 경우가 종종 있다.

이러한 장애의 예방 및 치료를 위하여 최근에는 운동의 중요성이 제기되고 있다. 반면 과로(overwork)에 의한 폐해도 증가하고 있다.

1) 운동이 근육혈류에 미치는 영향

(1) 운동 시 근육혈류 조절

근육의 혈관은 2개의 다른 교감신경계통에 의해 지배받는다. 하나는 아드레날린작용(adrenergic)으로 혈관수축 시에 작용하고, 다른 것은 콜린작용(cholinergic)으로 혈관확장 시에 작용한다. 이것을 운동과 관계시켜 보면 혈관확장신경은 이미 운동개시 전부터 긴장이 높아지면 심박수가 증가하고, 동시에 근혈관도 팽창한다. 이것이 운동 초기의 근육혈류 증가에 작용하는 것으로 볼 수 있다.

국소적인 근육혈류 조절에는 다음의 인자들이 관여한다.

▶ PO_2 감소(조직 안의 산소분압 감소)
▶ PCO_2 상승(조직 안의 탄산가스분압 상승)
▶ K^+ 축적

▶ 다른 혈관팽창물질의 생성

▶ 근육온도 상승

근육운동이 시작되면 근수축 결과 생긴 이러한 인자들이 국소혈관에 직접 작용하여 모세혈관을 확장시켜 혈류를 증가시킨다. 국소적 자극이 최고에 달할 때는 운동 개시 후 5~20초인데, 이것은 운동 시의 혈류를 유지하는 최대인자이다.

근육모세혈관이 확장되면 근수축에 필요한 다량의 산소나 영양물질의 공급을 촉진시킴과 동시에 근육섬유와 모세혈관 사이의 거리를 단축하고, 영양물질의 공급 및 근수축에 의해 생성된 대사산물의 확산을 쉽게 제거한다.

(2) 율동수축과 근육펌프 작용

활동 중인 근육혈류는 수축 시에 감소하고, 이완 시에 증가한다. 근수축이 최대수축의 1/5 이상이 되면 근육혈류는 감소한다. 근육이 수축과 이완을 반복하면 펌프작용의 효과가 생겨 정맥혈의 심장복귀를 촉진한다. 걷기는 율동수축(rhythmical contraction)의 한 예이다. 마비된 사람이나 오랫동안 누워 지낸 환자는 이 근육펌프작용이 없기 때문에 혈액이 울체(stagnation)되어 다리부종(trophedema)이나 혈전정맥염(thrombophlebitis)이 쉽게 발생한다.

2) 운동이 순환계통에 미치는 영향

(1) 심박출량

단위시간 동안 오른심실 혹은 왼심실로부터 박출되는 혈액량을 심박출량(cardiac output)이라고 한다. 건강한 사람의 1분간 박출량(분당박출량, minute volume)은 5~6ℓ이다. 1회 수축에 의해 박출되는 혈류량이 1회박출량(stroke volume)이며, 정상인은 60~80ml다. 심박출량은 몸의 크기에 따라 다르며 체표면적에 비례한다. 체표면적 1m^{2}당 심박출량을 심박출계수(cardiac index)라 하며, 건강한 사람은

2~3ℓ/분이다.

① 연령과 심박출량

심박출량은 연령에 따라 변화하여 10세에 최고가 되고, 그 후는 연령과 함께 낮아진다.

② 심박출량에 관계된 인자

심박출량은 여러 가지 원인에 의해 변화하는데, 이것은 심박수의 변화, 1회박출량의 변화 혹은 두 가지 모두의 변화에 의해 야기된다.

심박수는 자율신경세통에 의해 조절되며, 교감신경의 자극에 의해 증가하고, 부교감신경의 자극에 의해 감소한다. 1회박출량은 자율신경계통, 말초순환저항 및 심장확장기에 있는 심실충만도에 의해 결정된다. 프랭크-스탈링(Frank-Staring)의 법칙에 따르면 심장의 수축력은 수축 전 심장근육의 길이에 비례한다. 확장기에 다량의 혈액이 유입되어 심장근육이 늘어나서 장력이 커지면 커질수록 수축력이 커진다. 심장에 유입되는 혈액량, 즉 복귀정맥혈(venous return, 정맥환류)은 말초순환 혈액량에 비례하여 증가한다.

복귀정맥혈을 증대시키는 인자는 다음과 같다.

▶ 근수축

▶ 호흡에 따른 가슴우리의 흡인작용

▶ 심실수축 시 심방압력의 저하

▶ 복부내장, 그밖의 혈액저장고로부터의 이동

▶ 세동맥(arteriole)확장에 의해 일어나는 정맥압(venous pressure)의 상승

▶ 아드레날린작용 신경을 거쳐 일어나는 혈관수축

③ 자세와 심박출량

누운 자세에서 앉은 자세 혹은 선 자세로 바꾸면 심박출량은 감소한다. 이 변화는 앉은 자세 혹은 선 자세에서 혈액이 중력의 작용에 의해 신체의 아래쪽에 울체하여 일어난다. 장기간 선 자세를 지속하면 복귀혈액량이 감소되어 1회박출량이 불충분해져 현기증을 느끼는 경우도 있으며, 또 누운 자세에서 갑자기 일어설 때 현기증을

호소하는 사람도 있다.

오랫동안 누워 있는 환자나 하지마비환자를 틸트테이블(tilt table, 기울임판)을 이용하여 서기훈련을 할 때에도 마찬가지 현상이 일어나 실신할 수도 있다. 이러한 증상은 심박수감소에 의한 허혈뇌병(ischemic encephalopathy)에 기반을 둔 것으로 볼 수 있다. 서기훈련에서 나타나는 허혈뇌병은 발가락부터 넙다리까지 탄성붕대로 감싸면 상당부분을 예방할 수 있다. 배를 코르셋이나 붕대로 압박해도 다리를 압박붕대로 감싸는 만큼의 효과는 없다.

자세변화에 따른 것이 아니라 단순히 누운 자세, 앉은 자세 및 선 자세에서의 심박출량은 누운 자세보다 앉은 자세 혹은 선 자세 쪽이 적다. 이것은 환자를 치료할 때, 특히 심장병환자의 치료에서 주목해야할 일이다. 심장에 대한 부담은 심박출량 외에 말초순환저항, 자율신경계통 등도 관여한다는 것을 잊어서는 안 된다.

④ 운동과 심박출량

심박출량은 전신의 산소소비에 거의 비례하고, 운동 시에는 증가한다. 심박출량의 증가는 심박수의 증가와 1회박출량의 증가에 따라 정해지지만, 1회박출량에는 이완말기의 심실용적(end-diastolic ventricular volume)의 증가와 수축말기의 심실용적(end-systolic ventri-cular volume)의 감소가 관여한다. 전자는 심실로 들어오는 혈액량인데, 이미 언급한 것처럼 프랭크-스탈링(Frank-Staring)의 법칙에 기반하여 일어난다. 교감신경계통을 자극하면 심박수의 증가 말고도 심장근육의 수축력은 근육섬유의 길이에 관계없이 강해진다. 이때 정상 이상의 혈액을 박출하고, 수축기말기의 심실용적은 감소한다.

1회박출량의 증가에는 한계가 있어서 최대산소섭취량의 40%의 산소를 섭취하여도 최고에 달한다. 이때 심박수는 1분간 110인데, 이 이상의 심박출량의 증가는 심박수의 증가에 따라 이루어진다. 운동선수의 심박출량이 매분 35ℓ까지 저하되는 경우도 있다.

운동 시 심박출량은 다음과 같은 인자에 의해 증가한다.

▶ 교감신경계통에 의한 수축력의 증대와 혈압의 상승

▶ 근수축에 의한 혈관압박으로 인한 혈압의 상승

▶ 근혈관의 확장에 의한 저항의 감소와 복귀정맥혈의 증가

근육의 등척수축 시에는 이미 그 시작 때부터 정신적인 자극에 의해 심박수가 증가하지만, 근육의 혈류는 감소하고 1회박출량의 변화는 비교적 적다. 등장수축 시에도 심박수는 곧 증가하지만, 1회박출량은 등척수축과 달리 현저히 증가한다. 심박출량은 산소소비에 비례하여 증가하며, 35ℓ/분을 넘어서는 경우도 있다.

⑤ 심박출량과 운동의 효과

안정 시에 운동선수는 일반인보다도 1회박출량이 크고 심박수는 적어도 수축말기의 심실용적은 크다. 운동 시에는 1회박출량과 심박수 모두 증가하지만 운동선수의 심박수 증가는 비운동선수보다 적다. 훈련된 사람은 이처럼 최대심박출량이 큰 것은 물론, 운동 중의 동·정맥산소분압차가 커서 조직이 피를 흘릴 때 산소를 섭취하는 능력이 우수하다.

(2) 심박수

정상인의 심박수(heart rate)는 개인차가 크며, 나이에 따라서도 다르다. 성인의 안정시심박수는 60~70회/분이지만, 50회/분부터 100회/분 사이는 정상으로 본다. 심박수가 50/분 이하를 서맥(bradycardia), 100회/분 이상을 빈맥(tachycardia)이라고 한다. 안정시심박수는 신생아는 평균 130회/분, 5세는 평균 105회/분, 10세는 평균 90회/분이다.

심박수가 빨라지면 심장은 수축기나 확장기 모두 단축하는데, 후자의 단축 쪽이 전자에 비해 굉장히 크다. 심실로 유입되는 혈액은 주로 확장기에 일어나며, 심박수가 약 180/분 이하라면 심실은 혈액에 의해 넘칠 듯하게 된다. 심박수가 좀 더 증가하면 혈액이 심실을 가득 채우기 전에 수축이 시작되어 심박출량이 감소한다. 앞에서 언급했듯이 운동시심박출량이 증가하려면 심박수의 증가가 필수적이다. 최대심박수는 안정시심박수와 마찬가지로 나이차 및 개인차가 있다.

오스트랜드(Åstrand, P-O.)에 의하면 평균최대심박수는 15세는 210, 25세는

200, 40세는 180, 55세는 150회/분이다. 실제로 50세 이상의 건강한 사람이 운동 시 심박수가 150~160회/분을 넘는 경우는 매우 드물다. 심장병환자는 심장근육의 수축력이 저하되어 있어 문제는 좀 더 복잡하다.

심박수는 자세에 따라서도 변화하여 통상 누운 자세보다는 앉은 자세, 또 앉은 자세보다도 선 자세일 때 많이 변한다. 자세에 따른 변화가 적을수록 운동에 적합하다.

운동 시에는 심박수가 증가하지만, 이미 운동시작 전의 심리적인 준비단계에서 교감신경계통의 흥분이 일어나 맥박은 증가한다. 운동이 격렬할수록 심박수는 많아진다. 운동종료 후에는 맥박수가 점점 감소하고, 과도한 운동이 아닌 한 2~3분 이내에 정상치로 되돌아오는 것이 보통이다. 심박수가 반드시 산소소비량에 비례한다고는 단정할 수 없으나, 치료 중에 간단히 판정할 수 있으므로 임상에서 종종 운동량을 평가하기 위해 이용된다. 일정운동량에 대한 맥박수는 나이와 함께 증가한다. 오래 동안 운동을 하려면 최대산소소비량의 1/3~1/2의 부하에 머물러야 한다.

이것을 바탕으로 앤더슨(Anderson, A. D.)은 고령자나 심장병환자의 보행훈련에 대한 기준을 다음과 같이 제시하였다.

▶ 안정시맥박이 100/분 이하일 것
▶ 운동 중 심박수가 135~140회/분을 넘지 않을 것
▶ 운동종료 후 2분이 지나면 안정시맥박수가 플러스 10 이하일 것

(3) 혈압

심장의 수축-이완사이클에 따라 동맥내압은 변동한다. 큰동맥에서 내압의 최고치를 최고혈압 혹은 수축기혈압(systolic pressure)이라 하고, 최저치를 최저혈압 혹은 이완기혈압(diastolic pressure)이라고 한다. 최고혈압과 최저혈압의 차가 맥압(pulse pressure)이고, 심장주기에서 평균치를 평균혈압이라고 한다. 청년기에는 정상최고혈압은 120mmHg, 최저혈압은 80mmHg, 맥압은 40mmHg로 그 비율은 3:2:1이다. 평균혈압의 임상적인 측정은 어렵지만, 최저혈압에 맥압의 1/3을 더하면 대략적인 값을 얻을 수 있다.

① 혈압의 변화

혈압은 다양한 원인에 의해 변화하는데, 일반적으로 심박출량이 증가하면 최고혈압은 상승되고, 말초저항이 증가하면 최저혈압이 상승된다. 대동맥벽은 나이를 먹어감에 따라 탄성섬유를 잃어 동맥경화를 일으키면 유연성이 저하되고, 안정 시에는 내압이 증가한다. 정상혈압의 한계를 어디에 두어야 하는지는 논의가 한창인데, 노년기에는 최고혈압도 최저혈압도 상승하는 것은 명확하다.

국제고혈압학회나 유럽고혈압학회에서는 적정, 정상, 높은 정상, 제1단계 고혈압, 제2단계 고혈압, 제3단계 고혈압, 그리고 수축기고혈압으로 분류하고 있다. 여기에서의 적정혈압은 대한고혈압학회가 정의한 정상과 같고, 정상과 높은 정상은 대한고혈압학회가 정한 고혈압전단계와 같다. 고혈압의 3단계는 수축기혈압이 160mmHg 이상이거나 확장기혈압이 110mmHg 이상인 경우로 정의하고 있다.

표 2-2 성인의 혈압 분류

혈압분류	수축기혈압(mmHg)		확장기혈압(mmHg)
정상(narmal)	<120	그리고	<80
고혈압 전단계 (prehypertension)	120~139	또는	80~89
제1기 고혈압 (stage 1 hypertension)	140~159	또는	90~99
제2기 고혈압 (stage 2 hypertension)	≥160	또는	≥100

② 자세와 혈압

중력의 작용에 의해 신체 각 부위의 혈압은 다르다. 선 자세에서는 심장에서부터의 거리 때문에 0.77mmHg/cm의 차이를 만들어내며, 머리에서는 혈압이 낮고, 다리에서는 높다. 위팔에서 측정한 통상 혈압은 건강한 사람은 자세에 따라 일정한 유형으로 변화하지 않으며, 상승·하강 혹은 불변인 경우가 있다.

③ 운동과 혈압

운동 시의 혈압은 근육의 등척수축과 등장수축에 따라 다르다. 등척수축에서는 운동시작 후 수초 이내에 최고혈압과 최저혈압 모두 급격히 상승한다. 이에 따라 등장수축에서는 최고혈압은 중간정도 상승하지만, 최저혈압은 변화하지 않거나 저하한다. 그 이유의 하나는 등척수축에서는 근육이 지속적으로 수축함에 따라 말초순환저항이 증대하고, 등장수축에서는 1회박출량이 현저히 증가함에도 불구하고 운동하고 있는 근육의 혈관확장 때문에 전체로서의 말초순환저항은 약해지기 때문이다. 한편 교감신경계통의 작용에 대해서는 잘 알려져 있지 않다.

운동 후에는 근수축에 의해 말초저항은 소실하지만 혈관확장은 잔존하여 말초순환저항은 저하되고, 혈압은 서서히 하강하여 안정 시보다 낮아진다. 이것의 지속시간은 짧아서 심박수보다도 빨리 정상으로 돌아온다.

고혈압에 대해 운동이 어느 정도 유효한지는 아직 충분히 해명되어 있지 않다. 그러나 유산소운동 프로그램에 의해 최고혈압과 최저혈압 모두 어느 정도 저하된다는 사실이 밝혀졌다. 운동에 의해 혈압이 저하하는 이유는 잘 알려져 있지 않으나 카테콜아민의 감소, 콩팥의 Na배설 촉진 등이 관계되어 있을 가능성이 있다.

(4) 혈류

① 뇌의 혈류

뇌의 혈류는 정상인은 평균 54ml/100g/분으로 뇌 전체로서는 약 750ml/분인데, 이것은 안정시심박출량의 약 15%에 해당한다.

뇌혈류량은 뇌 속의 동맥압과 정맥압의 영향을 받는다. 국소적으로는 동맥혈의 CO_2 및 O_2분압에 좌우되며, PCO_2의 상승과 PO_2의 하강이 혈류량의 증가에 작용하는 것은 신체의 다른 조직에서와 마찬가지이다. 뇌의 산소소비량은 여러 가지 조건 하에서 거의 변동이 없고, 운동 시에도 혈류량은 거의 일정하다.

② 복부내장의 혈류

창자, 이자 및 지라부터의 혈류는 문맥계통(portal system)을 통해 간에 들어가며, 그 양은 1분간 약 1,000ml이다. 간에는 그밖에 간동맥을 통해 1분간 약 500ml의 혈액이 보내진다. 따라서 간의 혈류량은 거의 1,500ml/분에 달하여 심박출량의 28%를 차지한다. 이러한 장기의 혈관은 아드레날린작용 교감신경의 지배를 받아 허파 및 피부의 혈관과 함께 운동 시에는 수축되어 많은 혈액을 방출하여 근육혈류 증가에 기여한다.

③ 피부의 혈류

피부혈류의 중요한 역할은 체온조절인데, 이는 외부온도에 따라 크게 변동한다. 운동 시에도 고온에서는 혈류가 증가하고, 저온에서는 감소하거나 거의 변화하지 않는다.

④ 심장근육의 혈류

심장근육의 혈류는 골격근의 경우와 마찬가지로 수축 시에 감소하고, 이완 시에 증가한다. 운동 시에는 심박수의 증가에 따라 확장기의 단축이 두드러지므로 심장 근육의 혈류에는 불리하다. 심장근육 혈류량은 대동맥압, 산소결핍 및 교감신경계통에 따라 조절되어 운동 시에 증대한다. 심장동맥·정맥의 산소분압차는 안정 시에도 크고, 골격근과 달리 운동 시에 혈액 중으로부터산소이용도를 증대시키기 어려워 산소수요를 채우기 위해 혈류량이 증가된다.

한편 운동 중에는 아드레날린작용 교감신경의 긴장에 의해 내장혈관과는 반대로 심장근육의 혈관은 확장되고, 혈류량은 많아진다.

⑤ 콩팥의 혈류

안정 시 성인의 콩팥혈류량은 1.1ℓ/분으로 심박출량의 22%에 해당하는데, 이는 간혈류 다음으로 많다. 운동 시에는 콩팥혈류도 간혈류와 마찬가지로 감소하지만, 대사산물의 배설을 방해할 정도는 아니다. 격렬한 운동을 하면 혈류와 함께 소변량이 감소한다.

이것은 다음과 같은 이유 때문에 일어난다.

▶ 세포바깥액(extracellular fluid, 세포외액량)의 증가
▶ 콩팥혈류의 감소로 인한 근육혈류량의 증가

동시에 소변에 단백질 및 적혈구가 나타나는 경우도 있다. 이때 소변의 pH는 저하한다. 이러한 사실은 운동 중에 콩팥장애가 일어났음을 의미하는 것은 아니지만, 적어도 콩팥장애를 가진 환자에게는 운동을 제한해야만 한다는 사실을 시사한다.

(5) 체온

운동 시에는 열생산이 증대하고, 깊은부위의 온도는 상승한다. 이 경우 열의 방산 역시 증가하고, 체온은 그다지 상승하지 않는다. 안정 시의 열방산은 복사에 의한 것이 66%를 차지하지만, 운동 시에는 땀배출에 의해 기화열로 전체의 75%가 사라짐으로써 체온의 이상상승을 막아준다. 체온상승은 근기능에 대해 유리하게 작용한다.

3) 운동이 호흡계통에 미치는 영향

호흡(respiration)은 외호흡과 내호흡의 2가지 과정을 포함한다. 전자는 체내에 O_2를 넣고 CO_2를 배출하는 과정이며, 후자는 조직과 혈액 사이의 가스 교환을 의미한다. 운동 시에는 조직의 대사항진에 따라 O_2소비량과 CO_2생산량이 함께 증가하고, 호흡기능이 이에 따라 촉진되어 산소수요를 채워 CO_2배출을 촉진한다. 나아가 젖산 등에 의한 혈액의 산성화를 막아주며, 또한 과잉생산된 열을 방산하는 역할도 담당한다.

(1) 허파용량

허파에서의 가스교환을 알려면 허파용량은 빠뜨릴 수 없다. 모든 종류의 허파용량 값은 개인차, 연령, 성에 따라 다르다.

- ▶ 1회환기량(TV : tidal volume) : 안정 시 1회 호흡에서 기도로 들어가는 공기량 혹은 기도에서 나오는 공기량으로, 평균 500ml이다.
- ▶ 들숨예비량(IRV : inspiratory reserve volume) : 1회환기량 외에 추가로 들이마실 수 있는 최대공기량으로, 평균 3,000ml이다.

- 날숨예비량(ERV : expiratory reserve volume) : 안정 시 숨을 내쉰 다음에 추가로 내쉴 수 있는 최대공기량으로, 평균 1,100ml(남자)이다.
- 잔기량(RV : residual volume) : 최대로 숨을 들이마신 후에 허파에 남는 공기량으로, 평균 1,200ml(남자)이다.
- 기능적 잔기량(FRC : functional residual capacity) : 날숨예비량과 잔기량을 합친 값으로, 안정 시 숨을 내쉰 후에 허파에 남은 공기량이다.
- 허파활량(VC : vital capacity) : 숨을 최대로 들이쉰 후에 뱉어낼 수 있는 최대공기량이다. 허파활량은 호흡근육의 강도나 허파 및 가슴우리의 탄성력이 큰 영향을 미친다. 따라서 호흡근육마비 때나 여러 가지 허파질환(결핵, 허파기종, 기관지천식 등)이 있으면 현저히 감소한다.
- 전허파용량(TLC : total lung capacity) : 허파활량에 잔기량을 더한 값으로, 최대 숨을 들이쉰 후의 허파 공기량이다.
- 분당호흡량(RMV : respiratory minute volume) : 1회호흡량에 호흡수를 곱한 값으로, 평균 6ℓ/분이다.
- 최대분당호흡량(MBC : maximum breathing capacity) : 1분간에 최대한 빠르고 깊게 호흡했을 때의 호흡량으로, 실제로는 12초간 측정해서 5배한 값이다. 분당호흡량의 20~25배에 달하기도 하지만, 여러 가지 허파질환에 의해 감소한다.

(2) 무용공간

호흡 시에 코안, 입안, 기관, 기관지 등 가스교환에 관계하지 않는 장소를 무용공간(dead space, 사강)이라 하며, 이 부분을 채우는 공기를 무용공간공기(dead space air)라고 한다. 1회의 호흡에서 허파꽈리에 들어가는 공기량은 1회환기량에서 무용공간공기량을 뺀 값이다.

(3) 운동 시의 호흡

안정 시 성인의 호흡수는 15~20회/분이지만, 운동을 시작하면 금세 호흡수가 증가하여 1분간 60회/분에 달하는 경우도 있다. 호흡수는 호흡량에 거의 비례하여 증가한다. 호흡의 수와 동시에 호흡의 깊이도 증대하여, 1회호흡량이 2,000ml이 되기도 한다. 이 경우에는 분당호흡량도 증가한다. 호흡량은 누워서 천장을 바라보는 자세에서 많다.

(4) 호흡조절

숨뇌 아래쪽의 그물체(reticular formation, 망상체)에 있는 호흡중추는 화학성과 신경성 모두에 의해 조절된다. 그중에서 운동에 관계되는 것은 다음의 4가지이다.

① 대뇌겉질

안정시호흡은 의식적인 조절을 받지 않지만, 좀 더 고위의 중추가 대뇌겉질(cerebral cortex)에 있어 촉진 및 억제 시에 작용한다. 운동의 준비단계 혹은 운동초기의 호흡촉진에는 이 중추가 관계하고 있다.

② 화학적 조절

호흡중추는 혈중 PCO_2, PO_2 및 pH의 영향을 받는다.

▶ 뇌줄기의 화학수용기……숨뇌(bulbar, medulla, 연수)의 호흡중추 근처 및 제 8 · 9 · 10 뇌신경이 뇌줄기(brain stem)에 들어가는 부위에 있는 수용기인데, 여기에서 뇌척수액(CSF : cerebrospinal fluid)의 H^+농도의 변동을 감독한다. 수소이온농도가 커져 pH가 하강하면 호흡이 촉진되고, pH가 상승하면 호흡은 억제된다. 그러나 혈중 H^+는 쉽게 뇌척수액 중으로 확산되기 어려우나, CO_2는 급속히 확산되어가므로 이 조절에는 혈중 PCO_2가 중요한 작용을 한다. 즉 혈액으로부터 수액 중으로 들어간 CO_2가 물과 반응하여 H_2CO_2가 되는데, 이것이 해리되어 H^+농도를 상승시켜 호흡을 촉진시킨다.

▶ 대동맥토리(aortic body, 대동맥소체)와 목동맥토리(carotid body, 경동맥소

체)……화학수용기는 중추신경계통이 아닌 목동맥갈림(carotid bifurcation) 및 대동맥활 근처에도 있다. 이들은 각각 목동맥토리 및 대동맥토리라고 하며, 혈중 PO_2의 하강과 PCO_2의 상승에 반응한다. 목동맥토리는 혀인두신경을 거치고, 대동맥토리는 미주신경을 거쳐 호흡중추를 자극하여 호흡을 촉진하는데, PCO_2보다도 PO_2에 대한 감수성이 높다.

③ 반사

팔다리에 지혈대를 감아 혈류를 차단한 뒤 말초부위의 관절을 자동적 혹은 수동적으로 움직이면 호흡은 촉진된다. 이때에는 근육운동의 대사산물인 CO_2, 젖산 등에 의해 호흡중추가 자극받았다고는 보기 어렵고, 대략 근육·힘줄 및 관절의 고유수용기로부터 숨뇌에 이르는 구심로를 통해 자극이 전달된 것으로 추정한다.

④ 헤링-브로이엘반사

허파에는 조직이 늘어나는 데 반응하는 수용기가 있어서 허파가 팽창하면 미주신경을 거쳐 숨뇌에 자극을 보내고, 들숨을 억제한다. 반대로 허파가 수축할 때에는 자극이 정지되어 들숨이 일어날 수 있다. 이것을 헤링-브로이엘(Hering-Breuer)반사(reflex)라고 하는데, 사람은 이 반사가 약하여 별로 중요시되지 않는다.

(5) 운동 시의 호흡촉진

운동 시에 일어나는 호흡촉진기전은 충분히 해명되어 있지 않으나, 대략 다음과 같이 볼 수 있다.

혈중 PCO_2, PO_2 및 pH는 경도 혹은 중간강도의 운동에서는 거의 일정하게 유지되며, 운동이 격렬해지면 PCO_2는 저하하므로 화학적 인자가 호흡촉진의 원인이라고는 볼 수 없다. 대뇌겉질에서의 자극은 운동초기의 호흡촉진을 일으킨다. 운동을 시작하면 근육 및 관절의 운동이 고유수용기를 거쳐 반사적으로 호흡을 촉진한다. 이밖에도 혈중 K^+농도, 호흡중추의 CO_2에 대한 감수성 등이 고려되고 있으나, 이는 아직까지 확실하게 밝혀지지 않았다.

(6) 운동 시의 내호흡

운동 시에 근육의 산소소비는 증가하고, 조직의 PO_2는 감소한다. 나아가 국소의 PCO_2는 커지고, pH는 저하하며, 온도는 상승한다. 헤모글로빈의 산소해리곡선을 보면 pH의 저하 및 온도의 상승에 의해 조직의 산소섭취가 쉬워진다는 것을 알 수 있다. PCO_2의 증가도 마찬가지 효과를 초래하지만, 이것은 pH의 저하를 거쳐 간접적으로 작용하는 것으로 알려져 있다.

(7) 호흡을 통한 훈련효과

비훈련자와 훈련자를 비교하면 훈련자의 호흡은 느리고 깊으며, 가로막의 작용이 크다. 허파꽈리 CO_2농도는 비훈련자가 낮다. 나아가 훈련자에게는 호흡효율이 좋아지고, 호흡량이 감소했으며, 산소섭취율은 높고, 호흡근육의 내구력도 증가한다.

4) 운동이 산소수요에 미치는 영향

인체는 안정 시에도 항상 산소를 필요로 하는데, 운동 시에는 대사가 항진하여 산소수요는 좀 더 많아진다. 운동이 격렬할수록 글리코겐의 무산소분해에 의한 에너지이용률이 높아져 운동 후에 그 부족분을 보충하기 위해 산소를 과잉으로 섭취하게 된다. 이 운동 후의 과잉산소소비를 산소부채(oxygen debt)라고 한다.

산소부채는 다음을 위해 소비된다.

- 아데노신3인산(ATP : adenosine triphosphate) 및 크레아틴인산(creatine phoshate)의 재합성
- 헤모글로빈, 미오글로빈, 조직 등이 상실한 산소보급
- 체온상승에 따른 대사항진
- 호흡근육·심장근육의 지속적인 산소소비 증가와 호르몬, 칼슘, 칼륨, 나트륨 이온 등의 재분배
- 운동 중에 축적된 젖산을 간에서 글리코겐으로 재합성

산소부채에는 한도가 있어서 격렬한 운동을 장시간 계속하는 것은 불가능하다. 중간강도의 운동에서는 산소섭취량은 서서히 증가하고, 산소소비량이 최대섭취량 이하면 이 양자는 평형상태를 유지하여 운동을 지속할 수 있다. 일정시간 내의 근활동의 한계는 이처럼 최대산소부채량과 최대산소섭취량에 관계하는데, 이는 훈련에 의해 증가시킬 수 있다.

단시간의 격렬한 운동은 최대산소부채량이 많을수록 유리하며, 마라톤경기처럼 장시간 하는 운동에서는 최대산소섭취량이 클수록 유리하다. 이것은 순환계통이나 호흡계통과 밀집한 관계를 갖고 있다.

5) 운동이 칼슘대사에 미치는 영향

장기간 침상요양을 하면 운동기능이 저하되는 한편, 여러 가지 대사에 영향을 준다. 건강한 사람이라도 몇 주 동안 요양하면 순환계통·호흡계통의 기능이 저하되며, 동시에 대사에 변화를 나타낸다. 그중에서도 뼈대사이상은 골절 시의 고정이나 마비에 의해 운동기능을 잃어버린 상태에서 현저하게 나타난다.

골절로 인한 깁스고정 시나 마비된 다리에서 나타나는 뼈위축(osteanabrosis)은 운동제한에 의해 일어나는 칼슘대사이상인데, 이는 임상적으로도 요로결석증(urolithiasis, 요로돌증), 연조직(soft tissue)의 뼈형성(ossification, 골화), 골절 등의 합병증을 동반하므로 중대한 문제가 된다.

장기간 침상요양을 하거나 무중력공간에서 장기체재하면 건강한 사람도 뼈에서 칼슘성분이 소실된다. 척수손상으로 마비부위의 뼈위축이 조기에 일어나 혈중칼슘의 상승, 소변 속 칼슘 및 하이드록시프롤린(hydroxyproline)의 배출증가를 동반한다. 건강한 사람은 요양·무중력 등의 원인이 없어지면 쉽게 회복되지만, 마비된 다리는 운동 및 체중부하만으로 뼈위축이 개선되지 않는다. 그 이유에 대해서는 명확하지 않은 점이 많지만, 뼈바탕질(bone matrix, 골기질)의 콜라겐대사의 변화가 관여하고 있을 가능성도 있다.

6) 운동이 피로에 미치는 영향

피로는 일 혹은 운동능력이 저하된 상태로, 그 원인에 관해서는 명확하지 않은 점이 많다. 신체적으로 피로를 호소하는 경우에 대략 심리적 영향이 더해지고, 정신면의 피로가 신체적 피로를 촉진하는 경우도 있으며, 많은 인자가 관계되어 있다고 볼 수 있다.

심리적 요인으로는 의욕결여, 흥미상실, 불안감 등이 있으면 피로를 발현하기 쉽고, 또한 주의집중이 요구될 때에는 정신적 피로가 먼저 나타나 신체적 피로를 촉진한다.

운동 시 피로감은 실제운동량이 아니라 산소소비의 속도와 관계가 깊다. 또한 산증(acidosis)이 뇌에 작용하면 피로감을 초래한다고 한다. 산소공급이 불충분하면 근육의 피로는 쉽게 일어난다. 근육의 고유수용기로부터의 자극이 장시간 지속되면 피로를 느낀다고도 한다. 신경 · 근육계통에서 피로가 일어나는 부위는 중추신경계통에 있는 시냅스, 신경근육이음부, 근육의 지각종말 등이다.

제3장

운동을 통한 체력향상

1_ 체력의 이해

체력(physical fitness)이란 사람이 살아가는 데 필요한 신체적인 활동능력이며, 또 다양한 강도의 육체적 활동을 피로를 느끼지 않고 정상적으로 수행할 수 있는 능력을 말한다.

크레톤(Curetone, T. K.)은 "체력은 병이 없고 치아가 좋으며 청력과 시력은 정상이며, 정상적인 정신상태를 유지함과 동시에 신체를 조절할 수 있는 능력이 있으며, 오래 동안 작업을 하더라도 능률이 저하되지 않는 상태를 뜻한다."고 하였다.

1) 체력의 구분

(1) 행동체력

행동체력은 적극적인 신체활동을 할 수 있는 체력인데, 여기에는 다음과 같은 체력요소들이 있다.

- ▶ 근력 : 근력은 근육이 수축할 때에 발생하는 힘이다. 근육의 수축에는 등척성수축, 등장성수축 등이 있다. 한편 근력은 근육의 횡단면적에 비례하는데, 1cm²당 약 5~9kg의 힘을 발휘할 수 있다.
- ▶ 순발력 : 근육이 짧은 시간에 폭발적으로 수축하는 힘(순발력=속도×근력으로, 종류는 단거리 달리기, 높이뛰기, 멀리뛰기, 던지기 등)이다.
- ▶ 지구력 : 운동을 오랫동안 지속할 수 있는 능력을 말한다.
- ▶ 조정력 : 근육과 신경계통의 영향을 받아 운동을 효과적으로 수행하는 능력이다. 평형성, 민첩성, 교치성(정교하고 정확하게 수행하는 능력) 등을 통틀어 조정력이라 한다.
- ▶ 유연성 : 몸을 굽혔다가펴는 것과 같은 동작을 부드럽게 하는 능력(스트레칭, 요가, 필라테스, 태극권 등)이다.
- ▶ 스피드 : 힘을 빠르게 작용하는 능력이다.

(2) 방위체력

방위체력이란 인간이 삶을 영위하기 위해 생활환경이 신체 내·외적으로 주는 물리·화학적, 생물학적, 생리적, 정신적 등의 자극을 견디거나 이겨낼 수 있는 능력을 말한다(표 2-1). 방위체력에는 질병에 대한 면역력, 환경변화에 대한 적응력, 정신적인 저항력 등이 있다.

표 2-1 행동체력과 방위체력

행동체력	– 운동발현능력 : 근력(근기능), 파워(근력×속도) – 운동지속능력 : 근지구력(근기능), 전신지구력(호흡순환계통기능) – 운동통제능력 : 평형성, 민첩성, 교치성(신경기능), 유연성(관절, 힘줄)
방위체력	– 물리·화학적 스트레스에 대한 저항력(강한 추위, 무더위, 저산소, 고소, 진동, 화학물질 등) – 생물적 스트레스에 대한 저항력(세균, 바이러스, 미생물 등) – 생리적 스트레스에 대한 저항력(운동, 공복, 불면, 시차 등) – 정신적 스트레스에 대한 저항력(불쾌, 고통, 공포, 불만 등)

2) 건강과 체력의 관계

체력은 운동기능 관련 체력과 건강 관련 체력으로 분류할 수 있다. 과거에는 모든 체력요소의 증진을 강조하여 왔으나, 건강유지를 목적으로 하는 일반인은 건강과 관련된 체력요소를 우선적으로 육성하여야 한다.

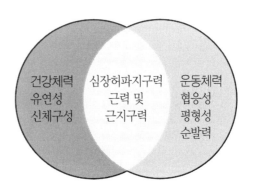

건강체력
유연성
신체구성

심장허파지구력
근력 및
근지구력

운동체력
협응성
평형성
순발력

2_ 운동이 건강에 미치는 영향

1) 규칙적인 운동의 장점

육체적 활동은 휴식상태일 때보다 높은 에너지를 사용하면서 근육이 힘을 발휘하도록 하는 것을 의미한다.

규칙적인 운동을 하면 다음과 같은 요소를 줄일 수 있다.

- ▶ 조기사망 위험성
- ▶ 심장질환 위험성
- ▶ 당뇨병 위험성
- ▶ 고혈압 위험성
- ▶ 큰창자암 가능성
- ▶ 분노나 우울증과 같은 감정

육체적 활동은 다음의 요소에도 도움이 된다.

- ▶ 체중조절
- ▶ 건강한 뼈와 근육 · 관절 유지
- ▶ 노인의 건강 유지
- ▶ 정신적인 건강 유지
- ▶ 수술의 위험성 감소
- ▶ 뼈와 관절질환, 호흡계통질환의 가능성 감소
- ▶ 면역계통 활성화

최근의 연구에 따르면 주기적인 운동(일주일에 4시간 이상)은 40대 이하 여성의 유방암 발생을 줄여주는 것으로 밝혀졌다. 운동은 격렬하게 할 필요는 없고, 매일매일의 적당한 운동으로 남녀노소 모두 효과를 볼 수 있다고 하였다.

위에서 언급한 적절한 운동의 장점은 잘 알려져 있다. 사실 운동은 많은 정신적 · 대사적 · 육체적인 면을 개선시키는 효과가 있다. 지금 당장 운동계획을 세워 실천하는 것이 중요하며, 운동을 통해 많은 장점을 얻을 수 있다.

2) 심장혈관계통 기능의 향상

신체가 계속해서 활동할 수 있도록 산소를 공급하는 것이 바로 심장혈관계통의 역할이나. 주기적인 운동은 심장근육을 강화하여 한 번의 심장박동에서 더 많은 혈액이 흐를 수 있도록 하고, 근육의 모세혈관 수를 늘려 신체가 효과적으로 운동할 수 있도록 해 준다.

한편 운동은 호흡하는 산소량의 늘려주고, 신체 각 조직에 산소의 공급이 원활해지도록 호흡계통을 강화시켜준다.

(1) 심장질환 위험의 감소

심장은 근육으로 만들어진 특수한 기관이다. 근육은 사용할수록 더 강해지고 효율이 높아지기 때문에 규칙적인 운동은 심장을 강하게 하여 한 번의 박동으로 더 많은 혈액이 흐를 수 있도록 해준다. 이러한 심장의 혈액공급효율이 증가되면 더 적은 심장박동으로 많은 피를 공급할 수 있어서 심장에 무리가 적다.

(2) 고혈압 예방

혈압은 심장이 혈액을 펌프질할 때 혈관이 받는 압력을 의미한다. 고혈압이란 혈관이 비정상적으로 높은 압력을 받을 때 사용하는 단어로, 심장혈관계통 질환이나 뇌졸중의 위험요인 중 하나이다. 최고혈압이 160mmHg일 때 심장근육경색의 가능성은 정상인보다 4배나 높아지고, 최저혈압이 95mmHg 이상일 때는 심장질환의 가능성이 6배 이상 높아진다. 낮은 강도의 운동을 계속한다면, 이러한 최고 및 최저 혈압을 10mmHg 정도 줄일 수 있다.

(3) 혈중고밀도지질단백질 증가

지질이란 혈액 속을 돌아다니고 몸의 여러 곳에 저장되는 지방을 의미한다. 주기적인 운동을 하면 혈액 속에서 저밀도지질단백질(좋지 않은 콜레스테롤)을 줄이고, 고밀도지질단백질(좋은 콜레스테롤)을 증가시킨다.

고밀도지질단백질이 많으면 몸속의 나쁜 콜레스테롤을 동맥으로부터 제거해주기 때문에 동맥경화와 같은 질환의 위험을 낮추어준다. 결론적으로 규칙적인 운동은 심장혈관계통질환의 위험을 줄여준다.

3) 뼈질량 증가

고령의 노인들은 골다공증으로 고통받는 경우가 많다. 골다공증은 적은 뼈질량과 뼈조직의 다공성화 때문에 골절위험을 높인다. 골다공증은 남성보다 여성에서 많은데, 그 이유는 여성의 수명이 더 길고, 남성보다 뼈밀도가 낮으며, 폐경 이후에 에스트로겐의 농도가 낮아지면서 뼈질량이 빠른 속도로 줄어들기 때문이다. 결과적으로 남성과 여성 모두에게서 나이가 들어가면서 골다공증과 골절위험성은 증가한다.

다른 조직과 마찬가지로 뼈도 사용할수록 발달한다. 운동을 하는 여성의 뼈밀도는 운동하지 않는 여성에 비해 훨씬 높다. 새로운 연구에 따르면, 뛰거나 점프하는 행동을 통해 뼈를 자극하면 어린이의 뼈밀도가 증가하는 효과가 있다고 한다. 칼슘을 포함한 적절한 영양섭취와 주기적인 운동은 뼈의 건강을 유지할 수 있게 한다.

4) 체중조절

많은 사람들이 체중을 줄이기 위해 운동을 시작한다. 운동은 대사율의 상승에 직접적인 영향을 미치며, 활발한 운동을 하면 대사율을 몇 시간 동안 높일 수 있다고 한다. 미국 대학스포츠의학협회에서는 식이요법 없이 운동만으로 체중을 줄이고 싶다면 운동횟수와 시간을 늘리는 것이 좋다고 하였다.

더 효율적인 체중조절방법은 식이요법과 운동요법을 병행하는 것이다. 그러나 아예 먹지 않는 것은 대사율을 20%나 낮추어서 살이 빠지기 더 어렵게 만들기 때문에 바람직한 방법이 아니다.

5) 건강증진과 수명연장

(1) 당뇨병 예방

인슐린비의존성낭뇨병(type Ⅱ 당뇨병)는 수백만 명이 겪고 있는 복합적인 질환이지만, 대부분 자신의 질환에 대해 모른다. 당뇨가 발생할 수 있는 위험요인은 비만, 고혈압, 고콜레스테롤, 가족력 등이다. 의사들은 당뇨를 조절하기 위해 식이요법과 운동을 병행할 것을 조언한다.

최근의 연구에 따르면 하루에 2,000칼로리 이상의 에너지를 사용하면 당뇨병의 가능성이 24% 감소한다고 하였다. 아마도 가장 흥미로운 정보는 매우 높은 당뇨병 위험을 가지고 있는 사람에게 운동이 가장 큰 효과를 나타낸다는 점일 것이다.

(2) 면역력 증진

최근의 연구에서는 "운동을 즐겁게 하는가 또는 스트레스를 받으면서 하는가에 따라 달라질 수는 있으나, 주기적인 운동을 하는 사람이 더 병에 걸리지 않는다."고 하였다. 그러나 과격한 운동은 오히려 해가 된다. 예를 들어 마라톤과 같은 격렬한 운동을 하는 사람은 감기와 같은 가벼운 병에는 오히려 더 약하다. 마라톤선수 2,300명을 대상으로 한 연구에서 일주일에 96.5km 이상을 뛰는 사람들은 일주일에 31km를 뛰는 사람들보다 상부기관지감염에 더 약한 것으로 나타났다.

운동이 어떻게 면역력을 더 증가시켜주는가에 대해서 잘 알려져 있지는 않다. 다만 적절한 운동이 백혈구수를 지속적으로 증가시켜준다는 것이 알려져 있으며, 백혈구는 감염에 대항하는 능력이 있음을 알고 있다. 일반적으로는 운동량이 적은 상태에서 강한 강도로 운동을 할수록 백혈구수도 그만큼 더 많이 증가한다고 알려져 있다. 짧은 시간 동안 운동할 때는 백혈구수가 1~2시간 내에 다시 정상상태로 돌아오고, 30분 이상 운동을 했을 때는 증가된 백혈구수가 24간 이상 지속될 수 있다. 이러한 운동에 의한 백혈구수의 증가는 질병과 감염에 대해 더 강한 면역력을 가질 수 있음을 의미한다.

(3) 수명연장

13,000명 이상의 20~80세 남녀를 8년 동안 조사한 이 연구에서, 실험참가자들은 자신의 성별·나이·운동의 정도를 기록했는데, 운동을 하는 사람이 하지 않는 사람보다 사망률이 3배 정도 낮았다.

운동을 얼마나 많이 해야 이러한 결과를 얻을 수 있을까? 30~60분 정도의 빨리 걷기 정도로도 높은 수명연장효과를 볼 수 있었다.

6) 정신력강화와 스트레스조절

규칙적인 운동은 정신적인 면에도 영향을 준다. 규칙적인 운동은 스트레스에 대한 반응으로 뇌에서 부수적으로 발생하는 화학물질을 없애주기 때문에 스트레스를 줄여 신체의 균형을 유지하는 데 도움을 준다.

규칙적 운동은 근육의 발달과 체내 지방을 감소시켜 신체의 겉모습을 강화시킬 수 있다. 이런 멋진 외모는 자신감을 갖게 한다. 증가된 힘과 신체조절능력, 유연성의 증가와 적은 지방질로 이루어진 멋진 몸매를 사람들은 동경한다.

한편 규칙적으로 운동을 하면 새로운 기술을 배우고 여가활동을 위한 능력을 개발하는 과정에서도 스스로에 대한 자신감을 얻을 수 있다.

그러나 운동에 대한 강박관념으로 운동량이 너무 많아져서 여성에게는 식이장애, 무월경, 골다공증 등의 부작용을 가져올 수도 있다.

3_ 운동이 호흡순환계통에 미치는 영향

1) 호흡순환계통기능을 향상시키는 유산소운동

걷기, 조깅, 사이클링, 에어로빅 등을 하는 사람이 늘어나는 것은 심폐기능 건강에 대한 관심을 대변하는 것이다. 이와 같이 심폐기능을 향상시키는 활동은 유산소운동(aerobic exercise)이다. 유산소운동을 하면 우리의 몸은 산소를 이용하게 되고, 나아가 적당한 강도로 긴 시간 동안 운동을 하면 심박수가 늘어난다. 몸매가 좋은 사람은 일반인보다 심폐기능이 좋다. 최대산소섭취량(보통 $\dot{V}O_2max$로 표기)은 운동 중 근육에서 소모할 수 있는 최대산소량을 의미한다.

유산소운동량을 알아보려면 먼저 트레드밀 달리기를 해본다. 쉬운 단계인 걷기부터 하여 점진적으로 운동강도를 높여 달린다(달리는 속도와 경사각을 동시에 조절한다). 심폐기능이 좋다면 운동하는 근육에 더 많은 산소를 보낼 수 있기 때문에 쉽게 지치지 않고 오랫동안 운동할 수 있을 것이다.

2.4km 달리기나 12분 달리기 테스트를 하여도 유산소운동량이 얼마나 되는지 알 수 있다. 그러나 운동을 시작하고 바로 이런 테스트를 해서는 안 된다. 테스트를 하기 전에 저강도의 걷기나 조깅을 해주어야 한다. 운동을 처음 하거나 관절염·당뇨·심장병·비만 등의 질병이 있으면 운동프로그램을 실시하기 전에 의사와 상담해야 한다.

2) 유산소운동프로그램

유산소운동능력을 높이기 위해서는 어떤 수준의 운동을 해야 할까? 여러 가지 방법이 있겠지만, 일반성인을 기준으로 최대심박수의 70% 정도인 140~160회의 심박수로 20~60분 동안 해주는 것이 좋다.

유산소운동의 가장 좋은 점은 큰근육을 모두 사용할 수 있게 한다는 점이다. 오랜 시간 동안 앉아 있었다면 운동을 시작하기가 매우 힘들 것이다. 그러나 힘들다고 해서 내일로 미루어서는 안 된다. 운동을 효과적으로 시작하려면, 처음에는 강도가 약한 운동부터 시작해서 점차 그 강도를 높여야 한다.

(1) 운동횟수(빈도)의 결정

운동을 처음 시작했다면 일주일에 적어도 세 번 정도는 해야 한다. 그보다 적게 한다면 더 적은 효과를 얻을 수밖에 없다. 의사들은 운동을 조금씩 매일 할 것을 추천한다. 운동능력이 좋아지면 일주일에 5번, 하루에 20~30분 정도 운동을 한다.

(2) 운동강도의 결정

유산소운동 프로그램은 큰근육군을 사용할 수 있을 정도의 강도여야 하고, 오랜 시간 동안 유지되어야 한다. 이런 프로그램을 세우는 기준은 목표심박수인데, 이는 최대심박수의 %로 나타낸다.

목표심박수(target heart rate)를 계산하려면 먼저 최대심박수를 계산해야 한다. 최대심박수는 남자는 220에서 나이를 빼고, 여자는 226에서 나이를 뺀 값이다. 여기에서 자기가 원하는 목표심박수를 최대심박수에서부터 결정하면 되는데, 이때 60% 정도를 가장 많이 사용한다. 몸상태가 좋지 않은 사람이라면 목표심박수를 40~50% 정도로 설정하고, 몸상태가 좋아지면 목표심박수를 점차 증가시켜나가면 된다. 한 번에 조금씩 증가시켜나가야 된다.

한편 역심박수는 목표심박수를 설정하는 또 다른 방법인데, 이는 최고심박수에서 휴식 시의 심박수를 뺀 값이다. 역심박수의 %를 휴식상태의 심박수에 더한 값이 바로 목표심박수가 된다.

자신의 목표심박수를 알면 운동을 하면서 심박수를 얼마나 높여야 하는지를 알 수 있다. 운동을 하면서 팔목부위의 노뼈동맥에 둘째와 셋째손가락을 대고 시계를 이용하여 6초 동안의 심박수를 세고 10을 곱하면 1분 동안의 심박수를 구할 수 있다. 운동을 하면서 올라간 심박수는 목표심박수에서 ±5 정도의 오차 이내에 있어야 한다.

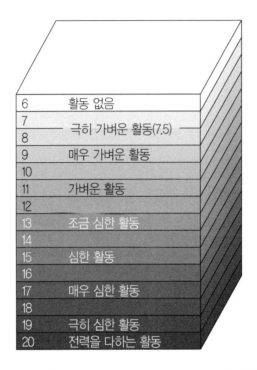

6	활동 없음
7	극히 가벼운 활동(7.5)
8	
9	매우 가벼운 활동
10	
11	가벼운 활동
12	
13	조금 심한 활동
14	
15	심한 활동
16	
17	매우 심한 활동
18	
19	극히 심한 활동
20	전력을 다하는 활동

그림 3-1___ 자각적 운동강도(RPE : rating of perceived exertion)의 등급

출처 : G. Borg : Borg's Perceived Exertion and Pain Scales(Champaign, IL : Human Kinetics, 1998), 47. Used with permission of Borg Products USA, INC.

필요하다면 목표만큼의 심박수를 얻기 위해 운동을 더 강하게 할 수도 있다.

최대심박수의 70%에서 하는 운동은 대화를 할 수 있는 정도의 강도를 가진 운동이다. 운동의 강도가 더 강해지고 숨 쉬기가 힘들어져 말하기조차 힘들어진다면, 운동강도가 너무 센 것이다. 20~30분 정도 대화가 가능한 운동을 하고 싶다면 심폐기능을 좀더 강화시켜야 할 것이다.

(3) 운동지속시간의 결정

운동지속시간은 한 가지 운동을 계속해서 하는 시간을 의미한다. 미국의 대학스포츠의학협회에서는 거의 매일 중간강도로 20~60분 운동을 계속하고, 10분 정도 쉴

보다 낮은 강도
더 많은 시간

▶ 45~60분간 세차
▶ 45~60분간 창문이나 바닥 닦기
▶ 45분간 배구
▶ 35~45분간 터치풋볼
▶ 35~45분간 정원 관리
▶ 35~45분간 휠체어 타고 스스로 이동
▶ 35분 내에 2.8km 걷기(20분간 1.6km의 속도)
▶ 30분간 농구(골 넣기)
▶ 30분 내에 자전거로 8km 가기
▶ 30분간 빠른 속도의 사교 댄스
▶ 30분 내에 유모차를 밀며 2.4km 가기
▶ 30분간 낙엽 쓸기
▶ 30분 내에 3.2km 걷기(15분간 1.6km의 속도)
▶ 30분간 수중 에어로빅
▶ 20분간 경영(수영)
▶ 20분간 휠체어 농구
▶ 15~20분간 농구(게임)
▶ 15분 내에 6.4km 자전거타기
▶ 15분간 줄넘기
▶ 15분내 2.4km 달리기(10분간 1.6km의 속도)
▶ 15분간 삽으로 눈 치우기
▶ 15분간 계단걷기

보다 높은 강도
더 적은 시간

그림 3-2__신체활동 수준

적당한 양(중간정도)의 운동은 대략 하루 150칼로리 또는 주당 1,000칼로리를 소모하는
것과 같다. 운동은 다양한 강도로 할 수 있는데, 예상 운동강도에 맞추어 적절한 운동시
간을 정한다.

출처 : From "A Report of the Surgeon General : Physical Activity and Health," by the Surgeon
General's Office, 1996, U.S. Department of Health and Human Services.

것을 제안했다. 이 정도의 활동은 댄스, 계단오르기, 정원 돌보기, 낙엽쓸기, 조깅,
수영, 자전거타기 등을 포함한다. 여기에는 3km 정도를 빠르게 걷기도 포함된다.

운동강도를 낮추면 동일한 칼로리를 소비하기 위해 그만큼 운동을 더 오래 해야
한다. 예를 들면 체중 54.4kg의 여성이 1시간 동안 3.2km를 걸어서 180칼로리를

소비한다면 같은 속도로 1시간 동안 7.2km를 걸으면 330칼로리를 소비할 수가 있다. 81.6kg의 남성이 1시간 동안 골프를 치면 288칼로리를 소모하지만, 크로스컨트리 스키를 하면 805칼로리를 소비할 수 있다. 목표는 한 번 운동으로 300~500칼로리, 그리고 일주일 동안 1,500~2,000칼로리를 소모하는 것이다. 운동에 익숙해지면 운동시간이나 운동강도를 높여야 하지만, 동시에 높이는 것은 좋지 않다. 일주일 동안에는 운동강도나 운동시간을 기존의 10% 이상 높여서는 안 된다.

이렇게 몇 달 동안 반복해서 운동을 하면 심폐기능이 향상되어 근육의 산소요구량을 충족시킬 수 있나. 운동을 통해 심폐기능이 좋아지려면 일년 정도의 시간이 필요하기 때문에, 단시간에 좋아질 것을 기대하지 않는 것이 좋다. 그러나 어떤 운동도 일단 시작하면 건강에 긍정적인 효과를 줄 수 있다.

4_ 운동과 유연성 향상

1) 유연성을 향상시키는 스트레칭

유연성이 향상되면 건강하다는 느낌을 갖게 되고, 스트레스를 잘 다스릴 수 있으며, 관절부상을 줄일 수 있다. 스트레칭은 유연성 향상에 매우 좋은 운동으로, 누구든지 언제 어디서나 충분히 할 수 있어 오늘날 매우 대중적인 운동이 되었다.

여기에서는 그중에서도 근육을 발달시켜주고, 스트레칭 효과가 좋은 요가, 태극권, 필라테스에 대해 알아보기로 한다.

(1) 스트레칭의 목표

스트레칭의 가장 큰 목표는 신체의 유연성 향상이다. 유연성(flexibility)이란 우리 몸의 특정관절이 움직일 수 있는 범위를 의미한다. 유연성을 기르면 몸이 움직이는 범위가 늘어나서 자세가 좋아진다. 유연성운동은 관절 · 인대 · 근육에 무리한 힘을 가하게 되는 자세나 동작에도 견딜 수 있게 해주며, 물리적 행동 중 일어날 수 있는 부상을 방지하는 효과도 있다. 유연성을 향상시킨다는 의미는 관절에 장력과 압력을 더 적게 주는 것이기 때문에 유연성운동은 관절장애나 통증을 줄여준다.

(2) 스트레칭의 종류

스트레칭은 정적 근육신경계통 자극과 고유수용기 자극으로 크게 나눌 수 있다.

정적 스트레칭(static stretching) 근육과 힘줄을 천천히 점진적으로 스트레치하는 것이다. 근육과 힘줄을 스트레치하면 근육에 약간의 열과 불편함을 느낄 수 있다. 이는 근육 속의 특수한 장력수용기가 관여하기 때문이다. 적절히 스트레치하면 이 장력수용기의 민감도가 낮아져서 통증 없이 근육을 더 길게 늘릴 수 있다. 이런 스트레치에서는 근육의 길이를 원위치로 줄일 때 천천히 해야 한다. 요가나 태극권은 이러한 정적 스트레칭을 많이 이용하며, 필라테스에서도 조금씩 이용된다.

고유수용성 신경근촉진법(PNF : proprioceptive neuromuscular facilitation)은 비교적 최근에 나온 스트레치방법이다. PNF 스트레칭의 원래 형태는 복잡하지만, 다른 스트레치에 비해 유연성 향상에는 더 효과적이다. 운동전문가나 물리치료사 등은 PNF 스트레칭 자세를 정확하게 실행할 수 있도록 도와주어야 하겠지만, 많은 사람들이 연습파트너와 함께 또는 혼자서도 실행할 수 있도록 간단하게 만들었다. PNF 스트레칭에는 스트레치에 이어 근육의 수축이 포함된다.

탄성 스트레칭(ballistic stretching)은 튀어오르는 행동을 반복하는 것으로, 근육과 힘줄이 늘여졌다 원래길이로 돌아가기를 빠르게 반복한다. 이것은 마치 두 손가락 사이에 고무줄을 끼우고 늘였다 줄였다를 반복하는 것과 비슷하다. 너무 많이 잡아당기면 고무줄이 끊어지는 것처럼 근육도 너무 빨리 운동하면 끊어질 수 있다. 그래서 탄성 스트레칭은 부상의 위험이 높아 추천하지 않는다.

(3) 요가 · 태극권 · 필라테스

많은 사람들이 하는 또 다른 형태의 스트레칭에는 요가, 태극권, 필라테스 등이 있다. 요가는 5,000년 전 인도에서 시작되었다. 태극권은 요가처럼 고대 중국에서 균형감각 향상, 근육 간의 조화, 명상 등을 위해 실시된 운동형태이다. 필라테스는 스프링이나 고무밴드와 같은 기구를 이용하여 저항을 주는 운동으로 하는 스트레칭 방법이다. 이 세 가지 운동은 모두 심호흡과 자세에서부터 심신의 조화를 이루는 데 도움이 된다.

① 요가

요가(yoga)는 가장 유명한 정적 스트레칭이자 운동이다. 요가에는 운동의 정신적 요소와 육체적 요소가 혼합되어 있으며, 이를 통해 심신의 조화를 이루고 보상감과 만족감을 느끼게 된다. 정기적으로 요가를 하면 유연성, 집중력, 자세, 민첩성, 조정력 등이 향상된다.

요가는 순수한 신체운동과 함께 호흡과 집중력의 조화를 요구하는 정신적 측면과 함께 특정한 체위를 통해 정적 스트레칭이 되게 한다. 요가에는 200가지 이상의 체위가 있지만, 그중에서 50가지 정도만이 행해지고 있다. 요가는 할수록 점점 어려운 체위를 할 수 있고, 30초 이상 버틸 수 있게 된다. 이렇게 요가는 유연성 향상뿐만 아니라, 요가 그 자체 역시 유연해진다는 큰 장점이 있다. 요가의 체위와 체위의 조합은 육체적으로 제한이 있거나 장애가 있는 사람들을 위해 얼마든지 변경 또는 조절할 수 있다. 더 어려운 체위에 도전하려고 하기 때문에 운동선수들도 많이 한다.

요가를 하면 척추와 관절을 움직일 수 있는 최대범위까지 움직일 수 있다. 나아가 요가는 근육조직을 더 길고 더 강하며 더 균형 있게 만들어주는데, 이는 유연성과 근력의 크기를 동시에 증가시킬 수 있고, 정신적인 건강에도 도움을 준다.

요가에는 여러 가지 형태가 있지만, 그중 가장 많이 하는 것은 다음과 같다.

▸ 아엥가(Iyenga) 요가 : 자세의 정확성과 조절성이 요구된다. 선 자세는 이 요가법의 기본인데, 다른 요가법에 비해 자세가 더 길다.

▸ 아쉬탕가(Asthanga) 요가 : 체내의 열을 발생시키는 일정한 자세의 연속으로 구성되어 있다. 땀이 많이 흐르는 것은 신체를 정화시켜주는 기능 때문이라고 한다. 최근 인기를 얻고 있는 파워 요가는 아쉬탕가 요가의 일종이다.

▸ 비크람(Bikram) 요가 : 파워 요가와 비슷하나, 일정한 동작이 연속적으로 나타나는 형태는 아니다. 가장 뜨거운 요가로서, 37.8℃ 이상의 온도를 낸다.

② 태극권

태극권(Tai chi)은 근육의 장력을 줄이면서 동작의 유연성을 늘릴 수 있도록 만들어진 운동법이다. 기공법을 기반으로 도가철학에 의해 정신적 건강과 육체적 건강 향상을 목표로 만들어진 것으로, 약 1000년 동안 수도승들이 자신을 보호하기 위해 발전시켜왔다. 태극권은 연속적으로 이어지는 자세로 구성된다.

③ 필라테스

필라테스(pilates)는 요가나 태극권에 비해 역사가 짧다. 1926년 독일에서 뉴욕으로 건너온 필라테스(Pilates, J.)는 유연성, 조화와 힘, 리듬 등을 중요시하는 운동기법을 소개하였는데, 그것이 필라테스이다. 필라테스는 힘을 늘리는 데 목적이 있다는 점에서 요가나 태극권과는 다르다.

필라테스는 주의깊게 실행되는 연속된 동작으로 구성되며, 특별한 기구를 이용하거나 매트 위에서 하기도 한다. 각각의 운동은 근육을 늘려주어, 강하게 만들기, 특정한 호흡패턴이 있다. 저항을 주는 장비를 이용하여 특정근육군을 강하게 만들어 줄 수 있다.

2) 자신에게 맞는 스트레칭법 만들기

기존의 스트레칭형식이 잘 맞지 않는다면 자신에게 맞는 스트레칭법을 만들 수도 있다. 이런 운동은 조깅, 테니스 등을 하기 전에 워밍업으로 할 수도 있다.

일반적인 스트레칭은 시간이 많이 걸리거나 특수한 장비를 필요로 하지 않는다. 일주일에 10분 정도 두세 번의 스트레칭으로도 효과를 볼 수 있다. 첫주에는 5분 정도로 천천히 조금씩 스트레칭을 하다가 한 주가 지날 때마다 자신의 스케줄과 몸에 맞을 때까지 5분씩 시간을 연장하면 된다. 중량운동을 하는 사람은 일주일에 30분씩 5번 정도 하면 된다. 일정한 스트레칭 효과를 얻을 수 있을 때까지 각 스트레칭법의 시간을 조금씩 천천히 늘린다.

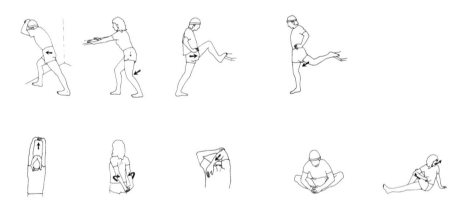

그림 3-4__유연성을 증가시키기 위한 스트레칭 운동

이 그림들은 스트레칭이 얼마나 간단한 운동인지를 보여준다. 이러한 스트레칭을 워밍업 및 쿨다운 운동으로 사용한다. 각 동작을 10~30초 동안 유지하고, 한쪽에서 4번 반복한다. 규칙적인 스트레칭을 몇 주만 해도 유연성이 훨씬 좋아진 것을 느낄 수 있다.

5_ 운동과 근력 · 지구력향상

근육에 저항을 주는 저항성운동은 오른팔을 손바닥이 아랫쪽을 향하도록 하여 옆으로 쭉 뻗은 다음, 손바닥이 위로 가도록 손을 돌려 어깨쪽으로 가져오는 것이다.

저항성운동을 할 때는 유연성운동과는 달리 장비를 사용한다. 맨손으로 운동해서는 근육질 몸매를 만들기 어렵다. 덤벨이나 바벨 등은 이런 저항성운동을 위해 만들어진 기구이다. 저항성운동은 근육의 힘과 지구력을 증가시켜주고, 부상에서 회복하기 위한 방법으로도 많이 이용된다.

1) 근력과 근지구력

저항성운동에서 근력(muscular strength)이란 근육 또는 근육군이 가진 힘의 양을 말한다. 저항운동프로그램에서 근력을 측정하는 가장 일반적인 방법은 1RM(one repetition maximum)인데, 이는 어떤 운동에서 한 사람이 한 번에 움직일 수 있는 최대무게를 가리킨다. 예를 들면 가장 간단한 근력은 우리의 어깨를 들어올리는 정도의 크기이다.

한편 근지구력(muscular endurance)이란 피로의 누적 없이 얼마나 반복적으로 근육이 힘을 낼 수 있는가를 가리키는 것으로, 5kg을 10번 들어올리는 사람은 7번 들어올리는 사람보다 근지구력이 더 큰 것이다.

어떤 저항성운동은 근력을 증가시키는 데 효과가 있으며, 또 근지구력 향상을 위한 저항성운동도 있다. 역도는 얼마나 큰 무게를 들어올릴 수 있는가가 중요하기 때문에 근지구력보다는 근력이 더 중요하지만, 축구는 근력보다는 더 많은 지구력을 필요로 한다. 미식축구에서는 근력과 근지구력이 모두 중요하다.

근지구력을 기르기 위한 트레이닝에서는 좀더 가벼운 무게의 기구를 사용하여 더 많은 횟수의 반복적인 운동을 한다. 팔과 어깨의 운동으로 근지구력을 키우고자 한다면, 2.3kg의 기구를 한 번에 15회씩 들어올려야 할 것이고, 근력의 크기를 증가시키고자 한다면 18kg의 기구를 5회 정도 들어올리면 된다.

2) 근력증가의 원리

효과적인 저항운동프로그램의 3가지 중요한 원리는 장력, 과부하, 특수성이다.

(1) 장력의 원리

근육의 힘을 증가시키는 방법은 바로 근육의 장력을 증가시키는 것이다. 장력(tension)은 바벨이나 덤벨과 같이 무거운 물건에 대한 저항으로 발생하는데, 이는 기구나 체중에 따라 달라진다.

(2) 과부하의 원리

3가지 원리 중 가장 중요한 것이 바로 과부하(overload)의 원리이다. 과부하는 근육에 손상을 줄 정도의 과도한 힘을 의미한다. 그보다는 근육을 단련시키기 위해 필요한 정도의 저항을 의미하는 것이다.

저항성운동을 시작할 때는 쉬운 단계부터 해야 한다. 더 강해지기 위해서는 현재의 근육이 만들어내는 힘보다 더 큰 장력을 주기적으로 근육에 걸어주어야 한다, 이러한 과부하는 근육을 새로운 단계에 적응하도록 해주는데, 이렇게 되면 근육이 점점 더 크고 세진다.

한편 저항성운동은 근육에 미세한 상처를 주며, 손상된 근육이 복구되고 크기가 커지는 데는 24~48시간 정도 걸리기 때문에 저항성운동은 하루를 걸러서 해주는 것이 좋다.

(3) 특수성의 원리

특수성(specificity)의 원리란 운동한 부위의 근육만 발달한다는 것이다. 예를 들면 팔운동을 계속하면 위팔두갈래근만 발달하고, 다른 근육은 변화가 없다.

3) 웨이트 트레이닝에서의 성차

웨이트 트레이닝에는 남성과 여성의 차이가 있다. 여성의 근육이 남성만큼 발달하지 않는 이유는 남녀의 혈액 속에 있는 테스토스테론 호르몬의 양이 다르기 때문이다. 어릴 때는 테스토스테론의 양이 비슷하지만, 사춘기를 지나면서 남성의 테스토스테론농도는 열배 정도로 급격히 높아지지만 여성은 변화가 없다.

근육은 운동에 의해 크기가 커지지만, 여성은 남성만큼 크게 발달되지 않는다. 테스토스테론과 같은 효과를 내기 위해 호르몬제를 주사하는 보디빌더도 있는데, 이는 불법이며 매우 위험하다.

4) 저항을 주는 방법

저항성 운동방법에는 체중저항, 고정저항, 가변저항, 기구를 이용한 저항 등이 있다.

(1) 체중저항

근력과 근지구력을 기르기 위해 반드시 특별한 기구가 필요한 것은 아니다. 자신의 체중을 이용해서도 운동할 수 있다. 미용체조를 할 때에는 운동 중 저항을 주기 위해 체중의 일부 또는 전체를 이용한다. 물론 기구이용보다는 근육의 크기를 키우는 데 효과적이지 않지만, 일정한 힘의 증가와 건강, 근육 간의 조화를 유지할 수 있다.

(2) 고정저항

고정저항은 운동 중 계속해서 일정한 저항을 받게 해준다는 장점이 있다. 바벨이·덤벨 등의 기구는 일정한 무게에 의해 저항을 제공한다. 이러한 기구는 일정한 근육을 강화시켜주는 효과가 있다.

덤벨이나 바벨은 저렴하다는 것이 장점이다. 다른 기구들은 대학의 건강센터나

등장성 수축
근육이 수축하지만 짧아지지는 않음

움직임 없음

단축성 수축

운동

신장성 수축

운동

그림 3-5__등장성 · 단축성 · 신장성 수축

체력단련실, 헬스클럽이나 리조트, 호텔 등에서 이용할 수 있다.

(3) 가변저항

가변저항기구를 이용하면 여러 가지 운동을 한번에 할 수 있다. 예를 들어, 노틸러스사나 해머스트렝스사에서 나온 기구들은 다양한 운동을 할 수 있도록 고안되었고, 솔로플렉스사에서 만든 기구는 여러 개의 기구가 붙어 있어서 자리를 바꾸어가면서 여러 가지 운동을 할 수 있다. 이런 기구들은 비싸고 크고 무거워서 이동성이 좋지 않다. 그러나 가정에서 사용할 수 있도록 이동성이 좋게 설계된 것도 있다.

(4) 기구의 사용

기구를 이용하면 속도나 강도를 변화시켜가면서 힘이나 저항을 원하는 만큼 운동을 할 수 있다. 기구를 이용하여 운동할 때는 근육이 저항을 느낄 만큼의 강도와 속도를 설정해 놓고 운동을 해야 한다.

5) 근육운동의 장점

근육운동의 장점은 더 강해질 수 있다는 것 외에도 통증이나 관절과 근육의 손상을 완화시켜주고, 노화에 따른 근조직의 손실과 골다공증을 예방해주는 데 있다. 또한 근육운동은 근육을 강화시켜주고, 조절능력을 길러주며, 외모도 더 보기 좋게 만들어주어 자신감을 갖게 해준다. 한편 근육은 다른 조직보다 더 많은 칼로리를 소모하기 때문에 근육운동을 하면 체중조절에도 긍정적인 효과를 얻을 수 있다.

6_ 운동상해

운동상해를 일으키는 가장 흔한 원인은 운동을 무리하게 하는 것이다. 아직은 몸이 약한 초심자들이 급한 마음으로 무리해서 운동하다가 상해를 입는 경우가 많다. 몸의 위험신호에 주의해야 한다. 특정 근육군 또는 신체부위를 부상당하지 않으려면, 근육과 관절에 휴식을 줄 수 있도록 운동에 변화를 주어야 한다.

무리한 운동으로 인한 부상은 수영, 달리기, 자전거타기, 에어로빅 등과 같은 반복적인 활동에서 가장 많이 일어난다.

1) 운동상해의 발생원인

운동 중에 발생할 수 있는 상해의 기본적인 형태는 과도한 운동으로 인한 상해와 외상이다. 과도한 운동으로 인한 상해(overuse injury)는 운동하는 동안 힘줄, 인대, 뼈 등에 지속적으로 매일매일 스트레스가 쌓여서 발생한다. 신체활동을 하는 동안 발생하는 힘은 보통 인대염좌나 근긴장을 일으킬 정도로 크지는 않다.

이러한 힘이 몇 주 또는 몇 달 동안 매일 쌓이면 상해를 발생시킬 수 있다. 과도한 운동으로 인한 상해가 주로 나타나는 부위는 다리, 무릎, 어깨, 팔꿈관절 등이다.

외상성 상해(traumatic injury)는 보통 사고에 의해 갑자기, 그리고 격렬하게 발생한다. 일반적인 외상성 상해는 골절, 근육과 인대의 단열, 타박상, 열상 등으로 나타난다.

2) 운동상해의 예방

(1) 운동복

운동복은 겉모습 이상의 기능이 있다. 운동복을 잘 선택하면 부상을 예방할 수도 있다. 더운 날에 달리기를 할 때에는 몸의 열을 방출해줄 수 있는 운동복을 착용해야 하고, 크로스컨트리 스키와 같은 운동을 할 때에는 몸의 열을 유지하며 땀에 젖지 않도록 해주는 운동복을 착용해야 한다.

(2) 운동화

운동화를 선택할 때에는 몇 가지 요소를 확인해야 한다. 생체역학자들은 달리기는 충돌이 자주 일어나는 운동이라는 것을 알아냈는데, 뛸 때에는 체중의 다섯 배에 해당하는 힘이 발과 지면 사이에서 생긴다고 한다. 이러한 힘은 운동화를 통해 발과 다리, 넙다리 등으로 전달된다. 우리의 몸은 이러한 힘을 흡수할 수 있으나, 이러한 힘이 지속적으로 가해지면 신체에 손상을 줄 수 있다. 따라서 운동화의 충격흡수능력은 매우 중요하다.

운동화의 가운데 부분은 유연하면서도 충격을 흡수할 수 있어야 한다. 중심부의 유연성을 알아보려면 운동화의 양끝을 눌러보아 얼마나 휘어지는지를 확인해보면 된다. 잘 휘지 않는다면 중심부가 단단한 것이어서, 운동화를 신고 뛸 때 아킬레스힘줄에 충격을 줄 수 있다.

또한 운동화의 뒷굽에는 발꿈치의 운동을 조절하기 위해서 단단한 지지대를 삽입하는데, 발과 이 지지대 사이의 쿠션은 아킬레스힘줄에 미치는 자극을 줄여줄 수가 있다. 내부가 열가소성 재질로 된 운동화는 발에서 열이 나면 발의 형태에 맞게 신발의 내부를 변형시켜줄 수 있다. 이렇게 신발은 운동에서 필수적인 요소이며, 운동에 따라 신중하게 선택해야 한다.

(3) 적절한 운동장비

운동종목에 따라 부상의 위험을 방지하기 위해서 안전장비를 착용해야 한다. 눈부상은 모든 운동에서 일어날 수 있지만, 그중에서도 눈부상의 90%가 라켓볼이나 스쿼시 중에 눈 보호기구를 착용하지 않아 일어나고 있다.

수백만 명의 사람들이 자전거를 타는데, 자전거 사고로 인한 사망 중 85%가 머리 보호구의 미착용으로 발생한다. 자전거 헬멧은 사고 시에 머리뼈의 골절이나 안면 부상의 가능성을 상당히 낮추어준다. 헬멧은 공인된 기관의 인증을 받은 제품을 사용한다.

(4) 운동상해 예방을 위한 올바른 운동법

운동을 바르게 실행했을 때는 위험성이 적다. 다음은 안전하게 운동하기 위한 몇 가지 정보들이다.

▶ 선천성 심장질환이나 후천적인 심장질환을 가지고 있다면, 할 수 있는 운동이 무엇인지에 대해 의사와 상의해 본다.

▶ 운동 중에 목이나 가슴이 무겁거나 통증을 느낀다면 즉시 운동을 멈춘다. 이것은 심장마비의 초기증상일 수 있다. 왼팔이나 어깨가 아프면 역시 정상이 아니며 역시 심장마비가 올 수 있음을 의미하고 있다.

▶ 운동은 무릎과 발목관절에 통증을 일으키는 원인이 되며, 관절에 스트레스를 준다. 따라서 어떤 관절이라도 과도하게 힘이 가해지지 않도록 안전하게 운동하는 것이 중요하다.

▶ 운동장비를 사용할 때는 안전한 기술을 배우도록 한다.

▶ 어지러움이나 가벼운 두통을 느낀다면 이는 열피로가 왔다는 신호이다. 나오던 땀이 멎고 체온이 너무 높이 올라가 있다면 이는 훨씬 심각한 열사병의 신호이다. 이런 경우에는 휴식과 음료를 마신다.

▶ 추운 날씨에 밖에서 운동할 때는 따뜻한 옷을 입는다.

▶ 운동에 적합한 운동화를 착용해야 스트레스와 통증으로부터 관절을 보호할 수 있다.

▶ 운동을 시작하기 전에 식사 후 최소 2시간은 지나야 한다. 식사하기 전에 운동 후 최소 20분은 지나야 한다.

▶ 라켓볼을 할 때는 고글을 쓰고, 자전거를 탈 때는 헬멧을 쓰는 것처럼 안전장비의 착용은 중요하다. 야간에 자전거를 탈 때는 앞 뒤에서 빛을 낼 수 있는 장치를 해야 한다.

▶ 운동을 할 때는 상식을 지킨다. 얼어 있는 도로에서 조깅을 해서는 안 된다. 불안전한 어두운 도로에거 걷지 않는다. 복합한 도로에서 자전거를 타지 않는다.

3) 지나친 운동으로 인한 상해

달리기, 수영, 자전거타기 등과 같은 운동을 반복적으로 할 때 발생하는 부상에는 몇 가지가 있다. 발목 · 무릎 · 넙다리 · 엉덩이 등이 손목 · 팔꿈치 · 어깨보다 부상 당하기가 더 쉽다. 과도한 운동으로 인한 부상 중 가장 많이 일어나는 것은 발바닥 근막염(plantar fasciitis), 정강이덧대(shin splint, 경골부목), 연골연화증(chon-dromalacia) 등이다.

(1) 발바닥근막염

발꿈치부터 발가락까지 이어져 있는 조밀하고 비탄성적인 조직의 넓은 띠인 발바닥근막에 염증이 생기는 것을 족저근막염(plantar fasciitis)이라고 한다. 발바닥근막은 신경 · 혈관 · 발근육을 부상으로부터 보호하는 역할을 하는데, 이것은 걷기나 달리기 같은 반복적으로 행해지는 압력에 의해 염증이 생길 수 있다.

발바닥근막염의 증상은 발바닥이나 발꿈치에서 통증이나 뻣뻣함을 느끼거나, 잠자리에서 일어나서 딛는 첫번째 걸음에서 통증을 느끼기도 한다. 발바닥근막염이 적절히 치료되지 않으면 발바닥에 압력을 가하는 운동을 할 수 없을 만큼 통증을 느끼게 된다.

운동을 하기 전에 신발을 신고 발의 아치를 스트레칭하여 충격을 잘 흡수할 수 있도록 만들어주면 발바닥근막염의 발생을 줄일 수 있다. 스트레칭 방법은 운동을 시작하기 전에 다섯발가락을 천천히 머리쪽으로 10~15초간 들어올려주면 되는데, 이러한 동작을 3~5번 정도 반복하면 좋다.

(2) 정강이덧대

무릎 아래나 발목부위에서 일어나는 통증을 일반적으로 정강이덧대(shin splint)라고 하는데, 이 증상은 정강뼈의 골절이나 종아리 근육의 염증으로 인하여 혈관이나 신경의 흐름이 원활하게 이루어지지 않을 때 일어난다. 대부분은 정강뼈의 안쪽에서 뼈와 근육이 붙으면서 조직과 근육에 압박을 가하면서 일어나며, 후면 중앙 1/3 지점의 연조직에서 부종과 통증이 발생한다.

갑자기 운동을 시작하는 경우나 무리해서 유산소운동량을 늘리려고 하면 정강이덧대가 발생하기 쉽다. 정강이덧대의 주요한 원인은 달리기이며, 가벼운 걸음에서도 증상을 악화시킬 수 있다.

정강이덧대 현상을 줄이기 위해서는 발바닥아치를 잘 유지해서 압력을 잘 흡수해주는 신발을 신어야 한다. 통증이 발생하면 회복 시에는 중량으로 인한 압박을 줄일수 있는 수영 등의 운동이 좋다.

(3) 연골연화증

연골연화증(chondromalacia)이란 무릎의 근육·힘줄·인대 등에 문제가 발생하는 것으로, 가장 흔한 증상은 무릎의 연골이 제대로 움직이지 않는 것이다. 남성보다 여성이 이런 증상을 더 잘 겪는다. 연골연화증이 발생하면 무릎을 완전히 폈을때 아래쪽으로 압력이 가해지면서 통증이 느껴지고, 부종·붉게 변함·뻣뻣해짐·무릎 통증 등이 추가발생한다. 이런 증상이 있으면 의사는 증상과 통증이 사라질 때까지 달리기와 무릎에 압력이 가는 행위를 하지 못하게 한다.

(4) 치 료

운동 중 부상을 당했을 때 제일 먼저 해야할 일은 휴식, 얼음찜질, 압박, 들어올리기 등이다.

휴식은 부상이 더 심해지는 것을 방지해준다. 얼음찜질을 하면 고통을 줄이고 혈관을 수축시켜주기 때문에 더 이상의 출혈을 방지할 수 있다. 얼음조각, 아이스팩,

냉각제 등을 피부에 바로 갖다대기보다는, 젖은 수건이나 밴드를 통증부위에 대는 것이 더 좋다. 부상 후 처음 24~72시간 동안은 매시간마다 20분 정도는 얼음찜질을 해주어야 한다.

부상부위의 압박은 탄력성 있는 4~6인치 정도의 밴드를 이용하는데, 압박은 간접적인 압력으로 손상된 혈관의 출혈을 막을 수 있다. 그러나 압박은 혈액의 흐름을 막을 수도 있기 때문에 주의해야 한다. 너무 꽉 조여져 통증이 있다면, 좀더 느슨하게 압박을 가해야 할 것이다. 부상부위를 심장보다 높게 올리는 것도 더 이상의 출혈을 막는 방법이 될 수 있다.

4) 더위와 운동

덥고 습한 날씨에 운동을 하면 체온이 올라가서 위험할 수 있기 때문에 열에 의한 스트레스를 잘 관리할 필요가 있다. 이러한 조건에서는 몸에서 생성되는 열의 양이 배출되는 열의 양을 초과할 때 생길 수 있다.

열 스트레스를 예방하기 위한 방법은 다음과 같다.

▶ 몸의 체온조절능력을 새로운 기후에 적응시키는 것이 중요하다. 날씨가 더우면 몸은 열배출능력을 높이게 되는데, 이러한 적응기간이 10~14일 정도가 걸린다.

▶ 수분 부족 현상이 일어나지 않도록 충분한 물을 계속 섭취해 주어야 한다.

▶ 날씨에 맞는 옷을 입어야 한다.

▶ 매우 더운 날씨라면 더운 낮 시간에 운동하는 것보다는 조금 더 미루었다가 시원한 저녁 시간이 낫다.

다음과 같은 열 스트레스에 의해 나타나는 세 가지 질병은 차례대로 심각하다.

▶ 열경련(heat cramp)은 세 가지 증상 중 가장 가벼운 것으로 준비운동과 수분섭취, 손실된 전해질 재흡수 등을 통해 예방할 수 있다.

▶ 열탈진(heat exhaustion)은 체내 수분부족에 의해 일어나며, 구토 · 두통 · 피로 · 나른함 등의 증상이 있고, 닭살이 돋거나 오한이 나타나기도 한다. 탈수증

상이 있으면 피부를 식혀주고 수분을 제공해 주어야 한다.

▶ 일사병(sunstroke)은 일종의 쇼크현상으로, 신체의 주요 기관과 뇌의 피가 팔다리쪽으로 몰려 구토나 허상이 보이기도 한다. 이것은 열사병(heatstroke)이라고도 하며, 20~70%의 사망률을 보이는 매우 위험한 질병이다.

이러한 증상들은 격렬한 운동 중 발생하는 열의 양이 배출되는 양보다 커져서 생기는 현상으로, 열배출 능력이 정지된 후 몇분 이내에 체온이 정상보다 2~3도 더 올라간다. 이때 체온을 빨리 내리지 않으면 뇌손상이나 심지어 죽음에까지 이를 수도 있다. 보통 실신하기 전에 피부가 마르고 뜨거우며, 붉게 달아오르고, 고혈압상태가 되며, 심장박동이 매우 빨라진다. 이러한 증상 중 한 가지라도 겪게 되면 그늘이나 시원한 곳으로 이동하여 쉬어야 하며, 차가운 음료를 마시는 것이 좋다. 이러한 열에 의한 질환은 위험해 보이지 않지만 치명적이기도 한다. 사우나나 증기탕 또는 고무로 된 재질의 의복을 입고 운동을 할 때 발생할 수 있다.

마시기에 가장 좋은 음료는 무엇일까? 스포츠의학자들은 일반 물이나 스포츠음료는 별차이가 없다고 하였지만, 최근의 연구결과는 조금 다르다. 최고 속력의 사이클링을 9~12분 정도 이용한 실험에서 물을 마실 때는 운동능력이 약 6% 정도 향상되었으나, 스포츠음료를 마실 때는 운동능력이 12% 정도 향상되었다.

체내의 수분 중 1~2%만 잃어도 생리적 현상이 빠르게 영향을 받는다. 수분을 3% 정도 잃으면 열경련, 열탈진, 열사병 등이 일어날 수 있다. 미국의 대학스포츠의학협회에서는 한 시간 이상의 많은 운동을 했을 때에는 4~8% 정도의 탄수화물과 소량의 나트륨이 포함된 음료를 섭취해 줄 것을 권장하였다. 운동 중 수분섭취는 탈수현상을 막는 데 중요하다.

5) 추위와 운동

바람이 불고 추운 날씨에 운동을 하면 열생산량이 방출량보다 적어질 수 있는데, 이 경우에는 저체온증(hypothermia)이 발생하기 쉽다. 기온이 4~10℃일 때에도 격렬한 운동을 하면 저체온증이 발생할 수 있다.

정상체온인 37.5℃에서 34℃까지 떨어진 저체온이 심각하지 않은 저체온상태에서는 몸이 떨려오기 시작한다. 몸이 떨리는 것은 온몸의 근육이 움직이는 불수의적 운동인데, 이를 통해 근육에서 열이 발생하여 체온을 높일 수 있다. 저체온증의 초기 단계에서는 손과 팔이 차가워지면서 판단력이 떨어지고, 건망증이나 무감각 등의 증상이 나타난다. 체온이 30.5~32.2도까지 떨어지면 몸의 떨림이 멈추는데, 이는 몸이 열을 생성할 수 있는 능력을 상실했음을 의미한다. 체온이 23.8~26.6까지 떨어지면 사망하게 된다.

저체온증을 막기 위해 지켜야할 사항은 다음과 같다.

▶ 운동을 하기 전에 날씨와 저체온증의 가능성을 파악한다. 바람의 세기와 습도는 날씨의 중요한 요소이다.

▶ 차가운 날씨에서 운동을 할 때 친구들과 연락을 취할 수 있도록 해 둔다.

▶ 옷을 몇 겹 껴입으면 열손실을 방지할 수 있다.

▶ 몸의 수분이 부족하지 않도록 한다.

6) 경련예방을 위한 행동

갑자기 종아리경련(쥐내림)으로 다들 고생해보았을 것이다. 그러나 이러한 현상이 왜 발생하는지, 그리고 쥐가 날 경우 어떻게 대처해야 하는지를 확실하게 알고 있지는 못하다. 근육경련에 대한 이해는 아직 부족하다. 그렇지만 근육이 완전히 지칠 때까지 운동을 할 때 주로 발생한다는 것은 알고 있다.

근육경련의 과운동이론에 따르면, 근육이 지치면 근육을 구성하는 수 많은 근육섬유가 근육수축을 담당하는 신경으로부터 과도한 자극을 받아 동시적 리듬을 가지고 수축하는 데 실패한다고 한다. 이전의 근육경련에 대한 이론에서는 체액과 전해질 사이의 불균형 때문에 경련이 일어난다고 설명하였으나, 받아들여지지 않았다. 왜냐하면, 땀을 흘리지 않는 음악연주자들도 근육경련이 일어나기 때문이다.

탈수 때문만은 아니더라도 과도한 수분손실이 근육에 문제를 일이킬 수 있다. 따라서 운동 중에 물을 충분히 섭취하는 것은 중요하다. 충분한 물을 마시면 2~4시간 간격으로 소변을 보게 되는데, 그때의 소변색은 투명하다. 그로 인해 많은 수분을 잃게 된다. 격렬한 운동 중에는 최대한 많은 물을 마셔야 한다. 가장 이상적으로는 매 15~20분에 226g씩 마시는 것이다.

근수축에서 칼슘이 매우 중요한 역할을 한다. 칼슘이 부족할 때 근육경련이 일어나는 경향이 있지만, 칼슘부족이론에 대해 전문가들은 의문을 제기한다. 그러나 칼슘은 건강에 좋기 때문에 전문가들은 경련을 일으키는 사람들에게 칼슘을 먹으라고 권장한다.

나트륨의 부족 역시 근육경련의 요인이 될 수 있다. 운동을 많이 해서 땀을 많이 흘리면 땀으로 나트륨이 배출되고, 체내의 나트륨밸런스가 무너지면서 근육경련이 일어나곤 한다. 트라이애슬론경기, 160km 장거리 달리기, 운동경기 도중에 순수한 물만 마시는 운동선수들에게 이러한 근육경련이 일어나기 쉽다. 운동선수들은 혈압상승을 방지하기 위해 나트륨섭취를 잘 하지 않는데, 이 때문에 근육경련이 일어날 가능성도 있다.

근육경련에 대한 이와 같은 여러 가지 이론이 있지만, 무엇보다 근육경련을 피하기 위해서는 영양분의 충분한 섭취가 필수적이다. 근육이 한계에 다다르기 전까지는 절대 지치거나 느려지지 않는다는 것을 알아둘 필요가 있다.

한편 근육경련이 일어나면 어떻게 해야 할까? 여러 가지 요소가 각기 다르게 작용하겠지만, 마사지와 스트레칭을 하고 경련이 일어나는 근육에 압박을 가하며, 숨을 깊게 들이쉬는 것이 근육경련으로부터 회복하기 위한 좋은 방법이다.

7_ 운동의 계획

1) 목표설정

운동을 시작하기 전에 먼저 운동의 필요성과 자신의 능력, 좋아하는 운동과 좋아하지 않는 운동, 스케줄 등을 생각해보아야 한다. 운동을 시작하려는 이유가 삶의 질을 향상시키기 위해서인지, 체중조절을 위해서인지, 건강상의 문제를 해결하려고 하는 것인지를 확실히 해야 한다. 운동의 목표에 따라 운동방법을 다르게 할 수 있다.

일단 운동을 시작하고 주기적으로 운동을 계속하면, 점차 운동능력이 향상되고 자기가 세운 목표에 다가가고 있다는 것을 느낄 수 있을 것이다. 최종목표는 살아가는 동안 현실적인 스케줄에 맞추어 즐기고 유지할 수 있는 운동을 하는 것이다.

2) 운동 프로그램의 계획

전체적인 운동능력이 향상되었다고 생각되면, 자신에게 맞는 운동을 결정할 필요가 있다. 각자의 운동능력과 연령대에 따라 할 수 있는 운동이 있고, 그에 따른 장·단점 역시 다양하다. 운동을 시작하기 전에 의사와 상의하는 것이 좋다. 좋은 운동 프로그램은 심폐기능을 강화시키고, 유연성을 늘리며, 근육을 강화하고, 지구력을 높이고, 좋은 몸매를 가질 수 있게 한다. 많은 운동프로그램이 워밍업부터 시작하여 선택적인 근육강화훈련, 20분 정도의 유산소운동, 정리운동의 순서로 진행된다.

운동의 많은 시간이 심폐기능 강화를 위해 사용되겠지만, 다른 운동을 배제해서는 안 된다. 자신이 좋아하는 유산소운동을 택해서 두 세 가지 정도의 유산소운동을 매일 번갈아하면, 지루하지 않게 운동을 즐기면서 할 수 있다. 이렇게 몇 가지 운동을 섞어서 하는 것은 다양한 근육을 사용할 수 있게 하기 때문에 특정관절이나 근육의 과도한 사용을 막을 수 있다. 조깅, 걷기, 자전거타기, 노젓기, 에어로빅, 크로스컨트리 스키 등이 심폐기능 강화에 좋은 운동이다.

제4장

생활습관병과 운동

1_ 성인병에서 생활습관병으로

1) 한국인의 주요 성인병 유병률

질병관리본부에서 발표한 『2016 건강형태 및 만성질환 통계』 중 만성질환의 내용을 요약하면 다음과 같다.

- ▶ 비만(체질량지수 기준)……남자는 5명 중 2명으로 증가 경향이며, 여자는 4명 중 1명
- ▶ 비만(허리둘레 기준)……남자는 3명 중 1명은 복부비만으로 증가 경향이며, 여자는 연령이 높을수록 또 소득수준이 낮을수록 증가 경향
- ▶ 고혈압 유병률……고혈압 유병자는 남자는 3명 중 1명, 여자는 4명 중 1명
- ▶ 당뇨병 유병률……당뇨병 유병자는 10명 중 1명, 남녀 모두 연령이 높을수록 또 소득수준이 낮을수록 높은 경향
- ▶ 이상지질혈증 유병률……고콜레스테롤혈증 유병자는 5명 중 1명으로 증가 경향. 여자는 50대 이후 급격히 증가함. 고중성지방혈증 유병자는 남자 4명 중 1명. 40대는 3명 중 1명
- ▶ 폐쇄성폐질환 유병률……폐쇄성폐질환 유병자는 남자는 5명 중 1명으로 여자의 약 3배 수준임

2) 생활습관병

성인병의 발증 및 진행에는 운동 · 식사 · 스트레스 · 흡연 등과 같은 생활습관이 깊게 관련되어 있고, 연령에 관계없이 어린이에게도 나타나는 것이 밝혀졌다. 이러한 배경에 의하여 오늘날에는 성인병을 생활습관병으로 칭하게 되었다. 생활습관병의 정의는 '식습관 · 운동습관 · 휴식 · 흡연 · 음주 등의 생활습관이 그 병의 발증 · 진행에 관여하는 질환군'이라고 한다. 생활습관병은 생활습관에 관점을 둔 질환군

으로, 노화에 관점을 둔 성인병과는 개념이 다르다.

대표적인 생활습관병으로는 비만증, 이상지질혈증, 고혈압증, 당뇨병, 심장질환(가슴조임증 · 심장근육경색증), 뇌혈관질환(뇌경색 · 뇌출혈)을 들 수 있다. 이외에 특정 암(큰창자, 허파 등)이 포함되는 경우도 있다.

그중에서도 비만증, 이상지질혈증, 고혈압증, 당뇨병 등은 사망원인의 상위에 있는 심장질환과 뇌혈관질환의 기초질환으로 지적되고 있다. 따라서 예방대책이 중요한 과제가 된다. 또한 최근에는 비만증, 이상지질혈증, 고혈압증, 당뇨병 등이 하나씩은 증상이 가볍다 하더라도 그것들을 복수로 가지고 있으면 중증질병(심장질환 및 뇌혈관질환)을 발증시킬 위험성이 높아지는 병태인(대사증후군)이 특히 주목되고 있다.

생활습관병의 특징은 어느날 갑자기 병이 되는 것이 아니라, 젊은 시절부터 일상생활을 보내는 방식이 잘못되었거나 좋지 않은 습관을 반복함으로써 병의 '뿌리'가 점점 퍼져나는 데 있다. 또한 연령에 관계없이 증상이 나타난다는 점도 있다. "조기발견 · 조기치료(2차예방)보다는 생활습관을 변화시켜나감으로써 병에 걸리지 않도록 한다(1차예방)."는 사고방식에 의한 적극적인 대책이 바람직하다.

2_ 비만과 운동

1) 비만과 비만증

(1) 비만과 비만증의 정의

비만이란 '지방조직이 과잉축적된 상태로, 체질량지수(BMI : body mass index ; 체중(kg)÷신장(m)^2)가 25 이상'인 경우를 말한다. 비만증은 원발(단순)성비만과 2차성(질병성)비만의 두 가지로 분류된다. 비만으로 판정되는 사람의 약 95%가 원발성비만에 해당한다.

원발성비만은 에너지의 과잉섭취 및 소비부족에 기인한다. 다시 말하면 비만은 섭취에너지와 소비에너지의 불균형(섭취에너지>소비에너지)으로 인하여 발생한다. 그 배경에는 식생활·운동습관 등과 같은 환경적(후천적) 요소가 크게 영향을 미친다. 그러나 1994년에 섭식 및 지방세포의 증식에 관여하는 렙틴(leptin)으로 대표되는 생리활성물질인 아디포사이토카인(adipocytokine)의 존재가 밝혀짐으로써 최근에는 유전적(선천적) 요소에 관심이 집중되고 있다.

2차성비만은 특정질환에 기인한다. 다시 말해서 2차성비만이란 그 발생요인이 되는 질환이 있으며, 그것으로 인하여 비만이 발생한 상태를 가리킨다. 따라서 2차성비만에서는 비만발생요인이 되는 질환의 치료가 선행되어야 한다.

한편 비만증이란 '비만에 기인 내지 관련된 건강장애를 합병하거나, 임상적으로 그 발증이 예측되는 경우에 의학적으로 감량을 필요로 하는 병태'로 정의한다. 특히 내장지방의 축적에 따른 비만증은 지질이상증·고혈압증·당뇨병 등의 발증에 관여하며, 동맥경화를 발생시킨다는 사실도 밝혀졌다.

(2) 지방세포

인체에는 지방세포가 250억~300억 개가 있다. 사람을 포함한 포유동물에게는 백색지방세포와 갈색지방세포라는 두 종류의 지방세포가 있다. 백색지방세포는 주로 운

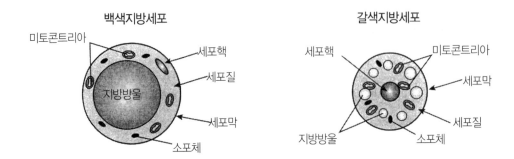

그림 4-1 ___백색지방세포와 갈색지방세포의 구조

> 백색지방세포에는 큰 지방방울이 있으며, 지방은 지방방울에 쌓인다. 지방방울에 쌓인 지방이 과잉해지면 (백색)지방세포가 비대해지고 비만이 된다. 갈색지방세포에는 작은 지방방울과 발달한 미토콘드리아가 여러 개 있다. 그러나 갈색지방세포는 성인이 되면 거의 사라진다.

동에 필요한 에너지를, 갈색지방세포는 주로 체온유지에 필요한 에너지를 공급한다.

사람의 백색지방세포는 태아기, 영유아기, 사춘기에 걸쳐 활발하게 그 수가 늘어나 전신에 분포된다. 젊은 시절(~성인기)에 백색지방세포의 수가 너무 증가하면 그 이후(성인기~)에 비만의 바탕이 된다.

한편 갈색지방세포는 특정부위에만 존재하지 않고 성장기를 거치며 그 수가 감소하여 성인이 되면 거의 사라진다. 따라서 우리들이 지방세포라고 할 때에는 일반적으로 백색지방세포를 가리킨다.

보통체중을 가진 우리나라 성인의 지방세포크기는 70~90㎛이지만, 비만인은 120~140㎛이 되는 경우도 있다. 지방세포의 최대특징은 크기를 다이나믹하게 변화시킬 수 있다. 지방세포에는 다른 세포에서 볼 수 없는 독자적인 기구가 들어 있다.

지방은 지방세포 안에 있는 지방방울에 쌓인다. 지방방울로 흡수되는 지방은 음식물에 포함된 당질 및 지질에 의하여 합성된다. 지방방울에서는 지방의 합성(축적)과 분해가 끊임없이 반복된다. 이 합성과 분해의 균형이 체내의 지방량, 즉 체지방세포의 크기를 결정한다. 합성이 분해를 웃돌면 지방세포는 커지고, 반대로 분해가 활발해지면 지방세포는 축소된다.

(3) 비만의 판정기준

비만의 판정에 이용되는 방법 및 기준(표준)치는 대상연령층에 따라 다르다. 그러나 어떠한 방법이든 신장을 2승(또는 3승)하여 그 면적(또는 체적)에 대한 체중의 비율, 즉 '밀도'라는 개념으로 변환한다.

출생부터 6세까지의 비만의 판정에는 카우프지수[kaup index : $10 \times$체중(g)÷신장(cm)^2]가, 그 이후의 성장기에 걸쳐서는 로렐지수[Rohrer index : 체중(kg)÷신장(cm)$^3 \times 10^7$]가 이용된다. 카우프지수는 기준치가 성장단계에 따라 세밀하게(1개월마다) 조정되어 비만을 판정한다. 이에 비하여 로렐지수는 99 이하를 '매우 마름', 100~114를 '조금 마른 편', 155~144를 '보통', 145~159를 '조금 살찐 편', 160 이상 '매우 살찜'으로 나타낸다.

한편 성인에 대한 비만의 판정(평가)에서 가장 많이 이용되는 것은 BMI이다. BMI 수치는 질병률이나 체지방률과 관계가 높고, 최저질병률을 가리키는 22를 표준치(남성 22.2kg/m^2, 여성 21.9kg/m^2)로 한다. 비만학회에서는 18.5 미만을 '저체중', 18.5 이상 25 미만을 '보통체중', 25 이상 30 미만을 '비만 1도', 30 이상 35 미만을 '비만 2도', 35 이상 40 미만을 '비만 3도', 40 이상을 '비만 4도'로 판정하고 있다(표 4-1).

표 4-1　비만의 판정기준

BMI	비만도
18.5 미만	저체중
18.5 이상 25 미만	보통체중
25 이상 30 미만	비만 1도
30 이상 35 미만	비만 2도
35 이상 40 미만	비만 3도
40 이상	비만 4도

　그러나 단순히 신장에 비하여 체중이 무겁다는 것으로 비만을 정확하게 판정할 수는 없다. 예를 들면 근육량이 있어 체중이 무거운 운동선수는 BMI 수치가 커지는 경우가 있다. 신체에 지방이 어느 정도 있는가를 정확히 알기 위해서는 체지방률을 살펴볼 필요가 있다. 일류 운동선수의 체지방률은 종목의 특성에 따라 차이가 있지만, 남성은 3~10%, 여성은 13~20% 정도이다. 이에 비하여 일반인의 표준치는 남성이 15% 정도, 여성이 25% 정도로 보고 있으며, 남성이 20%, 여성이 30%를 넘으면 비만을 의식하는 편이 좋다(그림 4-2).

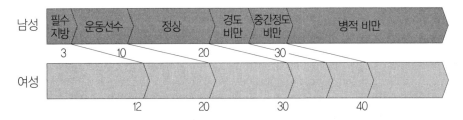

그림 4-2 ＿＿일반인과 운동선수의 체지방률

　일반인의 체지방률 표준치는 남성이 15%, 여성이 25%이다. 이에 비하여 일류 운동선수의 체지방률은 남성이 10% 이하, 여성이 20% 이하이다. 한편 여성이 남성보다도 체지방률이 높은 이유는 필수지방의 차이(남성 3%, 여성 12%) 때문이다.

　체지방률의 측정은 크게 체밀도법과 체수분량법으로 구별할 수 있다. 일반적으로는 이러한 간편한 방법(체밀도법 : 피하지방두께법, 체수분량법 : 임피던스법)이 이용된다. 비만의 판정에는 신장의 차이에 영향을 받지 않는 체지방률이 가장 타당한 지표라고 볼 수 있다.

　그러나 국제적으로 인정된 체지방률의 기준치는 존재하지 않는다.

(4) 비만증의 종류

① 비만의 원인에 의한 분류

비만증은 크게 단순성비만과 증후성비만(2차비만)으로 나눈다. 시상하부 또는 내

참고

비만의 판정법

비만측정방법은 신장과 체중을 이용하여 손쉽게 측정하는 방법과 수중체중측정방법이 있다. 최근에는 좀 더 정확한 생체전기저항법(BIA : bioelectrical impedance)이나 초음파법(ultrasound) 등으로 정확하고 객관적으로 측정하고 있다.

신장과 체중을 기초로 하여 비만을 측정하는 방법은 다음과 같다.

▶ 브로카(Broca)법

초등학교 입학연령 이후부터 적용한다.

　▶ 신장 150cm 이하인 경우의 표준체중(kg)=신장(cm)−100

　▶ 신장 150cm 이상인 경우의 표준체중(kg)=(신장(cm)−100)×0.9

$$비만도(\%) = \frac{실제체중(kg) - 표준체중(kg)}{표준체중(kg)} \times 100$$

▶ 카우프(Kaup)지수

출생 후 3개월~만 6세까지 적용한다.

$$Kaup지수 = \frac{체중(g)}{신장(cm)^2} \times 10$$

▶ 뢰러(Röhrer)지수

학령기 이후부터 성인에게 적용한다.

$$Röhrer지수 = \frac{체중(g)}{신장(cm)^3} \times 10^4$$

▶ 체질량지수(BMI : body mass index)

성인기 이후부터 적용한다.

$$BMI = \frac{체중(kg)}{신장(cm)^2}$$

분비계통이상 등에 의한 비만은 약 5%에 불과하다.

▶ 단순성비만……원인질환없이 과식과 운동부족 때문에 살이 찐 비만이다.

▶ 증후성비만……비만을 유발시키는 질환에 의해 2차적으로 발생하는 비만으로, 그 종류는 다음과 같다.

  » 내분비성비만 : 뇌하수체에서 분비되는 성장호르몬의 과다분비, 시상하부의 인슐린분비억제, 갑상샘기능저하로 인한 과다체중 등

  » 약제성비만 : 약물과다복용, 스테로이드제복용 등

  » 유전성비만 : 로렌스-문-비들(Laurence-Moon-Biedl)증후군, 터너(Turner)증후군 등

② **지방세포의 수 및 크기에 따른 분류**

▶ 지방세포증식성비만……지방세포의 크기는 정상이지만 지방세포의 수가 많아지는 비만이다. 지방세포의 수는 주로 생후 1년까지 왕성하게 증가하므로, 증식성 비만은 유아기에 흔히 발생한다.

▶ 지방세포비후성비만……지방세포의 수는 거의 정상에 가까우나 지방세포의 크기가 커져서 생기는 비만으로, 성인기 이후에 주로 발생한다.

③ **지방세포의 체내분포부위에 따른 분류**

▶ 복부형비만……배부위나 허리에 지방이 축적된 형태로, 영양소를 중성지방으로 분해하고 그 중성지방을 지방세포에 저장시키는 지질단백질지방분해효소가 배 안의 지방에서 매우 활성화되어 있기 때문에 발생한다. 복부형비만은 허혈심장질환, 당뇨병, 이상지질혈증 등의 발병위험을 높인다.

▶ 둔부형비만……엉덩이나 허벅지 등 하체에 지방이 많이 침착된 비만으로, 여성비만인들에게 많이 나타나는 여성형비만이다.

(5) 비만증의 원인

비만증은 인체가 필요로 하는 칼로리보다 많이 섭취하여 에너지로 소모하지 못하고 남는 칼로리가 피부밑이나 근육 속에 쌓이기 때문에 발생한다.

비만이 생기는 원인은 다음과 같다.

① 외적 요인

비만인은 음식물을 다량으로 섭취하는 경우가 많다. 공복감이 음식물섭취를 조절하는 중요한 역할을 한다. 공복감은 위가 수축되기 때문에 생기며, 만복감은 시상하부에 의해 조절된다. 시상하부는 뇌중추로부터 심리적으로 결정된 메시지를 전달받기도 한다. 이러한 것들이 정상적인 만복감을 조절하거나 둔화시켜 필요 외로 과식을 하게 만든다. 그 결과 과다한 음식물섭취로 인하여 탄수화물·지방·단백질 등이 과잉섭취되어 근육이나 피하지방에 축적된다.

한편 음식물과다섭취와 더불어 운동부족이 비만증의 커다란 원인이 되기도 한다. 왜냐하면 음식물을 섭취하면 신체운동으로 체내의 영양 및 에너지를 소모시켜야 하는데, 운동이 부족하면 에너지 및 지방이 체내에 축적되기 때문이다. 또한 비만증환자는 신체적·정신적 여건상 운동하기 곤란하여 지방이 더 많이 축적된다.

② 심리적 요인

불안·슬픔 등의 스트레스는 정상인은 식욕을 억제하지만, 사람에 따라서는 욕구불만을 섭식행동에 전가하여 식욕을 항진시킨다는 연구가 있다. 비만과 관련된 심리적인 문제는 비만 때문이라기보다 비만으로 발생된 결과인 경우가 많다.

③ 에너지대사의 불균형

에너지대사는 에너지섭취와 에너지소비가 균형을 이루어야 한다. 비만은 에너지섭취와 소비의 차이 때문에 발생한다기보다는 이 둘의 장기간 활동적인 불균형에 의해 초래된다고 할 수 있다. 특히 비만은 고지방식과 운동량의 저하로 인해 발생하는 경우가 많다. 운동을 하지 않으면 평상시 기초대사율이 낮아져 식사량이 많지 않더라도 비만해질 위험이 높다.

④ 유전적 요인

비만증발생률은 정상적인 부모 집안의 자녀에서는 약 8%이며, 한쪽 부모가 비만인 경우는 약 50%, 양쪽 부모 모두 비만일 때에는 80% 이상이다. 이와 같이 비만에는 유전인자가 높게 관계되어 있다.

(6) 비만증의 진단기준

비만의 판정에는 BMI나 체지방률 등이 이용되고 있다. 그러나 이것들은 주로 '체격의 충실도'를 반영하므로, 의학적인 진단 및 치료를 필요로 하는 비만증을 평가하기에는 충분하다고 할 수 없다.

동일한 정도의 BMI, 체지방률이라도 지방이 쌓이는 부위에는 개인차가 발생한다. 그중 하나가 배에서 위로 지방이 축적되는 '상반신비만'이며, 그 모양을 따서 '사과형비만'으로 불린다. 다른 하나는 엉덩이에서 아래로 지방이 축적되는 '하반신 비만'이며, '서양배형 비만'이라고 불린다(그림 4-3). 전자는 남성에게 많고, 후자는 여성에게 많다. 상반신비만은 배부위에 지방이 축적되며, 하반신비만에 비하여 당대사 · 지질대사의 이상 또는 고혈압을 동반하여 동맥경화가 진행되기 쉽다. 그리고 최종적으로는 심장질환 및 뇌혈관질환을 일으킬 가능성이 높은 것이 지적되고 있다.

그림 4-3 ___ 체지방 분포로 본 비만의 종류

배에서 위로 지방이 축적되면 '상반신비만(사과형비만)'이 되고, 엉덩이에서 아래로 지방이 축적되면 '하반신비만(서양배형비만)'이 된다. 상반신비만은 하반신비만에 비하여 중증질환을 일으키기 쉬운 것으로 보고 있다.

비만증의 진단에는 두 가지 다른 기준이 세워져 있다. 비만증이란 BMI 25 이상으로 비만에 기인 또는 관련되어 있고, 감량을 필요로 하는 건강장애를 가진 병태, 또는 건강장애의 유무에 관계없이 확정 진단된 내장지방형비만이다(그림 4-4). 내장지방축적의 정확한 판정은 CT검사로 이루어진다. 내장지방이 $100cm^2$

이상인 경우에는 남녀 모두 내장형비만이 된다. 한편 간이지표로는 배꼽높이의 허리둘레가 남자는 85cm, 여자는 90cm 이상으로 보고 있다(그림 4-4).

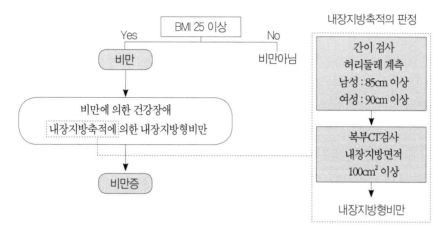

그림 4-4 ___비만증의 진단기준과 내장지방 축적의 판정

BMI 25 이상을 비만이라고 판정하고, 그중에서 건강장애를 가진 사람, 또는 건강장애의 유무에 관계없이 내장지방축적이 100cm² 이상이고 내장지방형비만인 사람을 비만증으로 진단한다. 또한 내장지방축적의 판정에는 간이검사로 우선 허리둘레를 계측한다.

2) 비만증의 운동

살을 빼기 위해서는 대사를 활발하게 하여 마르기 쉬운 체질로 만드는 것이 중요하다. 이는 누구나 알고 있는 사실이다. 마라톤이나 걷기, 기타 스포츠는 살을 빼기 위해 필요하다. 운동은 다이어트 리터러시(diet literacy)의 기본 중 기본이다. 운동 없이는 다이어트에 왕도란 없다.

식이요법과 운동요법을 계속 실시하면 비만증환자의 근육이나 지방조직의 인슐린저항성이 개선된다. 또한 운동을 계속하면 식사제한 때문에 일어나는 기초대사의 저하나 식사로 생산되는 열량의 저하가 개선된다. 나아가 내장지방의 감소, 고혈압의 개선, 혈관벽기능장애의 개선, 스트레스해소 등의 효과도 있다. 내장지방은 피하지방보다 대사가 왕성하고 중성지방의 합성이나 분해가 활발하므로 운동을 하면 선택적으로 내장지방을 쓸 수 있게 된다.

운동은 혈액 중의 중성지방을 저하시킨다. 다시 말하면 착한 콜레스테롤인 고밀도지질단백질(HDL : high-density lipoprotein) 콜레스테롤을 상승시키고 혈압을 낮춘다. 또 운동을 하면 혈관벽에서 일산화질소(NO)가 생산된다. 이 물질은 혈관을 확장시키고 혈소판의 응집을 제어하여 동맥경화성 혈관장애가 잘 일어나지 않도록 해준다.

비만증 등으로 혈액 내에 이른바 나쁜 콜레스테롤인 저밀도지질단백질(LDL : low-density lipoprotein) 콜레스테롤이 증가하면 혈관벽에 상처를 주어 이산화질소(NO)의 생성을 저하시킨다. 따라서 운동요법을 식이요법과 병행하여 실시하면 체중이 감소되므로 이러한 혈관벽의 기능장애를 회복시킨다.

한편 운동은 스트레스해소에도 효과가 있다. 나아가 운동을 하면 체력이나 면역력향상뿐만 아니라 유해물질을 해독하고 활성산소로부터 세포를 지켜주는 글루타티온(glutathione)의 합성이 촉진된다. 이 물질의 합성이 활발해지면 활성산소의 생성이 활발해져 단백질, 지질, DNA 등의 손상을 막아준다.

이와 같은 운동요법은 내장지방축적형비만을 치료하고 대사증후군을 개선시킨다.

(1) 운동이 다이어트에 좋은 이유

여기에서는 운동이 다이어트에 좋은 이유를 알아보자.

① 기초대사가 활발해져 마르기 쉬운 체질이 된다

운동을 하면 맥박수가 올라가고 혈액순환이 좋아지고 체온이 올라가 대사기능이 향상된다. 근육이 증가하고 기초대사가 활발해지면 잠을 자거나 호흡하는 것만으로도 칼로리를 소비하여 살이 빠진다. 다음의 마라톤과 걷기 시 체지방연소량을 보면 운동 자체로는 지방이 크게 연소되지 않는 것을 알 수 있다.

> 마라톤 1시간 : 케이크 1.5개 분 소비(400칼로리)+58g의 체지방연소
>
> 걷기 1시간 : 1시간/주 3회×4주(1개월) : 1,050g의 체지방연소

체형에 따른 개인차는 있지만, 이렇게 수치화해서 보면 체지방연소는 운동량에 비해 수치상으로는 그 효과가 크지 않은 것을 알 수 있다. 운동으로 소비할 수 있는 칼로리에는 한계가 있다. 그러나 운동에 의해 근육이 증가하면 대사율이 좋은 신체를 만들 수 있으며, 대사율이 좋은 신체는 건강하다는 증거이기도 하다.

② 가벼운 유산소운동으로 스트레스를 줄인다

가벼운 운동을 하면 땀이 나 시원하고 기분이 좋아지는 경험을 했을 것이다. 운동을 하면 기분을 상승시키는 효과가 있는 엔도르핀이 혈액으로 방출되어 혈중엔도르핀수치가 상승한다. 이는 엔도르핀이론으로, 1981년에 워싱턴대학 의학부의 카(David Carr) 교수가 『뉴잉글랜드의학저널』에 발표한 내용이다. 운동을 하면 근육의 긴장을 저하시켜 스트레스를 감소시키므로, 발열이론이라고도 불린다.

그런데 실제로는 근육이나 뇌파의 긴장은 몸을 따뜻하게 만드는 것만으로도 효과가 있으므로 반드시 운동이 아니어도 자기 전 욕조에 몸을 푹 담그는 것도 효과가 있다.

③ 당뇨병 · 고혈압 등 생활습관병을 예방한다

적절한 운동은 심장이나 허파의 기능을 향상시켜 혈액순환을 촉진시킨다. 그러므로 고혈압에 효과가 있다. 또 운동은 인슐린작용을 활발하게 하므로 당뇨병예방이나 치료에서도 빼놓을 수 없다. 운동부족상태에서는 인슐린저항성(인슐린이 나와도 혈당이 잘 내려가지 않는 상태)이 높아져 당뇨병위험인자가 증가한다.

(2) 체중감량을 위한 운동의 3요소

운동 중에서도 걷기와 달리기를 추천한다. 걷기와 달리기는 비용이 적게 들고, 혼자서도 할 수 있으며, 장소에 상관없이 언제 어디서나 부담없이 시작할 수 있는 등 장점이 많다. 그 외에 테니스, 풋살, 골프, 수영 등 본인이 자신있는 스포츠가 있다

면 그것을 해도 좋다.

다만 살을 빼야 한다는 관점에서 보면 ① 유산소운동, ② 1회 15분 이상, ③ 주당 2~3회 이상 실시할 수 있는 것을 조건으로 하여 선택하면 된다. 라이프스타일에 맞추어 일상생활에 운동을 도입해야 한다.

(3) 지방연소를 위한 운동시간

15분 이상 운동을 계속하면 체내에서 지방이 연소되기 시작한다. 그러나 운동을 시작하고부터 15분 사이에는 체내에 어떤 일이 일어날까? 열쇠는 심박수이다. 여기에서는 효율이 좋은 다이어트를 하기 위해서는 시간의 경과에 맞추어 적절한 강도의 심박수로 운동하는 방법을 소개한다.

지방이 연소되려면 산소와 포도당이 필요하다. 이 중에서 한 가지라도 부족하면 지방이 잘 연소되지 않는다. 숨이 찰 정도로 격렬한 운동은 산소가 부족하여 지방은 연소되지 않고 그저 지치기만 할 뿐이다.

운동 후 처음 10분부터 15분 사이에는 체지방이 유리지방산(혈중지방산 ; 지방이 연소하면 생겨난다)으로 분해되어 혈액으로 흘러들어간다. 이때는 워밍업이므로 심박수는 낮은 정도로 해둔다. 최대심박수의 절반이 기준이다. 최대심박수는 '220-연령'이다. 40세인 경우 '220-40'인 180이므로 그 절반인 90 정도의 맥박을 유지할 수 있는 워밍업이 좋다. 심박수모니터(heart rate monitor)를 가슴에 달면 데이터를 손목시계로 보내주므로 심박수를 확인하면서 달릴 수 있다.

운동 후 15분이 넘어가면 혈액 중에 흘러들어간 유리지방산이 연소된다. 이때는 최대심박수의 65~85%가 좋다. 따라서 40대라면 117~153이 된다. 이 심박수라면 체내 당질은 거의 연소되지 않고 체지방이 집중적으로 혈액으로 운반되어 연소된다. 운동을 마무리할 때는 천천히 쿨링다운하여 심박수를 조절한다.

심박수모니터를 착용하지 않아도 시계만 있으면 심박수는 잴 수 있다. 자신의 손목을 둘째손가락과 셋째손가락으로 가볍게 눌러 30초간 맥박을 세어 2배 하면 된다.

체중감량을 위한 운동의 적정시간에 대해서는 여러 가지 설이 있다. 위에서 설명한 것과 같은 이유로 유산소운동을 20~40분 계속할 것을 주장하는 의사, 15분으로도 효과가 있다는 데이터를 제시하고 있는 논문, 1시간 이상의 운동을 추천하는 논문 등 매우 다양하다. 모두 근거나 필요성이 밝혀져 있다.

한편 본인의 체중, 목표, 체질, 라이프스타일 등에 따라서도 운동유형이 달라진다. 필요하다면 헬스클럽 등에서 서비스해주는 운동프로그램을 이용해도 좋을 것이다.

(4) 운동을 지속하기 위한 요령

① 목적을 확실하게 정할 것

운동을 지속하기 위한 요령 중 하나는 운동하는 목적을 확실히 정하는 것이다. 예를 들어 IT관련 기업을 경영하는 김교일 씨(43세, 가명)가 운동하는 목적은 안티에이징(antiaging)이다. 근력을 늘리면 대사가 향상되어 살이 잘 찌지 않게 된다. 그리고 근력이 붙으면 자세가 좋아져서 더욱 젊어 보인다. 그는 이러한 안티에이징 효과를 기대하고 운동을 시작하였다.

또 다른 목적은 당뇨병예방이다. 김성일 씨는 당뇨병에 걸릴 유전적 요소를 가지고 있으므로 운동을 하지 않을 수 없다. 당뇨병에 좋다는 건강식품을 사기보다는 운동을 하는 것이 최선의 예방과 치료가 될 것으로 생각하고 있다.

② 다치지 말 것

다쳐서 운동을 중단하는 상황은 피해야 한다. 특히 주의해야 할 부위가 아킬레스힘줄이다. 40대 이상이 되면 힘줄에 부상을 입는 사람이 늘어난다. 자료에 따르면 40대에 힘줄단열 발생률이 가장 높다고 한다.

근육은 트레이닝을 통해 단련할 수 있지만 힘줄은 나이가 들수록 유연성이 떨어진다. 따라서 평소 운동을 즐기지 않았다면 몸을 원활하게 움직일 수 없게 되어 힘줄에 부담을 주므로 끊어지게 된다. 아킬레스힘줄단열은 젊었을 때 염좌를 겪은 사람이라면 주의해야 한다. 무리하지 않는 선에서 스트레칭을 정성껏 하는 것이 중요하다.

③ 업무와 똑같이 생각할 것

중소기업 사장인 김원복 씨(52세, 가명)는 생활습관병 등에 걸리면 일에 영향을 주므로 조깅시간을 직업상의 거래처 약속과 똑같이 취급하고 있다. 시간이 남을 때 하자는 생각이 아니라 수첩에 미리 시간을 정해서 적어둔다. 비가 내리면 스케줄을 변경하기도 하지만, 일이라고 생각하기 때문에 거의 변경하지 않는다고 한다.

④ 동료와 함께할 것

동료가 있으면 좀처럼 게으름을 부릴 수 없다. "오늘 갈꺼지?"라는 말을 들으면 귀찮다고 생각해도 몸은 움직일 것이다. 마라톤동호회에 들어가거나 친구와 약속을 하여 헬스클럽에 가면 좋다.

⑤ 지치지 않을 정도만 할 것

운동을 할 때 의외로 맹점이 되는 부분이 바로 피로이다. 다음날까지 피로가 남으면 운동을 계속 하기 힘들어진다. 과거에 운동경험을 한 사람은 몸이 가볍던 옛날만 생각하고 너무 열심히 하는 경우도 있지만, 절대 지치지 않을 정도로만 해야 한다. 운동량이 너무 적어 효과가 없을까봐 걱정이 될지도 모르지만, 운동을 계속하는 데 의의를 두어야 한다. 15분의 유산소운동으로도 효과가 있으므로 지치도록 하지 않아도 운동량은 충분하다. 만약 격렬한 운동을 했다면 피로가 쌓이지 않도록 아미노산보조제 등을 마시는 것도 좋다.

앞의 예에 등장한 김원복 씨는 운동 전에 아미노산음료를 마신다. 아미노산음료를 마시면 지방의 연소가 촉진되고 피로감이 경감된다. 운동시작 후 15분까지는 체내에 축적된 글리코겐이 연소되고 15분 후부터 체지방이 연소되기 시작한다. 글리코겐이 없어지면 피로의 근원인 젖산이 발생하는데, 아미노산을 마시면 운동시작 때부터 체지방을 높은 효율로 연소시키고 글리코겐의 감소도 늦출 수 있으므로 피로감이 다르다.

⑥ 걷기부터 시작할 것

대부분 운동이 중요하다는 것은 잘 알고 있지만 바쁘고 귀찮다는 이유로 하지 않는 사람들도 많다. 그렇다면 가장 손쉬운 운동인 걷기부터 시작해보자. 역시 도구가 중요하다. 원래대로라면 워킹슈즈를 신고 걸으면 다리나 허리의 부담이 적다. 물론 스포츠용품점에서 발의 형태를 재고 그에 맞는 신발을 신는 편이 좋다.

한편 막간을 이용한 걷기도 쌓이면 꽤 많은 걸음수가 되므로 시간이 날 때마다 걷는 편이 걷지 않는 것보다 훨씬 좋다.

걸을 때 주의할 점은 다음과 같다.

▶ 등을 편다.

▶ 발꿈치부터 착지하여 엄지발가락→둘째발가락 순으로 지면을 찬다.

▶ 무릎을 편다.

▶ 허리부터 당겨진다는 느낌으로 걷는다.

▶ 등근육을 의식하며 팔을 뒤로 당겨 리듬을 탄다.

하루 10,000보를 걸으면 걷기의 효과를 기대할 수 있다. 10,000보를 거리로 환산하면 약 7~8km이고, 시간으로 환산하면 1시간 반 정도이다. 물론 바쁜 현대인에게는 이 정도 걷는 것이 어려울지도 모른다. 그러나 무엇보다 중요한 것은 매일 조금씩이라도 계속하는 것이다.

표 4-2 걷기의 효과

단기적 효과	장기적 효과	생리학적 효과
기분이 좋다	혈압이 내려간다	비만도 저하
몸이 가벼워진다	체중이 조절된다	혈중지방 저하
스트레스가 해소된다	끙끙대며 고민하지 않게 된다	체지방 감소
잘 잘 수 있다	숨이 차지 않는다	혈압정상화
변비가 해소된다	체력이 향상된다	혈류상승
식욕이 왕성해진다	감기에 걸리지 않는다	최대산소섭취량 증가
어깨통증이 개선된다	성격이 밝아진다	심장근육효율 향상
허리통증이 개선된다	사는 보람이 생긴다	호르몬분비 증가
심신이 상쾌해진다	규칙적인 생활을 하게 된다	동맥경화 개선
일할 의욕이 생긴다	친구가 많아진다	모세혈관 발달
피로회복이 빨라진다	행동반경이 넓어진다	심박출량 증가

⑦ 적어도 21일은 해볼 것

미국의 행동심리학자이자 성형외과의사인 맥스웰 몰츠(Maxwell Maltz)의 연구에 의하면 성형수술을 받은 후 환자가 새로운 얼굴에 익숙해지려면 평균 21일이 걸린다고 한다. 다시 말해서 인간이 심리적으로 새로운 것을 받아들일 수 있는 기간이 21일이라는 것이다. 다시 말하면 어떤 일을 21일간 계속하여야 습관이 된다.

우선 무리하지 않고 할 수 있을 것으로 생각되는 일을 21일간 계속해보자. 21일 동안만의 작은 노력이다. 그렇게 하면 이미 무의식이 멋대로 행동을 고르게 되므로 자신의 습관이 될 수 있다. 다이어트 리터러시를 몸에 익히면 운동을 계속하는 일도 그렇게 어렵지 않다.

⑧ 중간강도 이상의 운동을 계속할 것

운동강도의 대략적 기준은 중간강도 이상의 유산소운동을 하루 10~30분, 1주에 최저 3일 이상, 가능하면 매일 실시하는 것이다.

중간강도란 구체적으로 60세 미만이라면 맥박이 1분간 120, 60세 이상이면 맥박이 1분간 100 정도되는 운동이다. 경도부터 중간강도 이상의 운동강도는 근육을 움직이는 에너지원으로 글루코스와 유리지방산을 모두 사용한다. 운동강도가 높아질수록 글루코스를 이용하는 비율이 높아져 혈중젖산이 상승하고 유리지방산수치가 저하된다.

비만증의 예방이나 치료에 효과적인 운동강도는 유리지방산의 이용비율이 높아지는 중간강도 이하로 설정한다. 중간강도운동을 계속하여 유산소운동능력이 강화되면 내장지방량이 감소하고 인슐린감수성 개선효과도 볼 수 있다.

덤벨 등의 강도가 높은 무산소운동보다 걷기로 대표되는 유산소운동은 인슐린감수성을 개선시키는 데 효과적이다. 결론적으로 인슐린감수성의 개선에 효과적인 운동강도는 경도부터 중간강도 이하라 할 수 있다.

3_ 이상지질혈증과 운동

1) 이상지질혈증의 특징

이상지질혈증(dyslipidemia)은 혈액(혈장) 속에 지방물질인 콜레스테롤이나 중성지방(triglyceride)이 정상분포액보다 많이 분포되어 있는 상태를 말한다.

중성지방이 혈액 속에 많이 있으면 혈장이 우유빛처럼 보이지만, 콜레스테롤이 많으면 혈장은 흐려지지 않는다. 화학적으로 콜레스테롤, 중성지방, 인지질 등이 증가했을 때를 이상지질혈증이라고 부른다. 또 이상지질혈증은 주로 지질단백질대사에 관여하는 효소나 아포단백질(apoprotein)의 구조이상에 의해 나타난다고 임상실험으로 증명되고 있다.

(1) 이상지질혈증의 분류

① 혈장지질의 분류

일반인의 혈장 속에는 보통 150~200mg/dl의 콜레스테롤, 50~140mg/dl의 중성지방, 150mg/dl의 인지질이 포함되어 있다. 이것들은 아포단백질과 결합하여 지질단백질형태로 분포되어 있다. 이것과는 별도로 400~600mg/dl의 유리지방산이 주

이상지질혈증

이상지질혈증이란 혈중총콜레스테롤(LDL콜레스테롤＋HDL콜레스테롤), LDL콜레스테롤, 트라이글리세라이드(중성지방) 중에 어느 것이 높은 수치를 나타내는 질환으로 여겨져 왔다. 그러나 최근 HDL콜레스테롤수치가 낮은 것도 발증의 중요한 인자가 될 수 있다는 것이 밝혀졌다. 그러므로 고지질혈증이라는 질환명으로는 의미를 정확하게 나타낼 수 없게 되었다. 따라서 미국 및 유럽에서는 이상지질혈증(dyslipidemia)으로 명칭을 통일하였다.

로 알부민과 결합되어 있다. 이것은 지방세포 속의 중성지방이 호르몬과민성리파제의 작용에 의해 분해되어 생긴 것으로, 이는 각 조직세포의 에너지원으로 사용된다.

- ▶ 단순지질……중성지방, 콜레스테롤
- ▶ 복합지질……지방산과 알코올의 에스테르(ester)인데, 여기에 인·질소·황산 등 화합물이 포함된다. 인산을 함유하는 인지질(phosphatide)과 당을 함유하는 당지질(glycolipid)이 있다.
- ▶ 유도지질……단순지질이나 복합지질의 성분이 분해되어 생긴 물질로, 다음의 것이 있다.
  - » 지방산(유리지방산, 비에스테르형 지방산)
  - » 콜레스테롤

② 이상지질혈증의 원인적 분류

이상지질혈증은 흔히 당뇨병, 갑상샘기능저하증, 스테로이드호르몬과잉증 등의 내분비질환에 수반되어 생긴다. 또한 콩팥질환, 황달, 면역이상증 등의 경우에도 나타날 수 있다. 이와 같이 원인질환에 수반되는 이상지질혈증을 2차성 또는 증후성 이상지질혈증이라고 한다.

- ▶ 2차성 이상지질혈증의 원인……당뇨병, 갑상샘기능저하증, 황달, 콩팥질환, 면역이상, 글리코겐병 등
- ▶ 본태 이상지질혈증……유전, 체질, 과다영양섭취, 콜레스테롤, 알코올섭취 등
- ▶ 기타……약물과다사용에 의한 이상지질혈증

③ 이상지질혈증의 현상적 분류

이상지질혈증 가운데 어떤 것은 중성지방을 위주로 하고, 어떤 것은 콜레스테롤을 위주로 하여 증가하는데, 그 비율은 증상에 따라 다르다. 지질단백질나눔으로 중성지방이 많은 것은 초저밀도지질단백질(VLDL : very low density lipoprotein) 증가로 나타나고, 콜레스테롤이 많은 것은 저밀도지질단백질(LDL : low density lipoprotein) 증가로 나타난다.

표 4-3 이상지질혈증의 분류

특징 이상지질혈증	증가되는 지질단백질	증가되는 지질	동맥 경화	식이요법	원인
Ⅰ형	암죽과립 (유미과립)	중성지방	-	지질 제한	지질단백질리파제 활성저하
Ⅱa형	LDL	콜레스테롤	촉진	저콜레스테롤	LDL접수체 감소 또는 결손
Ⅱb형	LDL+VLDL	콜레스테롤+중성지방	촉진	저콜레스테롤	중성지방 합성항진 중성지방 이화저하
Ⅲ형	β VLDL	콜레스테롤+중성지방	촉진	에너지제한	프리 β 이화저하
Ⅳ형	VLDL	중성지방 (콜레스트롤)	촉진	당질 제한	중성지방 이화장애 중성지방 합성항진
Ⅴ형	암죽과립 (유미과립) +VLDL	중성지방 (콜레스트롤)	촉진	에너지제한	중성지방 이화저하 지질단백질리파제 저하

(2) 지질단백질의 종류와 역할

지질단백질(lipoprotein)은 원래 지질(지방 및 지용성물질)을 작은창자로부터 말초조직으로 운반하기 위해 만들어진 것이다. 물에 친화성이 없는 지질을 분산시키기 위하여 중성지방·콜레스테롤·에스테르(ester) 등의 중성지질미립자를 속알갱이로 하고, 그 겉은 단백질·인지질·콜레스테롤 등으로 둘러싸인 안전한 암죽과립(유미과립)으로 되어 있다.

혈장 속에는 간·작은창자에서 합성된 중성지방함량이 많은 지질단백질과 그 중간, 종말대사산물(저비중지질단백질제) 및 지질단백질대사에 관여하여 효소에 친화성이 있고 그 부활인자의 운반체로 되는 다른 종류의 고밀도지질단백질(HDL : high density lipoprotein)이 섞여 있다. 일반적으로 지질함량이 많은 인지질일수록 크고 가벼우므로 NaCl과 브로민화(취화)나트륨(NaBr : sodium bromide ; 브로민과 나트륨의 화합물)으로 만든 여러 가지 비중의 액체 속에서 초원심분리하면 지질단백질을 여러 단계로 분석할 수 있다.

혈중지질단백질은 암죽과립, 초저밀도지질단백질(VLDL), 저밀도지질단백질(LDL), 고밀도지질단백질(HDL), 중간밀도지질단백질(IDL) 등으로 나눌 수 있다. 암죽과립은 작은창자에서 음식물에 들어 있는 지질을 흡수하여 만들어진 것으로 대부분 중성지방이다. 초저밀도지질단백질(VLDL)은 간에서 당·알코올을 재료로 하여 합성된 것으로, 대부분 내인성중성지방이고 일부는 콜레스테롤 또는 인지질이다. 이 VLDL이 가수분해되어 생긴 것이 저밀도지질단백질인데, 콜레스테롤이 절반 이상이어서 콜레스테롤운반자라고 한다. 그 나머지는 단백질과 인지질로 되어 있다.

고밀도지질단백질(HDL)의 1/2은 단백질이고, 1/4은 콜레스테롤이며, 나머지는 인지질이다. 콜레스테롤, 중성지방, 인지질 등의 지질은 물에 녹지 않고 단백질과 결합하여 지질단백질로 되어 혈액 속을 순환하면서 각 조직에 지질을 운반한다.

① 암죽과립

작은창자에서 만들어진 첫 번째 암죽과립의 한 가운데는 중성지방이 있고, 그 겉에 아포 A와 아포 B라는 아포단백질(apoprotein)이 둘러싸고 있다. 이것이 림프관에 들어가서 HDL로부터 아포 C를 받으면 겉면에 아포 A, B, C가 붙어 성숙된 암죽과립이 되어 혈액 속으로 들어간다. 혈액 속에서는 말초에 있는 지질단백질리파제의 작용을 받아 중성지방이 분해되어 유리지방산을 내보낸다.

한편 아포단백질도 떨어져서 HDL을 형성하는데, 이때 아포 A와 아포 C가 사용된다. 결국 분해된 암죽과립은 간에 운반되어 치리되지만, 간까지 오는 동안 동맥경화를 촉진한다.

② 초저밀도지질단백질

초저밀도지질단백질(VLDL)은 간에서 합성되는데, 그 절반은 중성지방을 운반한다. 이 단백질에는 아포 C, B, E 등과 같은 아포단백이 많이 들어 있다. 이 VLDL의 일부는 작은창자에서 합성되는데, 처음 생긴 VLDL는 중앙에 중성지방이 있고 그 겉면에는 아포 B와 아포 C가 있다. 이것이 혈액 속으로 들어오면 HDL에서 아포 C, 아포 E 또는 콜레스테롤을 받아서 VLDL로 완성된다.

③ 중간밀도지질단백질

중간밀도지질단백질(IDL)의 분자량은 작으며 가운데에는 중성지방 및 콜레스테롤이 있고 그 겉면에는 아포 B, C, E가 있다. 이것이 다시 간에서 나오는 간 중성지방리파제의 작용에 의하여 분해되어 저밀도지질단백질(LDL)이 된다.

④ 저밀도지질단백질

저밀도지질단백질(LDL)은 거의 콜레스테롤로 되어 있고, 그 겉면에는 아포 B만이 있는 지질단백질이다. 그리고 이 LDL이 동맥경화를 진전시킨다. 이 속에 들어 있는 콜레스테롤은 나쁜 콜레스테롤이라고도 한다. 콜레스테롤이 약 45% 들어 있고, 겉면에는 아포 B가 약 98% 들어 있다.

⑤ 고밀도지질단백질

고밀도지질단백질(HDL)은 분자량이 매우 작은 지질단백질이다. 이것은 주로 간에서 생기며 절반이 단백질이지만, 대부분 아포 A-Ⅰ와 아포 A-Ⅱ 그리고 소량의 아포 C로 되어 있다. 이 HDL은 미숙한 것은 HDL3라고 하는데, 이것이 말초조직에서 콜레스테롤을 뽑아내서 점점 완숙되면 HDL_2로 된다. 이렇게 HDL3은 말초에서 콜레스테롤을 뽑아내는 작용이 있으므로 동맥경화를 예방하는 지질단백질이며, 그 가운데 들어 있는 콜레스테롤을 좋은 콜레스테롤이라고 한다.

⑥ 아포단백질

각종 지질단백질 중에는 아포단백질(apoprotein)이 공존하고 있다. 이러한 아포단백질은 A-Ⅰ, A-Ⅱ는 HDL에 많고, A-B는 LDL에 많다. 아포 C-Ⅱ, C-Ⅲ는 VLDL, IDL에 많이 들어 있다. 아포 E는 VLDL, IDL, LDL, HDL에 소량이 들어 있다. 동맥경화와 지질대사의 연구에는 지질단백질뿐만 아니라 아포단백질의 측정도 대단히 중요하다.

다음은 아포단백질의 기능이다.

▶ 아포 A는 지질단백질의 합성과 분비에 관여한다.

▶ 아포 B는 콜레스테롤 에스테르를 말초조직으로 전송하는 데 관여한다,

▶ 아포 E는 말초조직에서 콜레스테롤을 간으로 전송하는 작용을 한다.

▶ 아포 C는 중성지방을 전송하는 작용을 한다.

▶ 아포 C-Ⅱ는 지질단백질리파제의 중성지방 분해를 촉진한다.

▶ 아포 C는 지질단백질이 조직에서 섭취하는 것을 막는 작용을 한다.

(3) 이상지질혈증의 진단기준

임상적으로는 공복 시의 혈장 중 지질의 농도로 판정된다(표 4-4). 이상지질혈증은 세 가지로 분류된다. 혈중 LDL콜레스테롤 수치가 140mg/dL 이상을 '고LDL콜레스테롤혈증', 혈중 HDL콜레스테롤 수치가 40mg/dL 미만을 '저HDL콜레스테롤혈증', 혈중의 트라이글리세라이드 수치가 150mg/dL 이상을 '고트라이글리세라이드혈증'이라고 한다.

표 4-4 이상지질혈증의 진단기준

명 칭	진단기준
고LDL콜레스테롤혈증	140mg/dL 이상
저HDL콜레스테롤혈증	40mg/dL 미만
고트라이글리세라이드혈증	150mg/dL 이상

모두 공복 시의 수치임.

좋은콜레스테롤과 나쁜콜레스테롤

LDL콜레스테롤은 말초조직(세포)에 흡수되지 않은 잉여 콜레스테롤을 혈관 내에 축적시켜 동맥경화를 일으키는 원인이 된다. 때문에 LDL콜레스테롤은 '나쁜콜레스테롤'이라고 불린다. HDL콜레스테롤은 혈관내벽에 죽 상태의 융기(동맥경화에서 나타나는 혈관의 병변, LDL콜레스테롤의 축적)를 제거하고 간까지 운반한다. 이러한 점에서 HDL콜레스테롤은 '좋은콜레스테롤'이라고 불린다.

2) 이상지질혈증의 운동

유전성 고콜레스테롤혈증 이외의 이상지질혈증은 대표적인 생활습관병이다. 따라서 이상지질혈증환자에 대한 운동처방의 포인트는 인슐린비의존당뇨병(NIDDM)의 운동요법과 마찬가지로 특별한 스포츠의 실시보다 일상생활 속에서의 신체활동(daily physical activity)을 증가시키는 데 있다.

표 4-5 이상지질혈증환자의 건강검진 항목

문진	▶ 자각증상, 과거병력, 가족병력, 일상생활 실태(식생활, 운동 등) 등
진찰	▶ 신장, 체중, 혈압, 맥박, 피하지방두께(어깨뼈아래, 위팔뒷면) ▶ 내과진찰 ▶ 정형외과진찰(아킬레스힘줄, 뼈, 관절 등) ▶ 안과진찰(눈바닥검사, 백내장의 유무)
흉부X선	▶ 직립자세에서 정면모습 및 측면모습
심전도	▶ 안정시 12유도심전도 ▶ 운동부하검사 : 매스터법부하, 트레드밀부하, 자전거에르고미터부하
혈액검사	▶ 백혈구, 적혈구, Ht, Hb, 혈소판 ▶ GOT, GPT, γ-GTP, LDH ▶ BUN, 크레아티닌, 요산, Ka, K, Cl ▶ 혈당, 글리코헤모글로빈(HbA1c), 1,5AG(1,5-anhydro-D-Glucitol) ▶ 총콜레스테롤, TG, HDL-C, 지질단백질
소변검사	▶ 당, 케톤체, 단백, 잠혈, 침적물, 미량의 알부민
기타	▶ 복부초음파검사 ▶ 심장초음파검사 ▶ 심장신티그래피 ▶ 체지방량, 체지방분포(CT스캔, impedance법) ▶ 동맥혈가스분석 등

미국의 심장전문가인 오르니시(Ornish, D. M.) 등(1990)은 심장동맥 조영에 의해 확인된 심장동맥경화증에 대해 저지방식, 금연, 스트레스관리 트레이닝, 적당한 신체 트레이닝(연령을 감안한 최대심박수의 50~80%의 운동을 매주 3시간 이상) 등으로 생활습관을 변경하여 통상적인 주의를 기울이는 대조군을 무작위로 선정하여 대조시험을 실시하였다.

그 결과 1년 후에 생활습관 변경군에서는 체중, 혈중총콜레스테롤, LDL-콜레스테롤, LDL/HDL 콜레스테롤의 비율 등이 확실하게 저하되었다. 또한 정량적 심장동맥소영법을 실시한 결과 생활습관 변경군에서는 심장동맥협착이 줄어들고, 평균지름도 넓어지는 등 생활습관 변경에 의해 중증의 심장동맥아테롬(atheroma)경화증이 쇠퇴한다는 것을 확실하게 보여주었다.

(1) 운동의 종류와 실시방법

중간강도의 운동에서는 근육의 에너지원으로 탄수화물과 지질이 이용된다. 그러나 운동강도가 무산소역치(AT : anaerobic threshold)를 초과하여 무산소적으로 되면 탄수화물 이용비율이 증가하고, 혈중에 젖산이 축적되어 지방분해가 억제된다.

따라서 근육트레이닝과 함께 혈중과 지방조직에 저장되어 있는 당질의 이용률을 높이는 것을 목표로 하는 이상지질혈증의 운동요법은 운동강도가 중간강도 이하여야 한다. 또한 운동 초기에는 ATP-CP계, 근글리코겐이 주된 에너지원이 되므로 근육에서 지방을 효율적으로 이용하려면 1회 운동시간은 10분 이상이 바람직하다.

구체적으로는 V̇O₂max50% 전후(일반적으로 120/분, 60~70대의 고령자는 100/분, 운동강도의 판정에는 Borg의 지수도 참고할 수 있다)의 중간강도 운동을 1회 30~60분, 주 5일 이상 실시하도록 지도한다(가능하면 주 20km 이상의 조깅 또는 걷기). 운동의 종류는 걷기, 조깅, 맨손체조, 자전거에르고미터, 수영 등 전신을 사용하는 동적인 유산소운동이 좋다. 다만 일상생활이 바빠 특별히 운동을 할 시간을 낼 수 없을 때는 엘리베이터대신 계단을 이용한다든지, 출퇴근할 때 걸어서 다닌다든지 하여 일상생활행동을 활발하게 하는 것도 효과가 있다. 보수계는 일상생활에서 운동량을 파악할 때 1일 1만보 걷기를 목표로 하여 매일 확인한다.

(2) 운동요법 실시상의 주의점

▶ 식이요법을 병행하면 트레이닝효과를 높일 수 있다. 총섭취에너지를 제한하고 저지방 및 고식물섬유(야채, 보리밥)를 섭취하도록 지도한다.

▶ 흡연은 심장동맥질환의 위험인자가 될 뿐만 아니라 HDL-콜레스테롤을 저하시킬 가능성이 있으므로 금연한다.

▶ 알코올은 소량만 섭취한다. 경·중간강도의 알코올섭취는 심장혈관계통질환 방지에 효과가 있고, 알코올의 소비량과 허혈심질환의 빈도는 부(-)의 상관 관계에 있다는 것이 밝혀져 있다(Lip 등, 1995 ; Criqui 등, 1994). 그러나 과도한 음주는 높은 중성지방혈증이나 고혈압을 불러 평균수명을 저하시킨다.

▶ 운동에 어울리는 복장과 운동화를 착용한다.

▶ 운동 실시 전후에는 준비운동(warm up), 정리운동(cool down)을 반드시 실시한다.

4_ 당뇨병과 운동

1) 당뇨병의 특징

당뇨병은 성인에게 많이 발생되는 질병으로서 유전성, 비유전성, 만성질환 등에 의해 일어난다. 소변 중에 당이 섞여나오는 질병으로 인슐린(insulin)부족이 대표적 원인이다. 드물게는 이자(췌장)염 · 이자(췌장)암 등으로 이자(췌장)조직이 파괴되어 발병하지만, 원인이 대부분 확실하게 밝혀지지 않고 있다. 당뇨병은 대사장애와 광범위한 전신혈관계통의 장애를 일으키는 유전성질병이라고 할 수 있다.

당뇨병의 특징은 다음과 같다.

▶ 인슐린작용부족으로 생기는 대사장애이다.
▶ 유전적 요인에 기인하지만, 병을 일으키는 어떤 인자의 작용도 중요하다.
▶ 전신의 혈관장애, 특히 모세혈관증을 일으킨다.
▶ 초기 당뇨를 그대로 놓아두면 특유의 당뇨병으로 진행된다.

(1) 당뇨병의 분류와 원인

당뇨병의 유형별 분류와 그 발생원인은 다음과 같다.

① 인슐린의존당뇨병(제 I 형당뇨병)

인슐린의존당뇨병(IDDM : insulin-dependent diabetes mellitus)은 증상이 급격하게 나타나며 생명유지를 위해 인슐린치료를 받아야 한다. 제6염색체에 유전자 자리를 가진 백혈구항원과 관계가 있으며, 이자(췌장)세포항체 및 이자세포막항체의 특이한 추이로부터 나타나는 자기면역질환이다. 바이러스염과도 관련이 있는 당뇨병의 한 유형이다.

② 인슐린비의존당뇨병(제 II 형당뇨병)

인슐린비의존당뇨병(NIDDM : non-insulin dependent diabetes mellitus)은 인슐린저항당뇨병(insulin resistant diabetes)이라고도 하며, 인슐린치료가 반드

표 4-6　당뇨병의 분류

	제Ⅰ형당뇨병(<5%)	제Ⅱ형당뇨병(>95%)	기타
발병연령	젊은 연령(30세 이전)	40세 이후	
발병양상	갑자기 발병	서서히 진행	
원인	자가면역기전, 바이러스감염 등에 의한 이자의 파괴	유전적 경향이 강하며 비만, 노화, 스트레스 등에 의해 진행	임신당뇨병, 이차당뇨병 등
비만과의 연관성	없음	있음	
이자의 인슐린분비	완전 결핍	감소되었거나 비교적 정상	
사용 약물	인슐린	경구혈당강하제, 인슐린	

출처 : 대한당뇨병학회

시 필요하지 않은 당뇨병이다. 다른 질병에 의해 나타나는 2차적이 아닌 경우에는 당뇨병의 변형이라고 본다.

유전에 의한 발병기전은 분명치 않으나 포도당부하에 대한 초기 인슐린분비부전을 인체의 생물학적 지표로 볼 수 있다. 이 질병은 발생 전에 비만인 경우가 많으며, 체중을 줄이거나 비만상태를 없애면 병적 상태가 개선된다.

③ 기타 당뇨병

특수한 질병이나 증후군에 동반되어 발병하는 당뇨병이다. 이런 종류의 당뇨병은 원인에 의해 다음과 같이 구분된다.

▶ 이자와의 관계……이자(췌장)염, 이자(췌장)암 등

▶ 간과의 관계……간염, 간경변증, 지방간 등

▶ 내분비계통과의 관계……갑상샘기능항진증, 원발알도스테론증 등

▶ 약제와의 관계……이뇨제, 혈압강하제, 호르몬제, 신경활성물질 등

▶ 기타……스트레스, 정신질환, 중추신경질환 등

(2) 당뇨병의 증상

당뇨병이 진행되면서 다음과 같은 증상들이 나타난다.

▶ 입마름……혈당이 높아지면 소변으로 당(포도당)이 배출된다. 그러면 요세관 (nephric tubule)의 소변삼투압이 높아져 수분이 소변에 끌려 몸 밖으로 나가 게 되므로 소변량도 많아진다. 이 때문에 세포바깥액(extracellular fluid, 세 포외액)의 삼투압상승 → 세포 내 탈수 → 입마름현상이 생긴다.

▶ 다음(많은 양의 물을 마심)……세포바깥액의 삼투압이 중추신경을 자극하여 갈증 을 느끼게 하므로 물을 마시게 된다. 이것은 세포바깥액의 삼투압이 정상으로 될 때까지 계속된다. 당뇨증상이 개선되면 소변량도 적어지고 물 마시는 양도 정상으로 돌아온다.

▶ 다뇨……당뇨병상태에서는 당이 소변에 섞여 다량으로 배설된다. 이것은 요세 관의 당재흡수기능을 높여 요세관을 흐르는 액의 삼투압을 높여 주위의 혈관 들이 물을 끌어들이게 되어 소변량이 많아진다. 또, 당뇨병환자는 뇌하수체후 엽의 항이뇨호르몬분비가 줄어들고 요세관에서 소변이 재흡수가 잘되지 않아 소변의 양이 많아지기도 한다.

▶ 다식……당뇨병환자가 식사를 많이 하는 이유는 인슐린이 부족하여 포만중추 의 흥분성이 낮아져 있기 때문이다. 그밖에 당뇨병으로 인한 포도당이용저하 때문에 대사이상이 되어 당질을 많이 섭취하여 당대사를 정상수준에 가깝게 유지하기 위해 식사를 많이 하게 한다.

▶ 피로……당뇨병환자는 항상 피로감이 따른다. 치료효과가 있는가 없는가를 판 정하는 하나의 증거로서 피로감을 들기도 한다. 전신적으로 피로하다고도 하 며, 다리만 무겁다는 사람이 있는가 하면, 발의 지각장애가 동반되는 사람도 있다. 식사 후에는 몸이 무겁고 졸리는 사람도 있다.

표 4-7 당뇨병의 증상

삼다증상	다음, 다뇨, 다식	피부증상	가려움증
전신증상	체중감소, 피로감, 공복감	부인과적 증상	국부가려움증
인과적 증상	흐릿한 시력, 사물의 색깔변화	신경증상	손발저림, 감각상실, 냉감, 통증, 현기증, 소화불량

※ 당뇨병의 증상은 다양하며, 증상이 잘 나타나지 않을 수도 있다.

출처 : 대한당뇨병학회

표 4-8 당뇨병의 진단기준

	공복혈당	식후 2시간 혈당
정상	110 미만	140 미만
공복혈당장애	110~125	140 미만
당내성장애	126 미만	140~199
당뇨병	126 이상	200 이상

※ International Diabetes Center 기준임.

출처 : 대한당뇨병학회

표 4-9 당뇨병환자의 대사조절기준

	조절목표
공복혈당(mg/dl)	80~140
취침 전 혈당(mg/dl)	100~160
당화혈색소(%)	정상 상한치의 1% 이내
혈압(mmHg)	130/85
LDL콜레스테롤(mg/dl)	<130
중성지방(mg/dl)	<200
※ International Diabetes Center 기준임.	

출처 : 대한당뇨병학회

2) 당뇨병의 운동

운동요법 개시 전에 건강검진을 실시하여 운동요법 적용유무를 판정한다. 건강검진 결과를 기초로 환자의 병상태에 따라 운동을 처방한다.

(1) 건강검진항목

운동 전·후에 건강검진항목을 확인하면 운동요법의 효과를 평가할 수 있다. 운동요법의 실시결과는 운동처방전 재작성자료가 될 뿐만 아니라 환자의 운동요법 지속의지를 강화시키는 데 도움이 된다.

혈당, 글리코헤모글로빈(HbA1c), 글리코알부민, 1.5AG(1.5-anhydro-D-glucitol) 등을 측정하여 당뇨병의 조절상태가 양호하다는 것을 확인한다. 망막증(retinonis), 콩팥증후군(nephratic syndrome), 신경장애(특히 자율신경장애) 등 당뇨병성합병증의 유무와 중증도를 평가한다. 심장근육경색 등 동맥경화성혈관

표 4-10 당뇨병환자의 운동요법 적응과 금기

---

1. 적극적인 운동실시가 좋은 경우
  ▶ 인슐린비의존당뇨병환자(혈당조절이 양호하고, 합병증이 없는 증상)

2. 주의하여 운동을 실시하는 것이 좋은 경우
  ▶ 인슐린이나 경구혈당강하제 투여자
  ▶ 대사조절이 양호하지 않은 사람
  ▶ 당뇨병성말초신경장애자
  ▶ 고령자
  ▶ 식이요법을 할 수 없는 환자
  ▶ 고도비만자(BMI 35 이상)

3. 운동요법을 금지해야 하는 경우
  ▶ 케톤산성혈증(ketoacidosis ; FBS 250~300mg/dl 이상)환자
  ▶ 중증혈관장애자(증식망막증, 콩팥증후군(혈장크레아틴 2mg/dl 이상), 심장근육경색, 당뇨괴저)]
  ▶ 당뇨병성자율신경장애자
  ▶ 감염증(활동성)이 있는 사람

장애의 합병 유무와 중증도를 검사한다. 또한 뼈·관절계통이상 유무와 당뇨괴저(glycemic gangrene)도 반드시 확인해야 한다.

(2) 운동요법의 실시조건

혈당조절상태가 비교적 양호하고 중증합병증을 갖고 있지 않은 NIDDM이 가장 좋은 운동요법적응증이다. 한편 운동요법을 실시하면 안 되는 상태는 혈당조절상태가 극단적으로 나쁘고, 케톤체가 양성(공복시혈당 250~300mg/dl 이상)이거나 자율신경장애 합병증환자인데, 이 경우는 증상에 따라 일상생활만 허가한다.

(3) 운동강도

중간강도 이하의 강도에서는 근육의 에너지원으로 탄수화물과 유리지방산(FFA : free fatty acid)이 이용된다.

운동강도가 젖산역치(LT : lactate threshold)를 초과하면 탄수화물 이용비율이 증가하고, 혈중에 젖산이 축적되면 혈중유리지방산(FFA)농도는 저하한다(현상론적으로는 지방분해가 억제되는 결과가 되어 근육에서 FFA의 이용이 저하된다). 따라서 근육트레이닝과 함께 지방조직에 저장된 지방이용률을 높이는 것을 목적으로 하는 당뇨병의 운동처방은 운동강도가 중간강도 이하여야 한다.

(4) 운동방법

조깅으로 대표되는 유산소운동은 역도와 같은 무산소운동보다 인슐린감수성 개선에 효과적이다. 한편 무산소운동은 근량을 유지하거나 증대시키는 효과가 있다(그림 4-4).

(5) 운동빈도

인슐린감수성 개선으로 대표되는 트레이닝효과는 3일 이내에 저하되고, 1주일 지나면 거의 소실된다(그림 4-5). 따라서 트레이닝은 주 3일 이상 실시하는 것이 바

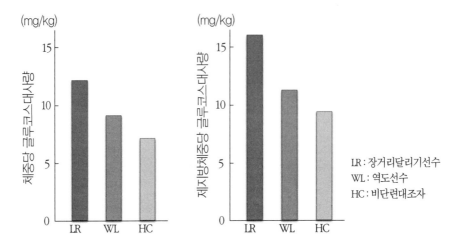

그림 4-4 __체중당 및 제지방체중당 글루코스대사량(인슐린감수성)

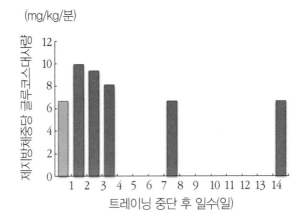

그림 4-5 __트레이닝 중단에 의한 글루코스 대사율의 변동

람직하다.

(6) 운동 프로그램 및 지도법

최대산소섭취량($\dot{V}O_2max$)의 50% 전후(일반적으로 맥박수 120/분, 60∼70대 100/분)인 중간강도의 운동을 1회 10∼30분(가능하면 1일 2회), 주 3일 이상 실시

한다. 운동강도의 기준은 맥박으로 해도 좋지만, 혈중젖산의 측정이 가능하면 젖산
역치(LT)수준으로 한다.

운동강도로서는 걷기, 조깅 등 보수계로 평가할 수 있는 보행운동을 중심으로 한
다. 또한 맨손체조, 수영(수중보행), 자전거에르고미터 등 전신근육을 이용하는 유
산소운동도 권장할 수 있다. 인체의 인슐린감수성을 개선하려면 유산소운동이 바람
직하다. 역도와 같은 등척성운동에서는 근글리코겐이 이용되어 FFA 이용률은 낮
고, 인슐린감수성 개선효과도 적다. 특히 고혈압·심장동맥경화의 합병증에서는 금
기되어야 한다. 그러나 저항운동, 서키트 트레이닝(여러 종목의 운동을 순차적으
로 조합하여 실시하는 웨이트 트레이닝)도 당대사를 개선시킨다는 보고도 있으므로
(Fluckey 등) 부하량을 낮춰서 실시한다.

당뇨병은 비만과 더불어 대표적인 생활습관병이므로 바쁜 일상생활에서 특별히
운동할 시간이 없으면 출퇴근 시 걸어다니거나 엘리베이터대신 계단을 이용하는 등
일상생활에서 신체운동량(daily physical activity)을 증가시켜도 효과가 있다. 보
수계는 일상생활의 운동량을 파악할 때 유용하며, 하루에 1만 보(최저 8,000보 이
상) 걷기를 목표로 한다.

표 4-11 당뇨병환자를 위한 운동프로그램

종목	강도	지속시간	빈도
걷기, 조깅, 맨손, 체조	$\dot{V}O_2$ max 50%(LT레벨) 50대까지 맥박 120/분 이하 60~70세까지 맥박 100/분 이하	10~30분 (가능하면 1일 2회)	3~5일/주

(7) 운동요법 실시상의 주의점

① 식이요법의 병용

운동에 의한 에너지소비에는 한계가 있으므로 반드시 식이요법을 병행하여야 한다.

② 준비·정리운동의 실시

운동을 갑자기 중지하면 혈중유리지방산(FFA)이 급격히 상승하여 부정맥으로 돌

연사를 일으킬 위험성이 있고, IDDM에서는 혈중케톤체가 증가할 가능성이 있으므로 정리운동(cooling down)은 반드시 실시한다. 또한 아킬레스힘줄파열 등 정형외과적 손상을 방지하기 위해서도 준비운동(warming up)을 빠트려서는 안 된다.

③ 저혈당의 방지

인슐린, 경구혈당강하제 등 약물요법을 실시 중인 환자에서는 식후에 운동을 실시하거나, 식이요법을 병용하는 등 저혈당방지를 위해 개별적으로 대처한다. 운동을 할 때의 저·고혈당 방지대책은 표 4-12와 같다.

표 4-12 운동할 때 저·고혈당 방지대책

1. 식사
   - ▶운동 전 1~3시간에 섭취
   - ▶운동강도가 높고 장시간에 걸친 경우라면 30분마다 보조식을 섭취한다.
   - ▶운동강도와 지속시간에 맞춰 운동종료 24시간 이내에 섭취량을 증가시킨다.

2. 인슐린
   - ▶인슐린주사는 운동개시 1시간 전에 맞는다.
   - ▶운동 전에는 인슐린주사량을 감량한다.
   - ▶인슐린주사의 스케줄을 변경한다.

3. 혈당측정
   - ▶운동 전·중·후에 측정한다.
   - ▶혈당이 250mg/dl 이상이고, 케톤체가 양성이라면 운동을 중지한다.
   - ▶운동의 종류에 따른 혈당반응을 확인한다.

5_ 고혈압과 운동

1) 고혈압의 특징

심장혈관계통질환에서는 혈압을 중요시하는데, 혈압이란 혈액이 혈관을 통과하면서 혈관내벽에 미치는 압력을 말한다. 이때 심장근육이 수축하여 생긴 압력은 여기에 연결되어 있는 모세혈관까지 퍼진다. 혈압은 대동맥에서 제일 높고 동맥의 말초로 이동함에 따라 낮아진다. 즉 소동맥→모세혈관→정맥 순으로 낮아진다. 심실이 수축할 때의 압력을 수축기혈압(systolic pressure)이라 하고, 심실이 이완할 때의 압력을 이완기혈압(diastolic pressure)이라 한다.

혈압은 인종, 기후, 환경, 식생활 등에 따라 각각 다르며, 하루의 생활 중에서도 컨디션에 따라 수없이 달라지기 때문에 일률적으로 한계를 정할 수는 없다.

국제고혈압학회나 유럽고혈압학회에서는 적정, 정상, 높은 정상, 제1단계 고혈압, 제2단계 고혈압, 제3단계 고혈압, 그리고 수축기 고혈압으로 분류하고 있다. 여기에서의 적정혈압은 대한고혈압학회가 정의한 정상과 같고 정상과 높은 정상은 대한고혈압학회가 정한 고혈압전단계와 같다. 고혈압의 3단계는 수축기혈압이 160mmHg 이상이거나 확장기혈압이 110mmHg 이상인 경우로 정의하고 있다.

표 4-13 성인의 혈압분류

혈압분류	수축기혈압 (mmHg)		확장기혈압 (mmHg)
정상(normal)	<120	그리고	<80
고혈압 전단계(prehypertension)	120~139	또는	80~89
제1기 고혈압(stage 1 hypertension)	140~159	또는	90~99
제2기 고혈압(stage 2 hypertension)	≥160	또는	≥100

고혈압은 일반적으로 다음의 두 가지로 분류한다.

▶ 본태고혈압(1차고혈압)……대부분(대략 90%)의 고혈압환자가 이에 해당되며, 그 원인이 현재까지 뚜렷하게 규명되지 못하고 있다.

▶ 속발고혈압(2차고혈압)……대부분 그 원인이 뚜렷하게 밝혀지고 있다.

(1) 본태고혈압(1차고혈압)의 원인

대략 90%의 고혈압환자들이 본태고혈압(essential hypertension)에 해당되는데, 이는 유전과 환경직 요인에 기인한다고 볼 수 있다. 그 원인은 약간씩 밝혀지고 있다.

① 유전적 요인

본태고혈압에 관계되는 유전인자 중 나트륨(Na)대사에 관계된다는 사실이 밝혀졌다.

▶ 세포 내 Na 증가……고혈압환자는 정상인보다 세포 내 Na 함량이 많다는 것이 확인되었다. 세포 내 Na농도가 높아진 혈관세포는 과민한 자극을 받아 지나친 수축반응을 일으키는데, 이것이 혈압을 상승시키는 요인이 된다.

▶ 세포막이상……세포막에 선천적으로 이상이 생겨 Na이 세포 밖에서 세포 내로 들어오고 나가는 수송체계의 균형이 깨져서 고혈압이 된다.

② 환경적 요인

혈압을 높이는 환경적(외적) 요인은 소금, 스트레스, 비만, 운동부족, 기호품 등이다. 유전적 요인은 극복하기 힘들지만 환경적 요인은 개선이나 극복이 가능하다.

▶ 소금……소금섭취량과 혈압상승은 매우 밀접한 상관관계가 있다. 우리나라 사람들은 염분을 과다섭취하는 경향이 있다. 소금이 혈압을 높이는 것은 NaCl 중 Na 때문이다. K는 몸안에서 Na와 길항작용을 하므로 K 섭취량을 높이면 물론 혈압이 떨어진다. 그러므로 K 함류량이 많은 과일이나 채소류 등을 권장하는 이유도 여기에 있다. 한편 체질에 따라서 Na을 많이 섭취해도 혈압이 오르지 않는 사람도 있다.

▶ 스트레스……스트레스는 오늘날 많은 질병의 원인으로 보고 있지만, 특히 정신

적 스트레스는 곧바로 혈압상승을 가져온다. 이러한 스트레스가 만성적으로 계속되면 혈압이 높은 상태로 계속 유지되어 말초동맥의 혈관근육이 비대해진다. 이렇게 되면 혈관지름이 좁아져 혈류에 대한 저항이 커져 고혈압상태가 된다.

▶ 비만과 운동부족……비만하다고 모두 혈압이 높은 것은 아니지만 비만인이 고혈압발생빈도가 높고, 비만인이 체중이 줄면 혈압이 낮아진다. 비만과 혈압의 관계는 직접 밝혀지지 않고 있으나 약간 혈압이 높은 비만인이 체중을 줄이면 혈압이 정상으로 돌아오는 예는 많다.

한편 운동부족도 비만의 한 원인이 된다. 운동을 하면 체온상승과 함께 혈압도 상승하지만, 운동 후에는 다시 체온과 혈압이 내려간다. 따라서 규칙적으로 운동을 하면 체중도 줄이면서 혈압을 내리는 효과가 있다.

▶ 알코올……술(알코올)은 혈압과 직접적 관계가 크다. 알코올은 심장근육을 흥분시키며, 교감신경을 자극한다. 술을 마시는 동안은 혈관확장 및 빠른 혈액순환을 가져와 잠시 혈압이 낮아지지만, 마신 후에는 혈압이 상승하게 된다. 결국 알코올은 전체적 평균혈압을 상승시키는 효과를 가져와 결국 고혈압에 이르는 원인이 된다.

그러나 한두 잔 정도의 알코올은 심신의 스트레스해소에 도움이 된다고 한다. 담배가 폐암, 심장근육경색, 심장동맥질환 등을 유발시킨다는 연구결과는 많다. 담배는 동맥경화를 촉진시키고 가슴조임증을 악화시켜 혈압을 상승시키는 요인이 된다.

(2) 속발고혈압(2차고혈압)의 원인

고혈압환자 중 속발고혈압(secondary hypertension)환자는 10% 내외라는 사실은 앞에서 설명하였다. 이런 속발고혈압증의 원인은 내분비호르몬이상에 의한 것과 콩팥이상에 의해 일어나는 두 가지 원인이 있다.

① 호르몬이상

호르몬이상에 의한 고혈압증으로는 갑상샘기능항진증(갑상샘호르몬의 과잉생산에 의한 병)이 있다. 이 경우에는 갑상샘호르몬을 억제하는 약을 복용하면 좋다. 또한 부신속질에 종양이 생기면 혈압을 상승시키는 카테콜아민이 다량으로 분비되어 비만, 고혈압, 쿠싱증후군(Cushing's syndrome) 등이 될 수도 있다.

부신겉질(부신피질)에 샘종(adenoma, 선종 ; 샘상피세포와 아주 비슷한 세포로 이루어지는 양성 종양)이라는 종양이 생기면 혈압상승물질인 알데스테론(aldosterone)이 분비된다. 그 결과 혈압이 높아져 팔다리가 마비되는 병이 생기는데, 이것이 원발성알데스테론증이다.

부신에 장애가 있음을 알았으면 수술로 의하여 샘종을 제거하면 되지만, 진단이 여간 어려운게 아니다. 소변 중의 알데스테론이나 카테콜아민 등도 조사해야 하므로 의사의 진찰과 임상검사를 받지 않으면 안 된다.

이밖에 내분비고혈압으로는 갱년기장애에 의한 여성호르몬 부족으로 발생하는 고혈압증, 인슐린결핍에 의한 당뇨병이 원인이 되어 일어나는 고혈압증 등이 있다. 모두가 호르몬이상 때문에 고혈압증을 초래하므로 갱년기장애에는 여성호르몬, 당뇨병에는 식이요법이나 인슐린투여방법이 사용된다.

② 콩팥이상

콩팥고혈압의 특징은 속발성으로, 2차고혈압 중에서 대부분을 차지한다. 이것은 콩팥에 토리콩팥염(glomerular nephritis, 사구체신장염) · 깔대기콩팥염(nephropyelitis, 신우신염) 등이 생기든지, 부신에 갈색세포층이나 원발알도스테론증이 있어 알도스테론이 과다분비되든지, 콩팥동맥이 좁아져 콩팥동맥고혈압이 생겨 레닌(renin)분비가 증가될 때 생기는 고혈압증이다.

한편 콩팥으로 들어오는 콩팥동맥이 좁아지면서 일어나는 콩팥혈관고혈압도 있다. 이것은 여러 가지 혈관염이나 내장에 의한 압박 등으로 콩팥혈관이 좁아져 콩팥동맥이 폐쇄되어 발병한다. 이렇게 되면 레닌이나 안지오텐신이라는 혈압을 높이는 물질이 콩팥 속에 증가되어 혈액으로 분비됨으로써 혈압을 오르게 된다. 이 경우에는 콩팥혈관을 촬영하여 협착 또는 폐쇄된 부분을 찾아 수술을 해야 혈압이 내려간다.

혈압

　혈관에 흐르는 혈액은 혈관벽을 확장하려고 하는 압(력)을 가지고 있다. 즉 혈압이란 혈관(벽)에 걸리는 압(력)을 말한다. 이 압은 혈액이 박출되는 대동맥에서 높고, 소동맥, 모세혈관, 정맥으로 감에 따라 낮아진다(그림 4-7). 혈관에는 동맥과 정맥이 있는데, 혈압은 동맥 내의 압을 수치로 나타낸다. 보통 위팔동맥에서 측정된 압을 혈압으로 본다.

　심장은 전신에 퍼져 있는 혈관에 혈액을 순환시키는 펌프와 같은 역할을 하고 있다. 혈압은 심장이 수축하여 다량의 혈액이 혈관으로 밀려나올 때에 가장 높아진다. 반대로 다량의 혈액이 밀려나와 심장이 확장(이완)하였을 때 가장 낮아진다. 전자를 수축기혈압(최고혈압)이라고 하며, 후자를 확장기혈압(최저혈압)이라고 한다. 즉 혈압은 혈관의 탄력성을 반영한다고 볼 수 있다.

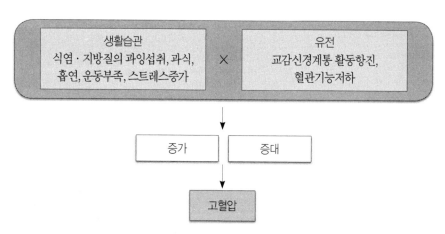

그림 4-6 ___ 고혈압의 발병요인

　고혈압은 심박출량의 증가와 말초혈관의 저항의 증대에 의하여 발병한다. 이러한 요인에는 좋지 않은 식습관 · 흡연 · 운동부족 · 스트레스 증대의 생활습관에 유전적 관여가 지적되고 있는 교감신경활동의 항진 · 혈관기능의 저하 등이 복합적으로 관련되어 있다.

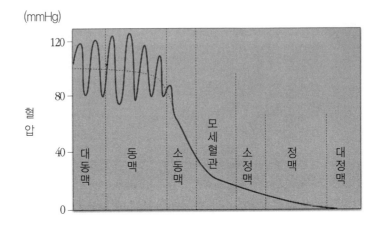

그림 4-7 __부위별 혈관의 혈압

혈압은 혈액이 박출되는 대동맥에서 높고, 소동맥→모세혈관→(소 · 대)정맥으로 감에 따라 낮아진다. 혈압은 동맥 내의 압력을 수치로 나타낸다. 보통 혈압의 측정은 위팔동맥에서 이루어진다.

(3) 고혈압증의 증상

고혈압증상은 고혈압환자의 성별, 연령, 증상, 합병증 유무, 환자의 심리상태 등에 따라 다양하게 나타난다. 고혈압 초기에는 여러 자극(스트레스)에 따라 혈압의 상승과 강하의 폭이 매우 크다. 그리고 전신피로 · 불안감 등의 전신증상, 두통 · 현기증 · 귀울림 · 목과 어깨의 뻣뻣함 등의 정신신경증상을 호소하기도 한다. 이런 때는 증상들이 일관성이 있어서 안정을 하거나 진정제를 쓰면 개선된다. 그러나 혈압이 올라간 상태가 지속되면 여러 장기에 합병증이 생기고 두통, 현기증, 수면장애, 일과성뇌허혈발작, 팔다리마비, 지각장애, 가슴울렁거림, 가슴조임증, 부종, 뇌 · 콩팥합병증 등이 나타난다. 또, 눈바닥(안저)에 출혈이 있으며 시력장애도 나타난다.

합병증으로는 기능부전이 심하면 두통, 울렁거림, 발한, 불안 · 흥분이 심해지고, 시력장애, 매스꺼움, 구토, 마비, 경련발작, 의식장애 등 급격한 혈압상승을 동반하는 증상과 뇌항진증상이 생긴다. 특히 노인으로서 고혈압지속시간이 긴 사람에서는 머리가 무겁고, 현기증, 팔다리저림, 수면장애 등 뇌동맥경화에 의한 증상이 많아지는 경향이 있다. 이런 증상들은 고혈압증에 의해 발생하는 뇌증상의 초기증상으로 나타나는 빈도가 많으며, 특히 두통은 고혈압의 중증도를 판정하는 중요한 기준의 하나이다.

2) 고혈압의 운동

심장혈관계통질환자의 운동은 원칙적으로 운동요법에 의한 치료형태로 실시되어야 한다. 그러나 충분히 컨트롤되어 증상이 가벼운 심장혈관계통질환자의 운동은 치료목적만이 아닌 예방을 목적으로 실시하는 것이 바람직하다.

(1) 고혈압환자의 운동 시 유의점

운동가능여부의 판정 및 운동일에 하는 혈압체크의 중요성에 대해서는 여러 곳에서 설명하고 있으므로 생략한다.

고혈압환자는 혈압강하제를 복용하고 있는 경우가 많다. 그 때문에 운동을 할 때에는 복용약제의 영향을 고려해야 한다. 혈압강하제 중에는 β-차단제처럼 심장의 교감신경을 억제하여 운동 시 심박수증가를 억제시키는 것이 있다. 따라서 연령으로 계산한 예측최대심박수를 기준으로 운동강도를 설정하면 과부하가 될 위험성이 높다. 대신에 실제로 측정한 최고심박수를 이용해서 운동강도를 설정할 필요가 있다. 이 경우에는 심박수예비 산출공식을 이용할 때 K(카르보넨계수)를 0.5(50%) 이하로 설정하는 방법을 많이 사용한다.

> 심박수예비=안정심박수+(최고심박수-안정심박수)×K(카르보넨계수)
>
> 카르보넨계수(K)={(220-나이)-안정심박수}×운동강도+안정심박수

한편 젖산역치(LT : lactate threshold) · 무산소역치(AT : anaerobic threshold)

의 이용도 권장되고 있지만, 이들 기준은 채혈과 심장허파운동부하검사를 실시하지 않으면 안 되기 때문에 번잡하다. 일본의사회(1996)의 '운동처방매뉴얼'에서는 β - 차단제복용자는 운동강도를 통상보다 10% 하강할 것을 권장하고 있다.

미국대학스포츠의학회(ACSM ; American College of Sports Medicine, 2005) 의 '운동처방지침'에서는 혈압강하제로 널리 사용되고 있는 이뇨제는 저칼륨혈증을 발생시킬 수 있으므로 부정맥이 있는 사람에게는 주의해야 한다고 하였다. 이 경우 운동 중에는 혈중칼륨농도가 상승하기 때문에 큰 문제는 없으나, 오히려 운동이 끝난 후 회복기에 나타나는 부정맥이 문제라고 할 수 있다.

교감신경차단제인 α-차단제도 대표적인 혈압강하제인데, 이 약의 부작용은 기립저혈압(ort-hostatic hypotension)을 일으키는 것이다. 따라서 운동 후의 저혈압을 예방하려면 충분한 쿨링다운이 필요하다.

① 고혈압환자의 전신지구력운동 시 주의점

ACSM의 '운동처방지침'에서는 최대산소섭취량의 40~70%의 운동강도가 권장되고 있다. 그런데 최대산소섭취량의 60% 이상이 되는 강도의 운동에서도 혈압강하효과를 얻을 수 없는 경우가 있다. 고혈압환자에게 최대산소섭취량의 50%와 75%의 강도로 운동을 실시하여 비교한 연구에서도 50%에서만 혈압강하효과를 얻을 수 있었다는 보고도 있다.

따라서 심박수예비법의 50~60%, 또는 LT · AT 수준의 이용이 권장되고 있지만, 권장되는 수준보다 저강도의 운동에서 고도의 혈압상승(수축기혈압 180mmHg 이상)을 나타내는 경우가 있다. 이것은 일상생활에서 하는 가벼운 작업에서도 매우 높은 혈압상승이 발생할 수 있는 가능성을 시사한다. 이 경우에는 혈압강하제를 변경 또는 추가한 다음에 운동요법을 실시해야 한다.

고혈압환자는 혈압의 일일변동(낮에는 높고, 밤에는 낮다)이 있다. 혈압강하제를 복용하면 그 영향은 더욱 심해진다. 특히 아침에 일어날 때 혈압이 급상승하는 경우가 자주 있다. 따라서 혈압의 일일변동을 고려해서 운동시간을 설정해야 한다.

② 고혈압환자의 근력트레이닝 시 유의점

과거에는 고혈압환자의 근력트레이닝은 운동강도에 비해 혈압상승이 현저하기 때문에 권장되지 않았다. 그러나 근력트레이닝이 건강유지·증진에 미치는 다양한 효과가 보고됨으로써 그 안전성이 재고되고 있다.

최근 미국심장협회(AHA : American Heart Association)에서 발표한 가이드라인(Williams 등, 2007)에 따르면 경증의 컨트롤된 고혈압환자는 적절한 강도의 근력트레이닝은 안전하다고 한다. 그러나 정적 또는 등척운동은 피해야 한다.

혈압강하제로 컨트롤된 중·고령 고혈압환자에게 2종류의 다리저항운동을 실시하여 혈압반응을 검토했다(그림 4-8). 그 결과 이들은 고혈압이 없는 중·고령자와 마찬가지로 40%1RM 강도에서는 고도의 수축기혈압상승(180mmHg 이상) 발생빈도는 20% 미만으로 적었다. 그런데 40%1RM 이상의 강도에서는 모든 운동에서 고도의 혈압상승빈도는 강도의존성에 의해 증가했다. 따라서 고혈압환자의 근력트레이닝에서 강도는 혈압반응에서 생각하면 40%1RM 이하가 보다 안전성이 높다고 볼 수 있다.

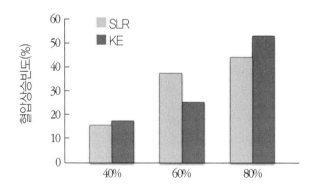

그림 4-8 ___고혈압환자의 다리저항운동 시 고도의 혈압상승 발생빈도

60명의 중·고령 고혈압환자에 다리바로들어올리기(SLR : straight leg raising)와 무릎펴기(KE : knee extension)의 2종류 다리저항운동(5초 운동, 5초 안정을 10회 반복)을 40, 60 및 80%1RM의 강도로 실시했다. 이때 40%1RM의 운동강도에서는 고도의 혈압상승(수축기혈압 180mmHg 이상)발생빈도는 20% 미만이었지만, 60% 및 80%1RM에서는 발생빈도가 높았다.

근력트레이닝에 의한 혈압상승을 증가시키는 기전에는 발살바효과(Valsalva's effect)가 있다. 따라서 숨을 천천히 내쉬면서 운동을 하면 혈압상승을 경감시킬 수 있다. 중·고령자도 호흡지도를 받으면 60%1RM의 저항운동에서도 혈압상승억제 효과를 얻을 수 있다고 한다. 그러나 1회째의 운동에서 고도의 혈압상승(수축기혈압 180mmHg 이상) 발생유무를 검토하여 고도의 혈압상승을 발견하지 못했던 집단에서는 2회째의 운동에서 호흡지도가 유효하였지만, 고도의 혈압상승을 발견한 집단에서는 호흡지도의 효과는 크지 않았다(그림 4-9). 이 결과를 빼면 고혈압환자에게 실시하는 60%1RM 강도의 근력트레이닝은 적정여부를 신중히 판단할 필요가 있다.

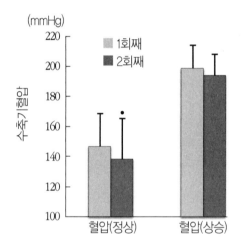

그림 4-9 다리저항운동 시 혈압상승에 대한 호흡지도의 효과

중·고령자 19명에게 호흡지도(천천히 숨을 내쉬며 운동실시)없이 하는 운동(1회째) 및 호흡지도를 하며 하는 운동(2회째)의 조건에서 60%1RM의 KE(5초 운동, 5초 안정을 10회 반복)를 실시했다. 1회째의 운동에서 혈압상승이 180mmHg 미만인 11명(그림에서 정상혈압)에서는 호흡지도에 의한 혈압상승이 억제되는 효과가 나타났다. 반면에 1회째의 운동에서 혈압상승이 180mmHg 이상인 8명에서는 호흡지도를 해도 혈압상승을 억제할 수 없었다. *p=0.0044

6_ 대사증후군과 운동

1) 대사증후군의 특징

(1) 대사증후군의 개념

대사증후군(metabolic syndrome)이란 고혈압 · 중성지방(TG : triglyceride)혈증 · 저HDL콜레스테롤혈증 · 당내성부족(고혈당 혹은 조기발생당뇨병) · 비만 등의 심장혈관계통질환 위험요인을 한 사람이 한꺼번에 가짐으로써 허혈심장병(ischemic heart disease)과 뇌졸중(stroke, cerebral stroke)과 같은 심장혈관계통질환(동맥경화심장병)의 발증위험이 현저하게 높아져 있는 상태를 말한다(그림 4-10). 한마디로 대사증후군은 심장병이나 뇌졸중을 일으키기 쉬운 요소가 한 사람에게 집중되어 그 증상이 나타날 위험이 높아져 있는 상태이다.

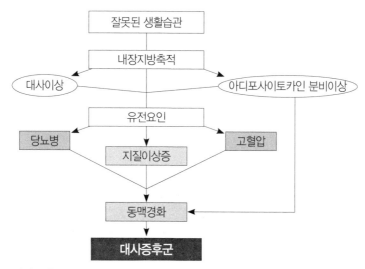

그림 4-10__대사증후군의 개념

내장지방의 축적(비만증)이 혈당이나 혈압을 올리거나 지질의 이상을 일으킴으로써 동맥경화가 촉진된다. 비만증, 지질이상증, 고혈압, 당뇨병 각각이 가벼운 정도라고 하여도 그것들이 몇 가지 겹쳐지면 상승적으로 동맥경화성 질환의 발생 리스크를 높이게 된다. 동맥이 경화하여 위중한 질병을 발증시키기까지의 병태를 대사증후군이라고 한다.

(2) 대사증후군의 등장경위

LDL콜레스테롤(나쁜 콜레스테롤)과 흡연이 허혈심장병의 강력한 위험요인이라는 사실은 예전부터 알려져 왔다. 이에 반해 대사증후군의 구성요인인 비만, 고혈압, 중성지방혈증, 저HDL콜레스테롤혈증, 당내성부전(impaired glucose tolerance) 등은 모두 나중에는 각각 독립된 심장혈관계통질환의 위험요인인 것으로 밝혀졌으나, 과거에는 LDL콜레스테롤과 흡연에 비해 그 영향력은 상대적으로 약하다고 보았다.

그러나 많은 연구에 의해 이러한 것들은 독립적인 위험요인으로 작용할 뿐만 아니라, 같은 사람에게 중복되는 경향이 강하다는 사실이 밝혀졌다. 중복되는 경우에는 하나하나의 요인은 중(重)증이 아니어도, 그 사람은 확률적으로 심장혈관계통질환을 일으키기 쉽다고 지적되어 연구자들에 의해 여러 가지로 명명되었다. '죽음의 사중주', '신드롬X', '내장지방증후군' 등이 모두 그 예이다(표 4-14). 이러한 병상태는 그 후 주로 비만(특히 내장지방형비만)에 의한 인슐린저항성(인슐린의 효과, 즉 인슐린감수성이 저하된 상태)을 공통배경으로 하는 증후군으로 정리하여 '대사증후군'이라는 명칭으로 통일하게 되었다.

이미 알고 있는 심장혈관계통질환 위험요인의 집합체를 새로운 질환단위로 굳이 독립시킨 배경은 다음과 같다. 즉 인슐린저항성과 비만이라고 하는 공통된 병상태

표 4-14 위험요인의 겹침에 의한 심장혈관계통질환 발병위험을 표현하는 각종 개념

신드롬X (Reaven, 1988)	죽음의 4중주 (Kaplan, 1989)	인슐린저항증후군 (DeFronzo, 1991)	내장지방증후군 (Matsuzawa, 1987)
인슐린저항성 당내성부전 고인슐린혈증 고VLDL혈증 저HDL혈증 고혈압	상반신비만 당내성부전 고TG혈증 고혈압	비만 2형당뇨병 고혈압 동맥경화심장병 지질대사부전 고인슐린혈증	내장지방축적 이상지질혈증 당내성부전 고혈압

를 배경으로 의식함과 동시에 심장혈관계통질환 발병위험이 높은 사람들을 효율적으로 스크리닝하여 예방개입에 도움을 주려는 데 있다.

대사증후군은 현재 심장혈관계통질환의 원인과 예방을 말할 때 빠뜨려서는 안 될 개념이 되었지만, 동시에 그 임상적 의의나 진단기준의 타당성에 대해서는 재검토하자는 논의도 활발해지고 있다.

(3) 대사증후군의 발증원인

대사증후군의 가장 중요한 발증원인은 과식과 운동부족에 의한 에너지의 과잉 축적이다. 유전적 요인도 영향을 미치지만 생활습관의 영향도 강하며, 비만 및 지방세포로부터 분비된 생리활성물질(cytokine)이 일으키는 인슐린저항성이 중요한 원인으로 작용한다. 실제로 높은 발병위험요인이 있던 사람도 생활습관을 바꿈으로써 비만이 개선되어 위험요인이 현저하게 개선되는 사례를 자주 볼 수 있다.

(4) 위험요인의 중복원인

대사증후군에서 많은 심장혈관계통질환 위험요인이 중복되는 이유는 무엇일까? 인슐린은 혈중글루코스를 간·근육·지방 등이 흡수토록 하여 당질·단백질·지방의 합성(동화)을 촉진하고, 분해(이화)를 억제하는 작용을 한다. 인슐린저항성은 인슐린이 충분히 효과를 발휘할 수 없게 된 상태이다. 이 때문에 이자(pancreas)에서 보다 많은 인슐린분비가 필요해지므로 결과적으로 혈중인슐린농도도 정상보다 높아지게 된다(이것을 '고인슐린혈증'이라고 한다).

인슐린의 효과가 충분히 발휘되지 않으면 고혈당과 조기당뇨병으로 이어진다. 인슐린저항성(insulin resistance)과 고인슐린혈증(hyperinsulinemia)은 나아가 고혈압 및 지질이상증(중성지방혈증 및 저HDL콜레스테롤혈증)도 야기시키는데, 그 메커니즘을 표 4-15에 정리했다.

표 4-15 인슐린저항성(고인슐린혈증)이 고혈압과 혈청지질이상을 일으키는 주요 메커니즘

고혈압	혈청지질이상
▶ 지방세포로부터 TNF-α 등을 거친 레닌-안지오텐신(renin-angiotensin)계의 활성화 ▶ 콩팥세관(renal tubule)의 Na재흡수증대에 의한 순환체액량의 증대 ▶ 인슐린(insulin)과 렙틴(leptin)에 의한 교감신경계통의 항진 ▶ 혈관내피(hemangioendothelial)기능장애에 의한 NO저하를 통한 내피의존성 혈관이완반응의 저하 ▶ 혈관민무늬근육 증식에 의한 혈관벽 비후	▶ 유리지방산(FFA : free fatty acid)과 당의 공급증대에 의한 간의 중성지방 생성증대(중성지방혈증) ▶ 고밀도지질단백질(LPL) 활성저하에 의한 TG-rich 초저밀도지질단백질(VLDL)의 이화장애(중성지방혈증, 저HDL콜레스테롤혈증) ▶ 간성 지질분해효소(HL : hepatic lipase) 활성항진에 의한 HDL$_2$ 에서 HDL$_3$ 로의 변환촉진(저HDL콜레스테롤혈증) ▶ 콜레스테롤에스테르전달단백질(CETP : cholesterol esterase transter protein)의 활성항진에 의해 HDL 중의 CE(cholesterol ester)량 감소(저HDL콜레스테롤혈증)

(5) 대사증후군의 진단기준과 변천

대사증후군의 중요성이 인식됨에 따라 건강검진, 임상진단, 조사통계 등의 목적으로 어떤 사람이 대사증후군인지 아닌지의 판정이 필요해짐으로써 진단기준이 작성되기 시작하였다. 먼저 세계보건기구(WHO)와 미국 콜레스테롤교육프로그램위원회(NCEP : National Cholesterol Education Program)가 작성한 대사증후군의 진단기준(NCEP-ATPⅢ)이 한동안 대표적인 진단기준으로서 세계적으로 이용되어 왔다.

WHO의 대사증후군 진단기준에서는 당내성부전 혹은 인슐린저항성의 존재가 필수항목이며, 2형당뇨병의 조기발견에 중점을 두고 있다. 반면 NCEP의 진단기준에서는 필수항목의 설정대신 개수만으로 판정하고 있다. 그러나 이러한 진단기준은 서양에 거주하는 백인의 데이터를 기반으로 작성된 점이 문제이다. 예를 들어 NCEP의 진단기준에서 비만기준은 허리둘레가 남성 102cm, 여성 89cm 이상으로 굉장히 높은 수치로 설정되어 있는데, 이 진단기준을 우리나라 사람들에게 그대로 적용하는 데는 무리가 있다.

표 4-16 주요 대사증후군의 진단기준

진단기준의 종류	WHO 수정기준	AHA/NHLBI 기준 (NCEP의 ATPⅢ 개정판)	IDF 기준	일본의 기준	우리나라의 기준
판정	2형당뇨병, 당내성부전, 공복시고혈당, 인슐린저항성 중 어느 것이든 아래 사항에서 2개 이상을 충족시키는 경우	아래 사항 중 3개 이상을 충족시키는 경우	허리둘레와 다른 2가지(허리둘레역치는 인종에 따라 다르다)	허리둘레와 다른 2가지	
(복부) 비만	BMI>30kg/㎡ 혹은 허리둘레/엉덩이둘레의 비 >0.90(남성) >0.85(여성)	허리둘레 ≥102cm(남성) ≥85cm(여성)	허리둘레 (아시아인) ≥90cm(남성) ≥80cm(여성)	허리둘레 ≥85cm(남성) ≥90cm(여성)	허리둘레 ≥90cm(남성) ≥85cm(여성)
중성지방 (mg/dL)	≥150 혹은 <35(남성) <39(여성)	≥150*	≥150*	≥150* 혹은 <40*	
HDL 콜레스테롤 (mg/dL)	≥150 혹은 <35(남성) <39(여성)	<40(남성) <50(여성)*	<40(남성) <50(여성)*	≥150* 혹은 <40*	<40(남성) <50(여성)*
혈압 (mmHg)	≥140/90	≥130/85*	≥130/85*	≥130/85*	≥130/85*
공복시혈당 (mg/dL)		≥100*	≥100*	≥110*	≥110 또는 당뇨병치료 중
소변중 미량 알부민	>20μg/분 혹은 >30μg/g 크레아티닌				

*각각의 이상에 대한 약물치료를 실시하고 있는 경우도 포함한다.

NCEP의 혈중지질관리기준

일반적 지침
- ▶ 일상적인 식사를 하면서 콜레스테롤에 관한 혈액검사를 하라.
- ▶ 콜레스테롤, 중성지방산, 고지질단백질 등의 검사를 한꺼번에 할 때는 12시간 금식하라.

저위험군
- ▶ 기준 : 혈중콜레스테롤치가 200mm/dl 이하
- ▶ 지침 : 일단 안심해도 된다. 5년 후에 다시 혈액검사를 하라.

그 후 2005년에는 국제당뇨병연맹(IDF : International Diabetes Federation)에 의한 인종별 허리둘레기준치를 포함한 세계공통의 진단기준이 만들어졌다. IDF의 새로운 진단기준은 NCEP-ATPⅢ에 진단기준에 가깝긴 하지만, 둘 다 복부비만(허리둘레)이 필수항목으로 되어 있다는 점이 특징이다. 이러한 기준에서 우리나라 사람의 허리둘레 기준치는 남성 90cm, 여성 85cm 이상으로 되어 있다.

이러한 기준에서는 각 항목에 대한 치료를 받고 있는 경우도 그 항목을 충족시키는 것으로 보았다. NCEP-ATPⅢ 진단기준은 그 후 약간 변경이 가해져 미국심장병학회(ACC : the American College of Cardiology) 및 미국심장협회(AHA : American Heart Association)의 진단기준이 되었다.

(6) 대사증후군과 심장혈관계통질환

대사증후군을 진단하는 중요한 의의는 앞으로 심장혈관계통질환의 발병위험이 높은 사람을 효율적으로 스크리닝(screening)하는 데 있다. 이때 발견된 고위험군에 대해서는 생활습관 등의 지도와 치료방법을 강화시키면 심장혈관계통질환의 예방이 가능해진다. 따라서 대사증후군의 진단기준이 효과적이기 위해서는 대사증후

전향적 연구(prospective study)

전향적 연구는 역학조사 분류의 한 견해인데, 조사의 내용이 시작시점 이후인 경우에 사용된다. 과거에는 추적연구와 거의 같은 뜻으로 사용되었지만, 현재는 추적연구라도 기왕조사가 이루어지는 일도 있기 때문에 조사시점을 기준으로 한 시간적 측면에 대해서만 사용된다. 기왕조사와 달리 앞으로 일어날 건강상태나 역학요인의 빈도를 계획적으로 조사하기 때문에 객관성이 뛰어나고 신뢰성이 있는 자료를 얻는다는 이점이 있는 반면, 시간과 비용이 많이 든다는 단점도 있다.

군으로 진단되는 사람이 그 이외의 사람보다 심장혈관계통질환을 실제로 일으키기 쉽다는 진단기준을 미리 대규모 전향적 연구로 증명할 필요가 있다.

예를 들면 핀란드인 남성 약 1,200명을 약 11년간 추적한 Kuopio Study(Lakka 등, 2002)에서 NCEP의 ATPⅢ, WHO 양쪽의 기준을 사용해도 대사증후군환자는 그렇지 않은 환자보다 심장동맥질환(cornonary artery disease)을 약 3배 일으키기 쉬웠다. 또한 미국의 국민건강영양조사의 데이터에 기반한 계산에서는 미국인의 30~74세 대사증후군환자(남성 750만 명, 여성 900만 명)가 만일 치료를 하지 않은 채로 방치된다면 앞으로 10년간 이들 중 남성 150만 명, 여성 45만 명이 허혈심장병(ischemic heart disease)증세를 일으킬 것이라고 하였다(Wong 등, 2003).

(7) 대사증후군과 당뇨병

대사증후군의 진단기준 중에 '공복혈당치'가 포함되어 있는데, 이는 대사증후군환자는 2형당뇨병의 발증위험이 높기 때문이다(Ford, 2005). 2004년 일본에서 실시한 직장인 남성 5,588명에 대한 7년간의 추적조사(Nakanishi 등)에서 WHO진단기준(일부 수정)을 충족시킨 사람이 충족시키지 못한 사람보다 약 4~5배나 2형당뇨병 발병위험이 높게 나타났다. 2형당뇨병 자체도 매우 강력한 심장혈관계통질환 위험요인 중 하나이다. 2형당뇨병환자는 비당뇨병환자보다 약 2~4배나 심장혈관계통질환의 증상을 나타내기 쉽다.

(8) 대사증후군의 치료

현재 우리나라에서는 대사증후군환자에게 운동요법을 실시하거나 각종 치료가 어느 정도 심장혈관계통질환의 발병을 억제했는가에 대한 연구는 아직 많지 않다. 여러 가지 심장혈관계통질환 위험요인이 여러 개가 겹친 상태인 대사증후군에 대해 어떤 인자부터 개입해야 하는지, 치료효과는 있는지 등 과제는 많다. 특히 대사증후군은 과식과 신체활동량 저하를 중심으로 하는 생활습관이 그 증세의 발현에 깊이 관련된 것으로 밝혀져 있기 때문에 생활습관 개선이 가장 중요한 과제이다.

허혈심장병력이 있는 대사증후군환자를 대상으로 한 연구에서 지중해식 식이요법(정제하지 않은 흰 곡류나 채소, 과일, 생선, 올리브유, 와인 등을 중심으로 하는 식사)이 심장동맥질환의 증상이 나타나는 것을 35% 억제한다고 보고되어 있다(Pitsavos 등, 2003). 운동이 대사증후군 발증을 억제한다는 사실도 밝혀졌다(Rennie 등, 2003 ; Irwin 등, 2002 ; Laaksonen 등, 2002). 또한 이미 대사증후군이라고 진단받은 사람을 대상으로 한 캐나다의 Heritage Study(Katzmarzyk 등, 2003)에서는 1년간의 유산소운동에 의해 대상자의 31%가 대사증후군의 진단기준에서 벗어날 정도로 개선되었다고 보고하였다.

표 4-17 대사증후군인 사람이 운동을 시작할 때 주의해야 할 점

> ‣ 고령 혹은 지금까지 운동습관이 없다.
> ‣ 과거에 운동을 하던 중 어지러움(왼쪽 목이나 어깨로 방산하는), 가슴통증, 심각하게 숨이 찬 경험 등이 있었다.
> ‣ 혈압강하제(hypotensor, 강압제), 혈전용해제 등을 복용하고 있다.
> ‣ 골다공증, 관절장애 등 정형외과적 문제가 있다.
> ‣ 당뇨병, 뇌경색 등을 앓았던 병력이 있다.

대사증후군환자는 운동을 하면 질환이 개선될 것으로 기대되고 있다. 그러나 심장혈관계통질환 발병위험도 높기 때문에 운동지도 시에는 표 4-17에 해당되는 증상이나 문제가 없는지를 사전에 체크해야 한다. 나아가 운동이 가능한지 불가능한지에 대해서는 의사의 진단을 받아야 한다.

2) 대사증후군 예방을 위한 유산소운동

(1) 대사증후군의 발증배경과 운동의 중요성

① 대사증후군의 발증배경

운동부족과 영양과다와 같은 현대인 특유의 생활습관이 '대사증후군'을 만연시키고 있다. 즉 현대사회에서 기계화문명의 발달(교통·통신시스템의 발달), 포식(과식, 고지방·고단순당질식) 등의 생활환경 변화 때문에 발증되고 있다. 따라서 이 질환군의 예방에 관한 근본적인 대책이 요구되고 있다.

대사증후군의 발증배경에는 운동부족과 영양과다가 존재하므로 그 예방과 개선에는 운동요법과 식이요법이 기본이 된다. 일상생활에서 습관적인 운동으로 신체활동량을 증가시키며 대사증후군의 근간을 이루는 내장지방을 감소시키고 인슐린저항성을 개선시킬 수 있으므로, 대사증후군의 예방과 개선에서 운동은 매우 중요하다.

② 대사증후군에서 운동의 중요성

대사증후군 예방을 위한 대책은 첫째 운동, 둘째 식사, 셋째 금연, 마지막으로 약이다. 대사증후군의 몇 가지 중복되는 발증배경에는 운동부족이 있는데, 그 기본적인 대책은 식사와 더불어 일상생활에서 신체활동량의 확보와 운동의 실천이 중요하다.

미국스포츠의학회(ACSM : American College of Sports Medicine, 2005)에서는 신체활동과 운동에 관한 가이드라인을 공표하여 신체활동과 운동의 중요성을 '신체활동피라미드'로 나타내고 있다(그림 4-11). ACSM의 '신체활동피라미드'에는 일상적으로 행할 수밖에 없는 것을 최하단에 두고, 반대로 될 수 있는 한 피해야할 사항은 최상단에 표시하고 있다. 즉 최하단에서는 일상생활에서 신체활동량을 증가

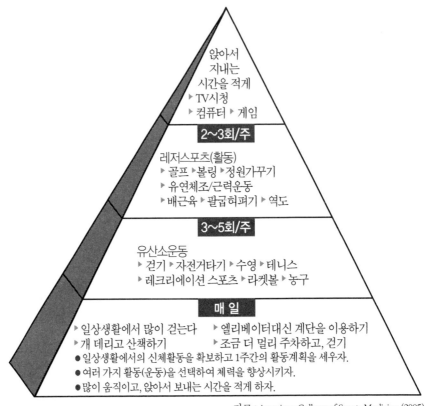

앉아서
지내는
시간을 적게
▶ TV시청
▶ 컴퓨터 ▶ 게임

2~3회/주

레저스포츠(활동)
▶ 골프 ▶ 볼링 ▶ 정원가꾸기
▶ 유연체조/근력운동
▶ 배근육 ▶ 팔굽혀펴기 ▶ 역도

3~5회/주

유산소운동
▶ 걷기 ▶ 자전거타기 ▶ 수영 ▶ 테니스
▶ 레크리에이션 스포츠 ▶ 라켓볼 ▶ 농구

매 일

▶ 일상생활에서 많이 걷는다   ▶ 엘리베이터대신 계단을 이용하기
▶ 개 데리고 산책하기   ▶ 조금 더 멀리 주차하고, 걷기
● 일상생활에서의 신체활동을 확보하고 1주간의 활동계획을 세우자.
● 여러 가지 활동(운동)을 선택하여 체력을 향상시키자.
● 많이 움직이고, 앉아서 보내는 시간을 적게 하자.

자료 : American College of Sports Medicine (2005)

그림 4-11 __미국스포츠의학회의 신체활동피라미드

시키고, 반대로 최상단에서는 앉아서 보내는 시간을 될 수 있는 한 적게 할 것을 권장하고 있다. 2층에서는 유산소운동과 레크리에이션 스포츠(테니스 등)를, 제3층에서는 유연운동·근력트레이닝·레저스포츠(골프나 볼링 등) 등의 실시를 권장하고 있다.

(2) 대사증후군과 신체활동량

대사증후군의 발증배경에는 일상생활에서 신체활동량 감소라고 하는 운동부족이 있다. 그 기본적인 대책은 일상생활에서 신체활동량을 증가시키는 것이다. 앞에서

본 ACSM(2005)의 '신체활동피라미드'에서도 일상생활에서 신체활동량 확보의 중요성을 제창하고 있다(그림 4-11).

구체적으로는 '매일 걸음수를 늘린다', '엘리베이터대신 계단으로 오르내린다', '자가용대신 대중교통수단을 이용한다', '물건을 사러 걸어갈 때에는 가까운 가게보다 먼 가게로 간다' 등으로 일상생활을 의식적으로 구성하여 신체활동량의 증가에 힘쓰는 것이 중요하다. 걸음수는 하루에 8,000~10,000보가 이상적이지만, 6,000보로도 중성지방을 낮추고 좋은 HDL콜레스테롤을 늘릴 수 있다. 대사증후군의 예방 및 개선을 위해서는 일상생활에서 신체활동량의 적극적인 확보를 기본으로 하여 좀 더 일상생활 속에 운동의 실천을 도입시키는 것이 바람직하다.

(3) 대사증후군과 유산소운동

① 대사증후군과 유산소능력

유산소능력이란 전신지구력을 말하며, 이른바 체력의 중요한 구성요인의 하나이다. 유산소능력은 총사망률과 심장혈관계통질환에 의한 사망률과 관련되어 있는데, 유산소능력이 높을수록 이러한 사망위험이 경감된다(Blair 등, 1995). 또 대사증후군인 남성을 대상으로 하여 유산소능력과 사망률의 관련을 검토해본 결과, 유산소능력이 높으면 사망률이 낮아지는 것으로 나타났다(Katzmarzyk 등, 2004). 이러한 결과로부터 대사증후군 유무에 상관없이 유산소능력은 총사망률 및 심장혈관계통질환에 의한 사망률과 밀접하게 관련되어 있음을 알 수 있다.

유산소능력은 사망률뿐만 아니라 대사증후군의 발증률에도 밀접하게 관련되어 있다. 즉 유산소능력이 높으면 대사증후군의 발증률이 낮아진다는 사실이 밝혀졌다. 체력구성요소에서 근력과의 관계를 살펴봐도 유산소능력은 대사증후군의 발증률과 깊은 관계가 있다.

대사증후군인 사람의 최대산소섭취량은 건강한 사람보다 낮다. 최대산소섭취량이 남성은 35ml/kg/분, 여성은 26ml/kg/분을 밑돌면 대사증후군의 위험요인 보유수가 증가하는 것으로 밝혀졌다.

유산소능력을 높이기 위해서는 신체활동량의 증가와 습관적인 운동의 실천이 효과적이다. 이러한 것들에 의한 유산소능력의 향상은 대사증후군의 위험요인을 줄일 뿐만 아니라, 총사망률과 심장혈관계통질환에 의한 사망률의 감소에도 기여한다.

② 대사증후군과 유산소운동의 효과

대사증후군의 예방과 개선에 효과적인 운동이 되려면 비만개선, 내장지방감소, 동맥경화증(vascular sclerosis)의 위험요인(고혈압, 고혈당, 지질대사이상)경감 능을 날성해야 한다. 유산소운동에는 대사증후군의 위험요인을 개선하는 효과가 있으므로 대사증후군의 예방과 개선을 위해서는 유산소운동의 실천이 매우 중요하다.

대사증후군의 위험요인에 관련된 유산소운동의 효과는 다음과 같다.

▶ 내장지방에 미치는 효과……대사증후군의 기반이 되는 내장지방은 유산소운동을 계속하면 감소한다. 왜냐하면 유산소운동에는 지방을 연소시키는 작용이 있기 때문이다. 또한 지방조직에서 분비되는 아디포넥틴(adiponectin)에는 동맥경화나 당뇨병을 방지하는 기능이 있으며, 습관적인 유산소운동은 아디포넥틴의 분비를 촉진시킨다. 이것은 운동에 의한 체중감소가 영향을 미친다.

▶ 고혈압에 미치는 효과……일회성운동은 혈압을 상승시키지만 유산소운동을 계속하면 혈압이 저하된다. 지속적으로 유산소운동을 하면 동맥의 탄력성을 증가시켜 동맥을 부드럽게 한다. 이것이 혈압을 저하시키는 한 가지 원인이다.

▶ 당내성부전·인슐린저항성에 미치는 효과……운동 시에는 에너지원으로서 혈액 중의 포도당(혈당)을 사용하기 때문에 운동을 하면 혈당이 저하된다. 또한 유산소운동을 계속하면 인슐린저항성이 개선된다.

▶ 지질대사이상에 미치는 효과……유산소운동은 지질대사 개선에 유효하다. 즉 유산소운동을 계속하면 중성지방(중성지방)의 저하와 HDL콜레스테롤의 증가가 나타난다. HDL콜레스테롤은 조직에서 남아도는 콜레스테롤을 회수하여 간으로 운반하는 기능이 있으며, 좋은 콜레스테롤이라고 불린다.

이렇듯 유산소운동은 에너지소비가 기대됨과 동시에 인슐린저항성, 고혈압, 고혈당, 지질대사이상(고중성지방혈증/저HDL콜레스테롤혈증) 등을 개선시키는 효과가 있다. 대사증후군은 내장지방의 축적을 기반으로 하여 고혈압 · 고혈당 · 지질대사이상(고중성지질혈증/저HDL콜레스테롤혈증)의 중복에 의해 동맥경화성질환에 빠지는 질환인데, 유산소운동에는 이러한 위험요인을 개선시키는 효과가 있다.

③ 대사증후군과 유산소운동 및 근력트레이닝의 관계

유산소운동과 근력트레이닝은 서로 효과(영향)를 보충해주는 관계에 있다. 근력트레이닝은 주로 근력과 근량증대를 목적으로 한다. 대사증후군의 예방과 개선이라는 관점에서 내장지방 감소와 심장혈관계통질환 위험요인에 대한 효과를 고려하면 근력트레이닝은 유산소운동만큼 중요하지 않다고 볼 수 있다. 그러나 근력이 대사증후군의 발증률에 영향을 미칠 가능성이 있다는 사실이 밝혀졌다. 이러한 점에서 운동이 대사증후군의 예방과 개선에 효과적이려면 근력트레이닝의 겸용이 중요하다고 볼 수 있다.

표 4-18 대사증후군 및 비만증환자의 운동요법

1. 운동처방
   - ▶ 종목 : 맨손체조, 걷기, 조깅, 자전거타기, 수영(특히 자전거타기, 수영이 비만에 적합하다)
   - ▶ 강도 : 최대강도의 50% 전후 (젖산작업역치의 강도, 운동 중 대화가 가능한 정도)
     일반적으로 심박수는 120박/분(60~70대 : 100박/분)
   - ▶ 지속빈도 : 10~30분
   - ▶ 빈도 : 1주에 3~5일
     * 각자의 라이프스타일에 운동을 조합한다(식전, 식후 둘 다 가능).

2. 운동요법 실시상의 주의점
   - ▶ 식이요법도 병행해서 지도
   - ▶ 운동 전후에 준비 · 정리운동 실시
   - ▶ 가벼운 운동부터 강도 높은 운동으로 자기 페이스를 유지해가며 증가
   - ▶ 스포츠슈즈의 착용
   - ▶ 영양사, 간호사, 건강운동지도사 등의 지도

비만증환자나 대사증후군인 사람의 운동요법 가이드라인은 표 4-18과 같다. 기본적인 사고방식은 중간강도의 유산소운동을 중심으로 하되, 고령자에게는 근력트레이닝을 병용한다. 운동에 의한 내장지방의 감소여부는 허리둘레의 감소와 혈압·혈당·혈중지질·혈중인슐린 등의 개선을 통하여 확인할 수 있다.

한편 ACSM(2005)에서도 유산소운동과 근력트레이닝을 겸용한 운동프로그램을 권장하고 있다(표 4-19). 이 프로그램은 대사증후군의 예방과 개선을 위한 특별한 운동프로그램이 아니라, 건강한 사람이 건강의 유지·증진을 꾀하기 위한 것으로 체력·나이·병상태 등에 따라 적당히 수정하여 사용하도록 하고 있다.

표 4-19 ACSM이 권장하는 건강의 유지·증진을 위한 운동프로그램

	빈도	강도	지속	방법
유산소운동 (유산소트레이닝)	3~5일/주	중간강도 (40, 50%$\dot{V}O_2R$)~ 고강도(85%$\dot{V}O_2R$) 12~16RPE	20~60분	큰근육군을 동적으로 동원
저항트레이닝 (근력트레이닝)	2~3일/주	그 이상 반복할 수 없을 때까지(19~20RPE), 혹은 거기에서 2~3회 정도 전까지(16RPE) 반복	3~20회의 반복운동을 1세트 실시 (1세트는 3~5회, 8~10회, 12~15회 중 각자의 근력에 맞게 행하는 방법 선택)	주요근육군의 트레이닝을 8~10종류 실시
유연성운동 (유연성트레이닝)	2~3일/주 이상 목표 5~7일/주	통증을 동반하지 않는 범위에서 될 수 있는 한 근육을 편다.	1회당 15~30초, 2~4회	모든 주요 근군에 대한 정적 스트레치

▸$\dot{V}O_2 R = \dot{V}O_2 max - \dot{V}O_2 rest$
▸RPE=자각적 운동강도(rating of perceived exertion)
　11=편하다, 13=약간 힘들다, 15=힘들다, 17=꽤 힘들다, 19=굉장히 힘들다
　자료 : ACSM(2005)

이것은 미국뿐만 아니라 생활습관의 서구화에 따라 우리나라에서도 모든 국민이 대사증후군의 위협을 받고 있으므로 일반적인 건강의 유지·증진을 위한 운동프로그램이 대사증후군 예방으로 직결된다. ACSM에서는 대사증후군인 사람에 대해서는 유산소능력의 향상과 효율적인 에너지소비를 목표로 약간 강한 강도의 유산소운동($50\sim75\%\dot{V}O_2R[\dot{V}O_2max-\dot{V}O_2rest]$)을 권장하고 있다.

(4) 운동요법과 식이요법의 병행

대사증후군을 개선하려면 운동의 습관화와 함께 식이요법(주로 적절한 식사제한에 의한 섭취에너지량의 감소)의 병행실시가 중요하다. ACSM에서도 운동요법과 식이요법의 병행을 원칙으로 하고 있다. 일반적으로 운동에 의한 체중감소는 식이요법보다 작지만, 두 가지를 병행하면 각각을 단독으로 실시할 때보다도 효과가 훨씬 높다(National Institutes of Health, 1998).

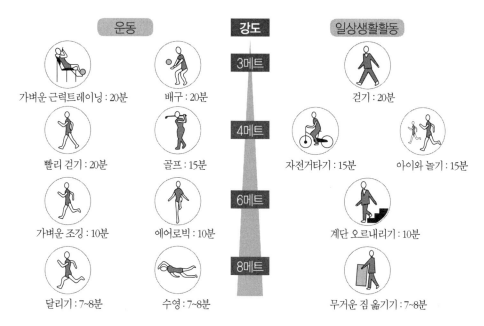

그림 4-12__건강증진을 위한 운동지침

표 4-20 건강증진를 위한 최대산소섭취량(ml/kg/분)의 기준치와 범위

	20대	30대	40대	50대	60대
남성 기준치	40	38	37	34	33
(범위)	(33~47)	(31~45)	(30~45)	(26~45)	(25~41)
여성 기준치	33	32	31	29	28
(범위)	(27~38)	(27~36)	(26~33)	(26~32)	(26~30)

3) 대사증후군 예방을 위한 근력트레이닝

(1) 대사증후군 예방과 근력

체력이 약하면 생활습관병이나 대사증후군의 발병위험이 높아진다. 반대로 체력 향상을 위한 운동은 대사증후군의 발병위험을 저하시킨다. 이러한 것들은 많은 과학적 증거에 의해 명확하게 밝혀져 있다. 여기에서 말하는 체력이란 유산소능력(주로 최대산소섭취량)을 가리킨다. 즉 유산소능력의 유지·향상이 생활습관병과 대사증후군을 예방한다는 것이 지금까지의 일반적인 생각이었다.

그러나 최근에는 유산소능력뿐만 아니라 근력도 생활습관병이나 대사증후군의 발병위험에 영향을 미친다는 사실이 밝혀졌다. 여기에서는 근력이 대사증후군에 미치는 영향과 그 메커니즘을 살펴본다.

① 근력과 대사증후군 발증의 관계

대규모 역학(疫學)연구 분야에서 권위 있는 Blair 등은 근력과 유산소능력이라고 하는 2가지 체력요소와 대사증후군 발증관계에 대해 흥미로운 데이터를 보고했다 (Jurca 등, 2004). 그들은 미국인 남성 8,570명을 대상으로 하여 근력은 4단계, 유산소능력은 3단계로 분류하여 각 군의 대사증후군 발병률을 비교했다. 그 결과 유산소능력뿐만 아니라 근력도 독립하여 대사증후군의 발병률에 관계하고 있다는 것이 확인되어, 근력이 낮을수록 대사증후군의 발병률이 높은 것으로 나타났다. 유산소능력이 가장 낮은 그룹의 예를 보면 근력이 가장 높은 군의 대사증후군 발증률은

30.5%인데 반해 가장 낮은 군은 44.7%로 되어 있어, 근력이 낮은 군의 발병률은 약 1.5배나 높게 나타났다.

이 결과의 해석에서 중요한 점은 근력과 유산소능력이라고 하는 2가지 체력요소 중 어느 것에 의한 영향력이 강한지가 아니라, 각각의 체력요소가 독립하여 대사증후군의 발병에 영향을 미쳤다는 것이다. 즉 대사증후군 예방을 위한 운동지도를 할 때에는 근력과 유산소능력이라는 두 가지 체력요소를 높여야 한다.

② 근력이 대사증후군에 영향을 미치는 메커니즘

근력이 대사증후군에 영향을 미치는 메커니즘을 이해하려면 우선 근육의 특성을 이해할 필요가 있다.

▶ 근육은 매우 큰 에너지소비기관이다……사람의 일일에너지소비량 중에서도 가장 큰 비율(약 70%)을 차지하는 것이 기초대사량에 의한 에너지소비이지만, 그 기초대사량 중 약 38%가 근육에 의한 에너지소비이다.

▶ 인체의 대사조절기구에서 근육은 중요한 역할을 담당한다……근육은 세포 내에 있는 혈당을 거둬들여 소비하고 지질대사조절에도 관련되어 있다. 체중의 약 30%가 근육이라는 점도 같이 고려하면, 근육은 체내의 대사조절계 중에서 굉장히 공헌도가 큰 곳이라고 할 수 있다.

그렇다면 '근력이 대사증후군의 발증에 영향을 미치는 메커니즘은 무엇인지'에 대해서 위에서 설명한 근육의 특성을 참고로 하여 생각해보자.

근력의 높고 낮음에는 근육의 크기, 즉 근량이 큰 영향을 미친다. 근력이 높다는 것은 근량이 많다는 뜻이며, 또 근량이 많다는 것은 기초대사량이 많다는 것을 의미한다. 예를 들어 비슷한 신장·체중·식사량·신체활동량 등을 가졌다고 하더라도 근량이 다른 두 사람을 상정해보면, 근량이 많은 사람은 적은 사람에 비해 기초대사량이 많기 때문에 대사증후군의 근본적인 원인인 비만이나 인슐린저항성이 근력이 적은 사람보다 생기기 어렵다고 볼 수 있다. 실제로 근량이 많을수록 기초대사량이 높고, 인슐린저항성이 낮다는 것이 과학적 연구를 통해 밝혀져 있다.

한편 근육의 양뿐만 아니라 질도 대사증후군 예방에서 중요시되고 있다. 근육의 질이란 대사율을 말하는데, 근육의 질이 높다는 것은 당이나 지질 등의 대사율이 높다는 것을 의미한다. 근력트레이닝은 근력향상을 촉진하는 한편, 혈당을 근육에 거둬들이는 능력을 높이는 효과도 있다. 즉 근력이 높다는 것은 근육의 질이 높은 상태를 반영하고 있는데, 이것은 비만이나 인슐린저항성의 예방에 좋은 영향을 미친다.

이러한 점들을 통해 근력이 대사증후군의 발증에 영향을 미치는 메커니즘은 근육의 양 및 질적인 특성이 크게 관여하고 있다고 할 수 있으며, 근력의 유지·증가는 대사증후군 예방에서 중요하다.

4) 근력트레이닝이 대사증후군에 미치는 효과

근력트레이닝은 근력을 향상시키거나 근량을 증가시키는 효과가 있다. 이 결과는 나이·성별·체력 등에 상관없이 얻어지는 것으로 밝혀졌다. 최근에는 근력트레이닝에 의한 이러한 효과가 대사증후군의 개선과 예방에 유효하다는 사실이 명확해지고 있다.

(1) 내장지방에 미치는 근력트레이닝의 효과

대사증후군의 근본적인 원인은 에너지의 섭취와 소비의 불균형으로 인한 비만인데, 특히 내장지방형비만이 동맥경화증의 주요원인으로 알려져 있다. 근력트레이닝이 내장지방에 미치는 영향을 검토한 연구는 적지만, 몇 가지 연구에 의해 그 개선효과가 보고되어 있다.

트루스(Treuth, M. S.) 등(1995)은 건강한 고령 여성에게 근력트레이닝을 실시하여 트레이닝 전후의 내장지방량의 변화를 조사했다. 그 결과 트레이닝 후에 내장지방량이 트레이닝 전보다 감소했다. 더욱이 그들의 근력트레이닝 전후의 안정시대사량을 측정하였더니 트레이닝 후에 안정시대사량이 증가했다는 사실을 보고했다. 이러한 결과는 근력트레이닝에 의한 근량의 증가가 안정시대사량의 증가와 내장지방량 감소를 일으킬 가능성이 있음을 뜻한다.

최근에는 내장지방과 관련된 호르몬으로 유명한 아디포넥틴(adiponectin)과 렙틴(leptin)도 근력트레이닝에 의해 변화한다는 것이 보고되었다. 아디포넥틴은 혈관벽에 작용하여 동맥경화를 억제시키거나 당대사를 개선하는 역할을 하는 호르몬으로, 내장지방량이 증가하면 아디포넥틴의 분비량은 감소한다. 한편 렙틴은 인슐린저항성(인슐린이 잘 안 들게 되어 혈당을 낮추는 작용이 나빠진 상태)을 초래하는 호르몬이며, 내장지방량이 증가하면 렙틴은 증가한다.

파트로우(Fatouros, I. G.) 등(2005)은 과체중인 고령 남성을 대상으로 근력트레이닝 전후의 아디포넥틴과 렙틴의 변화를 조사하여 트레이닝 전과 비교하였더니 트레이닝 후에 아디포넥틴이 증가하고, 렙틴은 감소했다고 보고했다.

근력트레이닝이 내장지방에 미치는 영향에 대한 메커니즘은 명확하지 않지만, 근육의 질적 · 양적 개선이 내장지방량의 감소에 영향을 미친다고 볼 수 있으므로 트레이닝에 의한 그것들의 개선은 대사증후군의 예방에 효과적이다.

(2) 인슐린저항성에 미치는 근력트레이닝의 효과

인슐린저항성은 혈당치를 상승시켜 당뇨병과 동맥경화증의 원인이 된다. 근력트레이닝이 인슐린저항성에 미치는 영향에 대한 검토가 비교적 많이 시행되어 그 개선효과와 예방효과가 밝혀져 있다.

장기간의 근력트레이닝 실시가 인슐린감수성(인슐린이 잘 듣는지 잘 안 듣는지의 지표)에 미치는 영향을 나타내고 있다(Miller 등, 1994). 이 그림은 포도당의 경구부하시험 중 인슐린농도의 실시간 변동을 나타내고 있지만, 트레이닝 전에 비해 근력트레이닝 후에 인슐린농도가 저하되어 있으며, 인슐린감수성이 높아져 적은 인슐린에서도 혈당을 근육으로 거둬들일 수 있다는 사실이 밝혀졌다.

제5장

노화와 운동

1_ 노화에 의한 신체기능의 변화

1) 노화에 따른 근기능저하

(1) 생활기능과 근기능저하

근기능은 체력에서 중요한 역할을 하므로 스포츠과학에서도 관심있는 연구분야이다. 그러나 건강의 유지·증진 관점에서는 유산소기능에 비해 그 중요성이 명확히 밝혀진 것은 아니다. 최근 근기능에 대한 연구가 진행되어 건강증진 및 대사증후군예방 관점에서 평생 동안 근기능의 유지가 중요한 테마가 되었다.

여기에서는 노화에 따라 근기능이 저하되면 어떤 생활기능이 저하되며, 그것을 예방하기 위해서는 어떤 운동프로그램을 수립해야 하는지에 관한 기본적인 사고방식을 설명한다.

근육은 노화되면 위축되어 근육량이 감소하고, 이에 따라 근력이 저하된다. 근육량의 감소요인은 노화에 따른 활동량감소이다. 노화에 따른 근위축이 근육감약증(sarcopenia)인데, 이것의 발병기전은 아직 명확하게 밝혀지지 않고 있다.

노년기 근위축의 또 한 가지 원인은 노화에 의한 근육섬유의 재생능력저하이다. 이는 근위성세포(myosatellite cell ; 골격근세포와 그 바닥막 사이에 있는 가늘고 긴 세포)의 감소와 증식능력의 저하에 의해 근육섬유가 손상되면 이에 대한 재생능력이 쫓아가지 못하게 되는 데 기인한다. 또, 비활동은 근육을 가속도적으로 쇠약하게 만드는데, 이는 무중력상태의 우주생활이나 침상안정 등의 연구에서 밝혀졌다.

(2) 전도나 골절의 원인이 되는 근기능저하

노화에 따른 근기능저하는 몸을 움직일 수 없는 상태로 만드는 요인의 하나이다. 노년기에 몸을 움직일 수 없게 하는 요인의 제1순위는 뇌졸중·심장근육경색 등이지만, 전도나 골절도 큰 비중을 차지한다.

특히 노년기 여성은 전도나 골절의 발생위험은 남성보다 2~3배 높다고 한다. 즉

전도로 인하여 골절이 되면 급격하게 활동량이 저하된다. 이 때문에 근위축이 보다 빨리 진행되어 결과적으로는 몸을 움직일 수 없는 상태가 된다. 따라서 몸을 움직일 수 없게 하는 요인을 예방하기 위해서는 노화에 의해 발생빈도가 높아지는 전도를 예방해야 한다.

전도원인의 한 가지는 노화에 따른 다리근력저하인데, 이는 근육량의 감소에 기인한다. 왜냐하면 근력은 근육량과 비례관계에 있기 때문이다. 따라서 전도나 골절을 예방하기 위해서는 노화에 따라 근력저하를 일으키는 요인인 근육량의 감소를 억제시키는 노력이 필요하다.

노화에 의한 근육량감소를 예방하기 위해서는 세포 수준에서 근위축을 일으키는 움직임을 억제해야 한다. 근육은 세포 수준의 특성에 의해 속근섬유(FG : fast glycolytic twitch fiber)와 서근섬유(SO : slow oxidative twitch fiber)로 분류된다. 전자는 빠른 수축특성을 가지고 있어서 쉽게 피로해지는 특성이 있다. 후자는 완전히 반대되는 특성을 가지고 있다.

노화에 따른 근위축의 특징은 속근섬유가 선택적으로 위축되는 것이다. 노화에 의한 근횡단면적은 속근섬유와 서근섬유가 같은 비율로 감소되는 것이 아니라, 속근섬유가 보다 선택적으로 위축되어 전체 근육량의 감소에 많은 영향을 미친다. 따라서 전도예방을 위해 근력을 유지하려면 노화에 따르는 속근섬유의 위축을 억제시켜야 효율적인 토털 근육량유지로 이어질 수 있다.

노화에 의한 속근섬유의 위축을 억제시킬 수 있는 운동방법으로 운동강도가 낮은 걷기 등의 유산소운동은 바람직하지 않다. 왜냐하면 걷기 등은 운동지속시간은 1시간이라고 해도 그 운동에서 주요하게 단련시킬 수 있는 근육은 속근섬유가 아니라 서근섬유이기 때문이다. 따라서 속근섬유를 단련시킬 수 있는 운동방법, 예를 들어 고령자라고 해도 유산소운동보다 근육에 강한 부하를 줄 수 있는 근력트레이닝과 같은 운동방법이 필요하다.

2) 노화에 의한 혈관의 변화

(1) 혈관의 역할과 분류

혈관은 혈액을 순환시키는 다기능기관(장기)으로 전신에 분포되어 있다. 대순환
(심장, 뇌, 배속기관, 근육 등의 사이를 왕복하는 혈액순환으로 온몸순환이라고도
한다. 반대로 심장과 허파 사이를 왕복하는 혈액순환은 소순환 또는 허파순환이라
한다)하는 혈관계통을 구성하는 것은 대동맥과 그것에 이어지는 목동맥과 같은 중
심동맥(대형동맥), 동맥(중형동맥), 소동맥, 세동맥, 모세혈관, 정맥 등이다. 중심동
맥은 안쪽에서 속막(제일 안쪽의 내피세포를 포함한다) 및 중간막과 바깥막이라고
하는 층모양의 구조를 이루고 있다.

중심동맥의 조직에는 탄성섬유가 많이 포함되어 있어서 혈관벽은 매우 낭창낭창
하다. 그 때문에 중심동맥은 혈액을 운반하는 도관 역할뿐만 아니라 왼심실의 수축
에 의한 혈압상승에 반응해서 탄력을 유지하고, 혈압과 혈류의 급속한 상승과 하강
을 완충하는 역할도 담당하고 있다.

팔다리 등에 있는 민무늬근육이 대부분을 차지하는 중형동맥은 주로 혈액운반을
위한 도관역할을 한다. 또, 소동맥과 세동맥은 혈관안지름을 변화시켜 혈류량을 조
절하는 저항혈관 역할을 하고, 모세혈관은 조직과 산소·영양소·대사산물 등을 교
환하는 영양혈관 역할을 하며, 정맥은 혈액저류기관(장기) 역할을 한다.

노화나 트레이닝에 대한 적응은 혈관의 종류에 따라 다르다. 여기에서는 최근 주
목받고 있는 중심동맥을 중심으로 노화에 따른 변화와 운동(신체활동과 트레이닝)
의 영향을 알아보기로 한다.

(2) 중심동맥의 탄력성과 순환기능

대순환에서 혈류 및 혈압이 항상 일정하다고 가정하면 혈압과 혈류량 사이에는
'혈압＝혈류량×총혈관저항'이라는 관계가 성립된다. 이 관계식에서 혈압과 혈류의
관계는 혈관저항(주로 소동맥과 세동맥으로 규정된다)에 의존한다. 그러나 혈압과

혈류는 일정하지 않고 심장의 박동에 따라서 율동적으로 상승하거나 하강을 반복한다. 따라서 혈압과 혈류의 관계를 검토할 때에는 혈관저항 이외의 요소도 고려할 필요가 있다.

혈관저항 이외의 혈관요인 중에서 혈압과 혈류의 관계에 미치는 영향이 큰 것은 중심동맥의 탄력성이다. 조직 중에 탄성섬유를 많이 가지고 있는 중심동맥은 탄력성이 풍부한 낭창낭창한 혈관벽을 가지고 있어서 왼심실로부터 혈액이 단속적으로 유입되면 펴지면서 왼심실수축기의 혈압상승을 완화시킨다. 또, 왼심실수축기에는 왼심실에서부터 유입되는 혈액의 일부가 탄력성이 있는 중심동맥에 저류된다. 저류된 혈액은 왼심실확장기에 중심동맥이 원래의 용적으로 되돌아갈 때에 말초쪽으로 밀려나간다.

이러한 순환모델을 최초로 논한 사람은 동물의 혈압을 처음 측정한 영국의 수의사인 헤일스(Hales, Stephen)이다(1733). 이 모델은 후에 동맥계통의 윈드케셀이론(Windkessel theory)으로 발전하지만, 처음에는 중심동맥의 압력은 심장박동에 일치해서 변동한다고 가정한 극히 단순한 이론이었다.

그러나 이러한 단순한 모델에 의해서도 중심동맥탄력성이 수축기혈압의 상승과 맥압(수축기혈압과 확장기혈압의 차)의 증대에 크나큰 영향을 미치는 것은 쉽게 이해할 수 있다(그림 5-1). 다시 말해 혈관저항의 증대는 수축기 및 확장기 양쪽의 혈압을 상승시키지만, 중심동맥탄력성의 저하는 왼심실수축기의 혈압상승을 크게 하는 한편, 수축기에 저류된 혈액을 확장기에 말초에 내보내 혈액량의 감소에 의해, 그리고 확장기혈압을 저하시키기 위해 맥압을 증대시킨다. 수축기혈압만이 높은 수축기고혈압증상과 맥압의 상승이 심장혈관질환과 뇌졸중의 독립된 위험요인인 것은 대순환에서 중심동맥탄력성의 영향이 크다는 것을 시사한다.

왼심실수축기에 박출되는 혈액의 일부는 대동맥 등의 대형동맥(중심동맥)에 저류되고, 확장기에 동맥벽이 원래대로 돌아가려할 때에 말초에 보내진다. 동맥의 탄력성이 작아지면 왼심실부터의 혈액박출량(가로방향의 화살표)이 같더라도 수축기혈압은 높고 맥압(수축기혈압과 확장기혈압의 차, 세로방향의 화살표)은 커진다.

윈드케셀이론(Windkessel theory)

왼실심수축에 따른 심박출이 간헐적인데도 연속적인 혈압이 생기고 연속적인 말초혈류가 생기는 이유는 대동맥 등의 탄력성에 의해 수축기에 혈액이 축적되고, 이완기에는 혈액이 말초쪽으로 방출되기 때문이라는 이론.

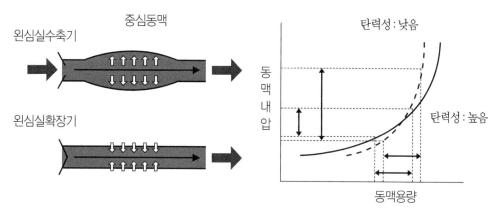

그림 5-1 ＿＿중심동맥의 윈드케셀기능

(3) 중심동맥의 변화와 중심동맥탄력성의 저하

① 노화에 의한 중심동맥의 변화

죽상경화증(atherosclerosis)과 같은 병적인 동맥경화는 발증하는 사람과 하지 않는 사람이 있다. 한편 대동맥과 목동맥 등의 중심동맥에서 발생하는 기질적 변화(동맥을 구성하는 소재 그 자체의 변성), 형태적 변화(동맥벽이 두꺼워진다), 기능적 변화(동맥의 긴장도가 높아진다) 등은 노화에 의해 일어난다. 이 때문에 발생하는 동맥탄력성의 저하는 대부분의 사람들에게서 일어나는 현상이다(그림 5-2).

동맥벽에는 엘라스틴(elastin ; 탄성섬유로 구성된 경화단백질탄력소)이라는 단백질에서 생긴 낭창낭창한 섬유가 원통모양의 탄성판을 형성시켜 민무늬근육과 교대로 겹쳐져 층을 이루면서 동맥을 감싸고, 그사이는 콜라겐섬유(collagen fiber)가

꽉 채우고 있다. 엘라스틴은 탄력성이 높지만 콜라겐섬유는 탄력성이 낮다.

동맥의 탄력성은 주로 엘라스틴의 탄력성에 의해 결정된다. 그러나 혈압상승에 의해 그물모양 구조의 대응력을 넘어서 동맥이 탄력하면 콜라겐섬유 자체가 늘어나 동맥의 탄력성이 저하된다.

성장기 이후는 중간막의 엘라스틴(elastin)은 감소하고, 균열(fragmentation, 조각남)·배열의 직선화 등이 나타나 중간막의 탄성판과 속막아래층의 안쪽탄성판이 얇아진다. 엘라스틴은 재생시키기 어려운 대신 콜라겐의 생합성이 늘어나기 때문에 나이를 먹으면 탄성섬유대신 콜라겐섬유가 동맥의 탄력에 대응하게 된다. 이것이 동맥벽에서 칼슘과 지질의 침착, 아미노산성분의 변화 등에 관여하여 정상적인 혈압을 가진 사람도 노화에 따라 동맥벽의 탄력성을 저하시키는 원인이다.

동맥의 중간막에서 콜라겐섬유가 증가하면 동맥벽의 두께를 증가시킨다. 대동맥 내막벽의 두께는 생후 빠르게 비후하기 시작하여 노화에 의해 비후(thickening)부위가 넓어지면서 진행이 빨라진다. 이러한 동맥벽의 비후도 동맥의 탄력성을 저하시킨다.

동맥벽중간막 민무늬근육의 탄력성이 증대하면 민무늬근육과 직렬로 이어지는 콜라겐섬유가 늘어나서 동맥탄력성을 저하시킨다. 혈관내피세포가 생성하는 일산화탄소(NO : nitric oxide)는 민무늬근육의 긴장도를 저하시키고, 엔도셀린(endo-thelin)-1은 민무늬근육의 긴장도를 증대시킨다. 자율신경계통의 기능도 민무늬근육의 긴장도에 영향을 끼치고, 카테콜아민(catecholamine)이 민무늬근육의 α-수용체와 결합되면 민무늬근육의 긴장도가 증대한다.

연령에 따른 NO 생성력의 저하, 엔도셀린-1 생성량의 증가, α-수용체의 감수성 항진 등이 보고되고 있다. 한편 혈관내피나 자율신경계통의 기능에서 발생하는 노화에 따른 변화에 의한 민무늬근육의 긴장도항진에 의한 동맥탄력성의 저하기능도 고려해야 한다.

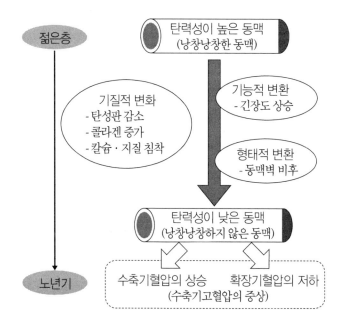

그림 5-2 __노화에 의한 혈관의 변화

　　노화에 따른 중심동맥의 기질적 변화(엘라스틴을 구성하는 탄성판의 감소, 콜라겐의 증가, 지질이나 칼슘침착 등), 형태적 변화(동맥벽의 비후), 기능적 변화(혈관민무늬근육의 긴장도증대)가 발생하면 동맥의 탄력성은 저하한다. 그 결과 수축기혈압은 상승하고 확장기혈압은 하강해서 수축기 고혈압증상이 발증한다.

(4) 노화에 의한 중심동맥탄력성의 저하

　　노화에 의한 중심동맥의 기질적 변화·형태적 변화·기능적 변화 등은 50~60대 이후에 특히 현저하게 나타난다. 동맥탄력성저하에 의해 윈드케셀(Windkessel)기능을 저하시킨다. 윈드케셀기능의 저하는 심실수축기의 최고혈압을 크게 하고, 반대로 수축기에 저류되었다가 확장기에 말초로 내보내는 혈액량을 감소시켜 확장기혈압을 저하시킨다.

　　우리나라에서 60대는 고혈압이 많지만, 이들은 수축기고혈압증상(수축기혈압만 높고 확장기혈압은 정상범위 내)이 대부분이다. 이것은 노화에 따른 동맥탄력성의 저하로 볼 수 있다.

2_ 노년기의 운동치료

1) 근기능저하를 방지하는 운동

(1) 노년기 근력트레이닝의 효과

근육은 매우 가소성이 높은 조직이다. 통상적으로 근력트레이닝을 지속적으로 실시한 사람은 노화에 따라 감소하는 큰허리근의 횡단면적은 증가하지만, 운동을 하지 않은 사람은 저하힌다.

연구에 의하면 고령자가 자기체중부하에 의한 근력트레이닝(5종목, 주 3~5회 실시)을 6개월 동안 실시한 결과는 다음과 같다. 즉 넙다리부위폄근군·굽힘근군 및 큰허리근은 모두 1개월 후에 근횡단면적이 증대되었고, 그 후 3개월까지 더욱 증대해서 3개월부터 6개월 후에 이르러서는 3개월 후의 수준을 유지하였다.

(2) 근력트레이닝이 고령자의 보행기능에 미치는 효과

고령자라도 근력트레이닝에 의해 근육을 효과적으로 증대시킬 수 있는데, 이것은 노년기에 원활한 일상생활유지를 위한 중요한 요인의 하나인 보행기능과 관련되어 있다. 고령자에게 1년간 지속적인 근력트레이닝을 실시한 결과 보행 시의 보폭결정에 결정적으로 기여하는 큰허리근횡단면적의 증가로 보폭이 넓어져 보행속도가 향상되었다.

노년기가 되면 보행속도의 지연 때문에 외출에 대한 두려움이 생겨 일상생활이 제한받게 된다. 다시 말해서 노년기의 보행속도유지는 생활기능유지의 관점에서도 중요한 요인이다. 따라서 노화에 따른 근기능의 감소는 모든 사람에게 적용되는 현상이므로 노년기의 생활기능유지를 위해 일상적으로 근력트레이닝을 할 수 있는 환경을 만들어주는 것이 필요하다.

2) 중심동맥탄력성과 운동

(1) 운동에 의한 중심동맥탄력성의 변화

노화에 따른 중심동맥탄력성의 저하를 운동으로 예방 또는 억제할 수 있다면 중·고령자의 순환계통(circulatory system)질환의 발증도 예방할 수 있을 것이다. 과거에는 중심동맥탄력성의 저하는 불가피한 노화현상으로 간주하였기 때문에 지속적인 운동이 그 진행을 억제시킬 수 있는지에 대해서는 주목하지 않았다. 그러나 중심동맥탄력성과 운동의 관련성을 검토한 일련의 연구에 의해 운동에는 노화에 의한 중심동맥탄력성의 저하를 늦추는 효과가 있다는 것이 밝혀졌다.

고강도의 유산소운동을 계속하여 지구력이 단련된 사람의 동맥탄력성은 운동습관이 없는 사람보다 크다고 한다. 또, 고강도 근력트레이닝을 지속하고 있는 지구력단련자뿐만 아니라 보통 건강한 사람이라도 일상생활에서 신체활동량이 많으면 연령에 따른 중심동맥탄력성 저하가 억제된다. 나아가 건강한 사람은 비교적 단기간의 유산소운동을 하여도 중심동맥탄력성은 증대한다고 한다.

한편 수축기고혈압환자나 이상지질혈증환자를 대상으로 한 연구에서는 단기간의 유산소운동으로는 동맥탄력성의 개선효과를 얻을 수 없었다고 보고하고 있다. 고혈압증이나 이상지질혈증은 동맥벽의 기질적 변화에서부터 진행되기 때문에 유산소운동으로 동맥탄력성을 개선시키려면 운동기간과 운동량을 보다 많이 할 필요가 있다. 따라서 수축기고혈압증이나 이상지질혈증환자에게는 운동의 강도와 양 또는 기간을 고려하는 연구가 필요하다고 본다.

최근에는 이들에게 유산소운동과 함께 근력트레이닝을 실시할 것이 권장되고 있다. 근력트레이닝이 동맥탄력성에 미치는 영향을 보면 고강도 근력트레이닝을 실시하고 있는 근력단련자에게서 중심동맥탄력성의 저하현상이 보이고 있다. 또, 유산소운동과 근력트레이닝의 병행실시(복합트레이닝)에 관한 연구에서도 두 트레이닝을 병행하여 실시하면 동맥탄력성의 저하를 억제시키는 효과가 있다고 한다.

(2) 중심동맥탄력성을 개선시키는 운동

유산소운동은 중심동맥탄력성을 증대시키는 효과가 있다. 지속적인 유산소운동에서는 중간막이 기질적 또는 형태적으로 경화변성(sclerotic degeneration)하는 것을 개선시킬 가능성이 있다. 그러나 이때에는 기능적 요인인 민무늬근육의 탄력성에 영향을 미칠 뿐만 아니라 중심동맥탄력성도 증대시킨다고 볼 수 있다. 특히 단기간 유산소운동을 중심동맥탄력성 증대의 메커니즘으로 보고 혈관민무늬근육의 탄력성저하를 상정하는 것이 중요하다.

동맥벽의 중간막에 있는 민무늬근육이 긴장하거나 이완하면 말초동맥의 안지름이 작아지거나 커지지만, 중심동맥에서는 탄력성이 저하하거나 증대한다. 혈관민무늬근육의 탄력성은 자율신경계통이나 체액요인에 더해 혈관내피세포가 생성하는 혈관작동물질에 영향을 끼친다. 다시 말해 혈관벽 제일안쪽에 있는 혈관내피세포는 민무늬근육층과 혈액 사이에서 물리적인 장벽역할을 할 뿐만 아니라 혈관이완물질인 NO나 혈관수축물질인 엔도셀린(endothelin)-1을 생성해서 혈관민무늬근육의 탄력성을 조절한다.

젊은층에서는 중심동맥탄력성을 증대시키는 8주간의 유산소운동 후에 혈중NO농도는 증가한 반면, 혈중엔도셀린-1 농도는 저하한 것으로 나타났다. 더욱이 중심동맥탄력성이 저하된 중·고령자에서도 유산소운동을 지속하면 젊은층과 같은 효과가 나타났다. 따라서 유산소운동이 중심동맥탄력성을 증대시키는 메커니즘에는 NO

유전자다형태

유전자다형태(genetic polymorphism, 유전자못형태, 유전자여러형태)는 두 종류 이상의 멘델성 형질이 존재하는 집단에서 1개의 유전자 내의 여러 대립유전자들 중에서 가장 낮은 빈도를 지닌 대립유전자가 재발돌연변이만으로 유지되지 않고 다른 어떤 기전에 의해 전체 유전자급원 내에서 지속적으로 그 빈도를 유지할 수 있는 경우를 말한다.

과 엔도셀렌-1 생성의 변화, 다시 말해 혈관내피기능의 변화가 관여되어 있다고 볼
수 있다.

(3) 운동에 의한 중심동맥탄력성 개선의 개인차

운동이 중심동맥탄력성에 미치는 효과에는 유전적인 요인에 따른 개인차가 있다.
일상생활의 신체활동량과 엔도셀린수용체(엔도셀린은 동맥의 엔도셀린수용체와 결
합해서 작용하여야 그 효과가 발휘된다)의 유전자다형태가 동맥탄력성에 미치는 영
향을 검토한 결과, 엔도셀린수용체의 유전자형이 다르면 동맥탄력성에 대한 운동효
과도 다른 것으로 밝혀졌다.

3) 운동이 정신건강에 미치는 효과

(1) 운동과 정신건강

정신건강(mental health)이란 마음의 건강을 의미하며, 신체뿐만 아니라 정신
적·사회적으로도 양호한 상태가 건강하다고 정의되는 것처럼 사람이 건강하기 위
해서 빠질 수 없는 요소의 하나이다. 정신건강은 불안, 억울, 기분, 행복감, 자존심
등과 같은 여러 심리적인 상태나 특성에 의해서 평가받거나 이들을 포괄한 마음의
건강상태로 평가받는다.

WHO에서 발표한 중·고령자의 신체활동촉진을 위한 가이드라인을 보면 운동은
생리적 효과뿐만 아니라 심리적·사회적 효과도 준다고 하였다. 심리적 효과의 예
는 단기적으로는 스트레스 및 불안을 감소시키는 것이며, 장기적으로는 전반적 행
복감·정신건강 및 인지기능의 개선 등이다(그림 5-3). 한편 국제스포츠심리학회
(ISSP : International Society of Sport Psychology, 1992)에서는 성별·연령별
을 불문하고 운동은 심리적 효과가 있다고 하였다(표 5-1).

운동에 의한 심리적 상태나 특성의 변화에 관한 연구에서 보고된 내용은 다음과
같다.

표 5-1 운동이 주는 심리적 효과(ISSP, 1992년을 수정 게재)

> ▶ 상태불안을 경감시킨다.
> ▶ 경도에서 중간강도의 억압감을 경감시킨다.
> ▶ 장기적으로는 신경증과 특성불안을 경감시킨다.
> ▶ 장기적으로는 중(重)증 우울증환자의 전문적 치료를 보조한다.
> ▶ 여러 가지 스트레스지표를 경감시킨다.
> ▶ 성별·연령별을 불문하고 정서적인 효과를 준다.

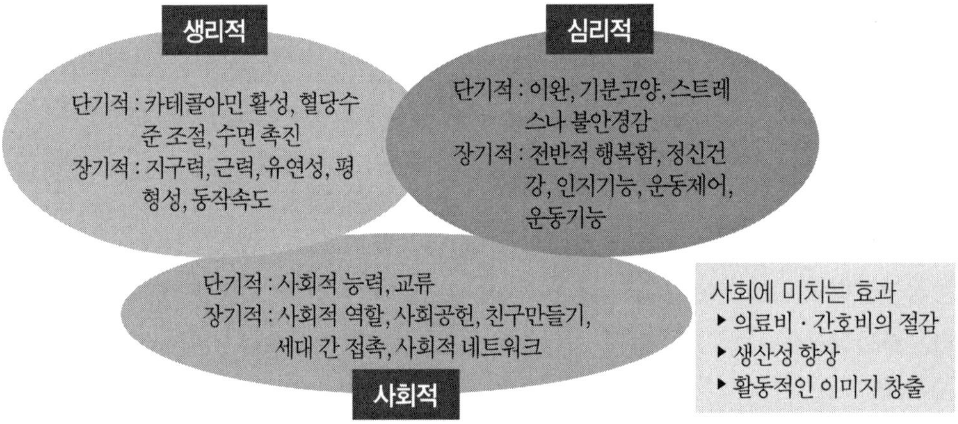

생리적

단기적 : 카테콜아민 활성, 혈당수준 조절, 수면 촉진
장기적 : 지구력, 근력, 유연성, 평형성, 동작속도

심리적

단기적 : 이완, 기분고양, 스트레스나 불안경감
장기적 : 전반적 행복함, 정신건강, 인지기능, 운동제어, 운동기능

단기적 : 사회적 능력, 교류
장기적 : 사회적 역할, 사회공헌, 친구만들기, 세대 간 접촉, 사회적 네트워크

사회적

사회에 미치는 효과
▶ 의료비·간호비의 절감
▶ 생산성 향상
▶ 활동적인 이미지 창출

그림 5-3 __정기적인 신체활동의 영향 (Chodzko-Zajko, 1997년을 수정 게재)

▶ 운동습관이 있거나 신체활동량이 많은 사람은 불안과 억압감이 낮고, 좋은 기분이나 감정(활기, 건강, 행복, 자존심 등)을 가진 사람이 많다.

▶ 신체적으로 활동적인 사람은 억압감이 별로 없지만, 앉은 자세로 생활하는 사람은 억압감을 유지하기 쉽다.

▶ 신체활동량을 높게 유지하면 인지기능을 유지하고 치매를 예방할 수 있다.

▶ 1회의 운동이라도 불안과 억압감의 경감효과를 볼 수 있을 뿐만 아니라 스트레스에 대한 생리적·심리적 반응이 경감된다.

▶ 운동을 장기적으로 지속하면 불안과 억압감이 저하되고, 좋은 기분과 감정을

유지하고 스트레스대처능력이 향상된다.

(2) 중년기의 운동과 정신건강

다음에서는 중년기 및 노년기의 정신건강과 운동의 관련성뿐만 아니라 중년기의 스트레스와 노년기의 상실감에 주목하고, 운동이 스트레스나 상실감을 완화시키고 정신건강의 악화를 예방하는 효과를 살펴본다.

① 스트레스가 많은 중년기

스트레스라는 말은 스트레스상태를 일으키는 여러 가지 자극(stress)과 그것에 대한 대응으로 나누어지지만, 일반적으로는 자극과 반응을 구별하지 않고 스트레스 (stress)라고 하는 경우가 많다.

현대는 스트레스의 시대라고 한다. 고민이나 스트레스의 주원인은 자신의 건강 상태 · 질병 · 수입 · 지출 등이고, 자신의 건강과 질병에 관련된 고민이나 스트레스 는 연령에 따라 증가하는 경향이 있다. 특히 중년기는 스트레스나 고민을 떠안고 사 는 사람이 많기 때문에 신체뿐만 아니라 정신적인 건강도 손상되기 쉬운 시기이다. 스트레스악화를 미연에 방지하여야 몸과 마음의 건강상태를 양호하게 유지할 수 있 고, 나아가 고령기의 생활의 질(QOL : quality of life)을 높일 수 있다.

② 스트레스에 의한 몸과 마음의 건강상태 악화

현대사회에서는 건강상태, 수입과 지출, 일, 가정생활, 인간관계, 주거환경, 사 고 · 재해 등의 요인이 스트레스로 직결되고 있다. 이러한 스트레스에 직면하면 일 반적으로 혈압상승 · 심박수증가 등의 생리적 반응, 긴장 · 분노 · 불안 · 억압감 등 의 심리적 반응, 폭력, 도피, 흡연 · 음주 · 과식 등의 생활습관이 흐트러지는 행동적 반응이 일어난다. 결국 이러한 것들이 스트레스증상을 나타내는 건강상태를 악화시 키는 질환으로 이어진다.

스트레스는 억압감이나 우울증과 같은 정신장애를 일으킬 뿐만 아니라 순환계통 의 기능에도 영향을 미친다. 더욱이 스트레스상태가 만성화되면 흡연량과 음주량의 증가, 과식이나 편식, 신체활동량의 저하 등 부적절한 라이프스타일로 이행된다. 그 결과 비만, 고혈압, 이상지질혈증, 당뇨병, 동맥경화 등 생활습관병(life style disease)이 발생하게 된다.

그런데 이들 여러 가지 스트레스반응과 그 반응으로 인해 질환의 발병으로 이어지는 과정에는 개인의 특성, 스트레스 인지방법, 스트레스 대처능력과 방법, 사회적 지원(social support) 등의 요인들이 복잡하게 영향을 미친다. 같은 스트레스에 대해서 모든 사람이 같은 반응이나 증상을 보이지 않는 것은 이 때문이다. 스트레스상황에서도 건강을 유지하기 위해서는 개인별로 스트레스에 대한 인지방법을 변화시키고 주위에서 서포트를 얻으면서 대처하는 능력을 높여가는 것이 중요하다. 스트레스를 완화시키기 위해서는 운동이 효과적이다.

③ 스트레스를 경감시키는 운동

운동에 의한 스트레스 경감효과는 먼저 '마음의 안정'을 들 수 있다. 운동은 실시할 때나 종료할 때에 즐거움과 상쾌감을 주기 때문에 일상생활의 스트레스상황에서 마음을 안정시키고 일시적인 휴식을 준다는 것은 많은 사람들이 알고 있다.

또, 적당한 운동은 자기효능감(self efficacy)을 높이고, 스트레스반응인 불안·억압감 등을 저감시킨다. 여기에서 자기효력감이란 자신이 어떤 상황에 놓여 있더라도 수행할 수 있는 적절한 행동의 예측 내지 확인을 말한다. 다시 말하면 '가능하다'라는 자신감이다. 자기효능감을 향상시키면 스트레스를 위협요소로 보지 않도록 인지방법을 변화시키기 때문에 불안감을 저감시킬 수 있다.

불안과 억압감을 저하시켜 스트레스 경감효과를 발생시킬 수 있는 운동조건은 20~30분간의 운동시간, 중간강도의 운동강도가 일반적이다. 운동양식은 반복성과 리듬을 가진 조깅·수영·사이클링 등과 같은 유산소운동이 효과적이다. 최근에는 근력트레이닝, 요가와 같은 유연트레이닝 등의 효과도 확인되고 있다.

또, 운동 중에 자신이 하고 있는 운동을 즐김으로써 기분이 좋다고 느끼게 되면 억압감, 불안, 기분 등에 좋은 영향을 준다. 따라서 지정된 강도보다도 실시자가 선호하는 강도나 쾌적하다고 느낄 수 있는 강도가 운동 중과 운동 후에 좋은 느낌을 준다. 다시 말해서 개인의 기호나 특성에 맞추어 즐겁고 기분 좋게 운동을 하여야 스트레스경감을 위한 운동이 된다는 것이다.

한편 불안과 억압감을 저감시키는 자기효능감 향상을 위한 운동은 다음과 같다.

▶ 운동에 의해 목표를 달성한 성공체험을 느끼게 한다(예를 들어 1일 30분 걷기와 같이 달성가능한 목표를 세워서 실현시키는 것).

▶ 타인의 성공체험을 관찰시킨다(예를 들어 운동에 의해 불안감을 저감시킨 사람의 체험을 듣거나, 활발하게 운동하고 있는 사람의 모습을 관찰시킨다).

▶ 운동 중의 신체반응에 주의를 기울여서 몸상태의 변화를 느끼게 한다(예를 들어 운동실시에 의해서 기분과 몸상태의 양호함을 실감하게 한다).

④ 중년기의 정신건강을 개선하는 라이프스타일형 운동프로그램

다음은 대사증후군 예방을 목적으로 발증위험성이 높은 중년근로자 남성에게 주안점을 두고 근로자가 운동을 실시하는 데 어려움을 고려한 라이프스타일형 운동프로그램을 제공하고 그 효과를 검증한 것이다. 운동프로그램의 내용은 각자의 라이프스타일에 맞추어 걸음 수의 증가와 자기체중부하 운동에 의한 근력트레이닝이다.

운동프로그램에 참가한 중년근로자 남성 97명(평균연령 47.7세) 중에서 프로그램 시작 전에 정신건강(GHQ28)이 좋은 사람(66명)들에서는 3개월 동안 변화를 보이지 않았지만, 정신건강이 악화경향을 보인 사람(31명)들은 정신건강의 하위척도에 있는 신체적 증상, 불안과 불면증, 사회적 활동장애 및 우울증 경향 등이 3개월 후에 확실하게 개선된 것으로 나타났다(그림 5-4). 또, 프로그램실시 전에 정신건강이 악화경향을 보이던 사람들에게서 개선된 정신건강의 변화량과의 관련성을 검토해 보았더니 프로그램실시 중에 걸음 수가 많아지고, 또 자기효력감의 향상될수록 정신건강이 개선될 가능성을 시사했다(久野譜也, 2009).

즉 라이프스타일형 운동프로그램은 일상생활에서 실시하기 쉽기 때문에 걸음 수의 증가와 실시에 대한 자기효력감 향상을 가져오고, 나아가 정신건강을 개선시킬 가능성이 있다. 앞으로 다양한 증상을 가진 많은 대상자의 장기적 효과를 검토할 필요가 있지만, 운동실시방법으로서 라이프스타일형 운동프로그램을 선택할 기회를 주면 보다 많은 사람들이 운동을 습관화하고 신체적인 면뿐만 아니라 정신적인 건

강도 얻게 될 것이다.

그런데 라이프스타일형 운동프로그램은 운동의 실시 및 관리가 어렵고, 효과를 얻을 만큼의 운동량 달성이 불가할 수도 있다. 또, 사회적 교류나 서포트를 얻기 어렵고, 즐거움이 부족하거나 의욕적으로 지속하기 힘든 점도 지적되고 있다. 따라서 이들을 바탕으로 해서 서포트체제를 정비하거나 교실형에서 시작해서 라이프스타일형으로 이행하는 것 등으로 운동프로그램을 교정할 필요가 있다.

(3) 노년기의 운동과 정신건강

① 상실감에 직면하는 노년기

노년기는 배우자나 친한 친구와의 사별 · 퇴직 등과 같이 스트레스가 큰 사건을 경험하는 일이 많고, 노화에 따르는 신체 및 정신건강 · 경제적 자립 · 가족과 사회와의 연결 · 살아가는 목적 등에서 '상실감'에 직면하는 시기라고 한다. 이런 상실감에 의해 활동수준의 저하뿐만 아니라 고독감이나 무력감, 나아가 자존심과 행복감마저 저하되어 삶의 질(QOL : quality of life)이 손상되기 쉽게 된다. 몸과 마음모두 건강한 상태를 유지하고, 동시에 건강수명의 연장이 노년기의 가장 중요한 과제이다. 또한 자립생활 영위에 필요한 생활활동능력을 가능한 한 유지하는 것은 개인의 자존심 유지와 의지력 내지 기력을 잃지 않는 기본조건이라고 할 수 있다.

② 상실감이 가져오는 악순환

라크만(Lachman, M. E.) 등(1997)은 노화에 따른 신체적 · 정신적 상실감을 불안감이나 억울감 같은 정신건강을 저하시키는 전형으로 보았다(그림 5-5). 노화에 따른 신체기능이나 인지기능을 잃어버리는 상실감은 고령자에게 '상실감과 노화는 자기 스스로 제어할 수 없다'라는 감정(컨트롤감의 저하)을 준다. 이 컨트롤감의 저하는 일상생활에서 의욕을 잃게 하고, 불안감과 억울감과 같은 감정을 악화시킨다. 그리고 의욕상실과 감정저하는 활동량을 더욱 저하시켜 신체적 기능과 정신적 기능의 저하를 촉진시키는 악순환으로 이어진다.

또, '운동의 노화사이클'모델(Berger, 1989)에서도 노화에 따라 일상생활에서 운동량이 감소하면 비만·근력저하·활력감퇴 등을 일으켜 노화를 느끼게 할 뿐만 아니라 스트레스·불안·억울감 등을 증대시키고 자존심의 저하시킨다고 하였다. 이러한 심신상태는 더욱 신체활동량을 저하시켜 통증·고혈압·심장질환 등과 같은 만성질환을 발생시킨다.

노년기에 느끼는 고민과 불안의 최대요인은 자신의 건강상태와 질병인데, 특히 노년기에는 만성질환에 걸릴 확률도 높다. 따라서 만성질환을 앓고 있으면서도 신체적인 건강과 체력을 가능한 한 유지하면서 정신적인 건강을 잃지 않도록 하는 것이 중요하다.

③ 자신감을 주고 QOL을 개선시키는 운동

다음은 라크만(Lachman, M. E.) 등(1997)이 지적한 노화에 따른 악순환을 막기 위한 운동의 중요성이다.

▶ 운동은 노화에 따른 상실감을 예방하고 지연시키는 효과가 있다는 인식을 준다.

▶ 주위에서 서포트를 얻으면서 운동목표를 달성하고 운동효과를 실감해서 자기도 할 수 있다는 자기효력감을 높임으로써 컨트롤감(상실과 노화는 자신이 제어할 수 없다는 감정)을 강화시킨다.

▶ 컨트롤감의 강화는 불안과 억울감을 저감시키고 활동의욕을 높여준다.

그런데 운동을 한다고 해서 무조건 의욕감퇴·억울감 등의 감정이 개선되는 것은 아니다. 개인의 체력과 건강상태에 맞추어 운동목표를 설정하고, 단계적으로 부하를 증대시키고, 동시에 피드백을 통해서 효과를 확인시켜야 자신감이 회복되어 노화에 대한 불안감 등을 개선시킬 수 있다. 특히 노년기에는 체력과 건강상태의 개인차가 크기 때문에 개별화된 운동프로그램을 실시하여야 안전성뿐만 아니라 신체적 건강과 정신적 건강에 유익할 것이다.

한편 운동에 의해 얻는 자기효능감(self efficacy)은 일상생활 전반에 걸쳐 자신감을 높여준다(Sonstroem 등, 1991). 운동을 정기적으로 실시하면 체성분의 개선, 유산소능력이나 근력 향상, 성취감(할 수 없던 운동을 할 수 있게 되었다) 등이 초래된다. 따라서 하고 있는 운동에 대해 자신감이 향상되고, 그것이 자신의 신체적 능력과 기능에 대한 자신감을 가져다주고, 마지막으로는 전체적인 자존심을 높여준다.

노년기가 되면 신체기능이 현저히 저하되고, 일상생활에서 얼마 전까지 가능했던 것이 이제는 가능하지 않다는 상실감도 느끼게 된다. 그 결과 신체능력에 대한 자신감을 잃어버려 불안감과 억울감을 일으킴으로써 생활 전체의 만족감을 저하시켜버린다. 운동은 고령자에게 새로운 것에 도전하는 기회를 부여할 뿐만 아니라 신체기능과 체력향상에 의해 상실감도 채워준다. 따라서 운동은 자신감을 높여주고 노화에 대한 부정적인 이미지나 노화에 따른 고독감이나 불안감을 개선시켜 QOL을 높여준다.

④ 사회적 네트워크를 부여하고 QOL을 좋게 유지시키는 운동

주관적 행복감(subjective well-being)은 노년기의 QOL을 구성하는 요인이면서 행복한 노화(successful aging)의 지표 중 하나이다. 이것은 주관적인 행복감 및 충실감을 의미하면서 일상생활동작(ADL : activities of daily living)을 수행할 수 있는 건강상태, 원만한 인간관계, 나아가 경제상태와도 관련되어 있다. 특히 자신은 건강하다고 느끼는 사람, ADL를 유지하고 있는 사람, 더욱이 운동을 습관적으로 하고 있는 사람 등은 행복감이 높다고 한다.

한편 원활한 인간관계도 행복감과 관련되어 있기 때문에 여러 가지 상실감을 경험하는 노년기에 주관적 행복감을 좋게 유지하려면 새로운 친구를 만들고 사회적 네트워크를 도모하는 것이 중요하다. 사회적 네트워크는 크나큰 스트레스가 되는 생활상의 사건에 의한 악영향을 완화시키는 데 도움을 준다. 운동참가는 노화에 따른 신체기능의 저하나 상실감을 지연시킬 뿐만 아니라 동년대 또는 세대 간의 교류 기회를 부여하고, 새로운 사회적 역할의 획득과 네트워크 형성에 매우 유익하다.

노년기의 운동습관과 주관적 행복감의 관계는 다음과 같다.

▶ 습관적으로 하는 운동은 ADL을 유지시킨다.
▶ ADL의 유지는 활동수준을 유지시키기 때문에 가족과 친구로부터 사회적 서포트를 얻거나 자각적인 건강을 향상시킬 수 있다.
▶ 사회적 서포트의 확보와 자각적인 건강의 유지는 주관적 행복감을 높이는 역할을 한다.

제6장

스트레스 대책

1_ 과학적으로 즉효성이 높은 스트레스 해소법

◘ 눈앞에 있는 스트레스를 당장 해결하고 싶다면

스트레스를 근본적으로 치료하려면 시간이 걸린다. 생활습관병을 고치는 것처럼 적어도 수개월, 잘못하면 몇 년에 걸쳐 계속해나갈 필요가 있다.

이것만은 어쩔 수 없지만 한편으로 '눈앞에 있는 스트레스를 당장 해결하고 싶다!'고 생각하는 것도 사람 마음이다. 장기적인 대책만을 실천하고 있으면 효과가 나타나기 전에 포기해버리기 쉽다.

여기에서는 보다 즉효성이 높은 스트레스 해소법을 소개한다. 소개하는 테크닉 모두 정신건강을 되찾는 효과가 뛰어나고, 짜증이나 불안과 같은 불쾌한 감정을 진정시키는 데 도움을 줄 것이다. 물론 감기약으로 바이러스 자체를 퇴치할 수 없듯이 이 테크닉만으로는 스트레스의 뿌리까지 뽑을 수는 없다.

감기약이 발열이나 목의 통증을 완화시켜주는 것도 사실이다. 이와 마찬가지로 다음의 테크닉으로 스트레스로 인한 불쾌함이나 악영향을 완화하고, 그 틈에 근본적인 치료를 병행해 완치를 목표로 하면 된다.

◘ 스트레스 해소효과가 매우 뛰어난 3가지 도구

즉효성이 높은 스트레스 해소법은 많이 있지만 먼저 스트레스에 대한 즉효성이 뛰어나고 과학적으로 효과가 크다고 증명된 3가지 도구를 알아보자.

▶ 호흡 트레이닝 : 호흡을 고르게 하면 기분이 바뀐다.

▶ 운동 : 몸을 움직이면 정신건강이 좋아진다.

▶ 바이오필리아(biophilia) : 자연과 접촉함으로써 마음을 강화한다.

 ■ 눈앞에 있는 스트레스를 당장 해결하고 싶을 때는 먼저 검증 데이터가 많은 3가지 스트레스 대책을 시험해 보자!

2_ 3가지 스트레스 대책

1) 호흡법

◎ 복잡한 테크닉보다 심호흡을 하는 것이 효과가 좋다

불안이나 긴장을 느꼈을 때 심호흡을 하는 사람이 많다. 중요한 면접을 앞뒀거나 스피치하기 직전 등에는 깊이 숨을 들이쉬고 마음을 진정시키는 것이 매우 잘 알려진 스트레스 대책이다.

그 타당성은 1980년대부터 시작된 연구에서 여러 번 검증되었다(Dole, Arthur A. et al. : 1993). 특히 유명한 것은 미국 펜실베니아대학에서 이루어진 조사다. 연구팀은 과거 78건의 데이터를 철저하게 발췌하여 "시험기간 중에 학생이 받는 스트레스를 줄이기 위해서는 어떤 테크닉이 가장 좋을까?"를 조사했다. '긍정적인 생각', '시간관리', '명확한 목표설정' 중에서 학생의 정신을 건강하게 유지하기 위한 가장 좋은 방법을 선택하게 하였다.

그 결과 의외로 '심호흡이 가장 좋다'는 것이었다. 물론 다른 방법들도 효과가 확인되었지만, 간편함과 즉효성 면에서는 호흡법보다 뛰어난 스트레스 해소법은 없었다.

이러한 데이터를 근거로 하여 최근 몇 년 사이에 미국에서는 경찰관, 증권거래, 고객상담 등의 업계에서 호흡법을 도입하는 사례가 늘고 있다. 숨을 깊이 들이쉬기만 하면 되므로 분명 이보다 간단한 스트레스 대책도 없을 것이다.

◎ 호흡을 바꿔 뇌의 경계심을 달래준다

호흡법이 효과가 좋은 이유는 숨의 리듬을 바꾸면 인간의 스트레스 시스템에 직접 개입할 수 있기 때문이다.

일반적으로 인간의 몸은 불안이나 짜증을 느끼면 심박수가 올라 온몸이 긴장하고, 뇌에 산소를 공급하기 위해 숨이 거칠어진다. 이것은 인류가 고대 사바나에서 살던 시절에 생겨난 방어 시스템으로, 만약의 위험에 대비해 전신에 에너지를 보낼 수 있도록 진화했다.

그런데 일부러 느리게 호흡을 하면 우리의 뇌는 보안 시스템을 해제함과 동시에 심박수가 내려가고 몸의 긴장도 풀리게 된다. 이것은 호흡이 바뀌었기 때문에 스트레스 시스템에 '위험이 지나갔다'는 신호를 보내 뇌의 경계심이 해제되면서 일어나는 현상이다.

이것으로 긴장이 완전히 풀리는 것은 아니지만, 호흡의 리듬을 정돈하면 스트레스 시스템은 분명 좋은 쪽으로 영향을 받게 될 것이다.

갑자기 스트레스를 느끼면 여기서 소개하는 다양한 호흡법 중에서 좋아하는 것을 골라 실천해 보자.

 호흡법은 인체의 스트레스 시스템에 직접 개입할 수 있는 흔치 않은 방법이다. 짜증을 느끼면 당장 호흡부터 신경 쓰자.

(1) 호흡체크

당신은 제대로 호흡(breath)하고 있는가?

이런 말을 들으면 대부분의 사람은 '당연하지!'라고 생각하겠지만, 사실 바르게 호흡하는 사람은 의외로 적다.

몸과 정신건강은 강하게 연동하므로 스트레스 수준이 높아질수록 호흡은 나빠진다. 일시적으로 무호흡상태가 되거나, 격렬하게 어깨가 들썩이거나, 가슴만 부풀려 허파에 산소를 보내거나 해서 깨닫지 못하는 사이에 부자연스러운 상태가 되어버린다. 이렇게 되면 스트레스는 악화되기만 한다.

이 문제를 막기 위해서는 우선 '바른 호흡이란 어떤 상태인가?'를 몸에게 알려주어야 한다. '호흡체크'는 이것을 위한 테크닉이다(Xiao Ma : 2017).

호흡체크는 구체적으로는 다음과 같은 순서로 실시한다.

1. 마루와 같은 딱딱한 바닥에 눕는다.
2. 오른손을 배 위에 올려놓고, 왼손을 가슴 위에 올려놓는다.
3. 그 상태에서 호흡을 계속 한다.

이때 바르게 호흡하고 있다면 배에 올려놓은 손만 리드미컬하게 위아래로 움직이고 가슴에 올린 손은 거의 움직이지 않는다. 이른바 복식호흡인데, 이 상태를 유지하기만 해도 스트레스는 크게 줄어든다.

딱딱한 바닥에 누우면 대부분의 사람은 자연스럽게 배로만 호흡하게 된다. 우선 이 '호흡체크'로 올바른 감각을 찾고, 다음으로 소개할 운동을 실시할 때에도 같은 상태에서 호흡하도록 신경써야 한다.

(2) 풍선 호흡

풍선 호흡(balloon breathing)은 초심자를 위한 호흡법으로, 스탠포드대학의 스트레스 대책 코스에서 사용되는 테크닉이다. 호흡 컨트롤에 익숙하지 않은 사람은 우선 이것부터 시작해 보면 좋을 것이다(Stanford Medicine : 2015).

구체적인 방법은 다음과 같다.

1. 테니스공 정도 되는 작은 풍선이 자신의 배 안에 들어 있는 모습을 상상한다.
2. 코로 숨을 들이쉬면서 그 풍선이 점차 부풀어가는 모습을 상상한다. 그와 동시에 풍선이 배를 안쪽에서 밀고 있다고 상상한다.
3. 코나 입으로 숨을 내쉬면서 풍선에서 공기가 빠져나가는 모습을 상상한다. 풍선이 원래상태로 돌아올 때까지 숨을 다 내쉰다.

위와 같은 순서로 하루에 5~10분씩 실시한다. 숨을 들이쉴 때는 상상하는 풍선이 최대로 부푸는 모습을 상상하고, 내쉴 때는 풍선이 가장 작은 크기로 줄어든 것을 상상하는 것이 요령이다. 되도록 허리를 쭉 펴야 한다.

필요없는 긴장감을 풀고 몸에 활력을 주는 효과가 높으므로 아침에 일어나서 할

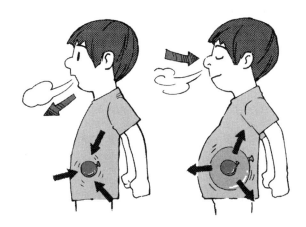

그림 6-1 ___풍선 호흡

배 속에 들어 있는 풍선이 호흡과 함께 커졌다 작아졌다 하는 모습을 상상한다.

것을 추천한다.

(3) 호흡 세기

호흡 세기(breath counting)는 그 이름처럼 호흡의 수를 세면서 실시하는 트레이닝 방법이다.

아직 호흡법에 익숙하지 않을 때는 "한결같이 호흡을 반복하세요."라고 해도 좀처럼 집중하기가 어렵다. 하지만 '호흡 세기'라면 '호흡수를 센다'는 목적이 있기 때문에 보다 집중해서 임하게 된다. 호흡 트레이닝의 초심자에게는 안성맞춤이다.

호흡 세기의 방법은 다음과 같이 매우 간단하다.

1. 긴장을 풀고 앉아 되도록 천천히 코로 숨을 쉰다.

2. 숨을 다 내쉬면 머릿속으로 '1'이라고 카운트한다.

3 계속해서 호흡을 세 나가다가 '10'까지 카운트하면 '1'부터 다시 센다.

이것을 한 세트로 보고 하루에 10~15분씩 반복한다. 위스콘신대학교의 매디슨 교수가 실시한 실험에서는 이 테크닉을 사용한 400명의 피험자가 트레이닝이 끝난 직후부터 기분이 나아지고 스트레스 수준도 크게 저하됐다고 한다. 간단하면서도 강력한 테크닉이다(Daniel B. Levinson : 2014).

이 테크닉은 의도적으로 호흡 페이스를 늦춤과 동시에 호흡을 조절해서 마음의 안정을 이끌어내는 것이 목표이다.

실제로 할 때에는 만약 세는 도중 어디까지 셌는지 헷갈리더라도 당황하지 말고 천천히 다시 1부디 세면 된다. 호흡 세기에 익숙하지 않을 때는 당장 집중을 못하고 숫자를 잊어버리기 쉽다. 숫자를 잊으면 반대로 뇌를 단련시킬 찬스라 생각하자.

참고로 호흡 세기에 익숙해지면 한 세트의 수를 100까지 늘려도 된다. "오늘은 91까지 멈추지 않고 세었어!"라고 생각하면서 실시하면 트레이닝을 계속하기 쉬워 질 것이다.

(4) 7-11 호흡

7-11 호흡은 조 그리핀 박사가 제창한 호흡법이다. 불안이나 패닉 상태에서 오는 스트레스에 효과가 있으며, 몇몇 연구로도 검증되고 있다(Joe Griffin : 2012).

방법은 다음과 같다.

1. 숨을 들이쉬면서 7까지 센다.
2. 숨을 내쉬면서 11까지 센다.

매우 단순한 테크닉이지만 수많은 실험에서 7-11 호흡을 실시한 피험자 대부분이 불안이 감소되는 것을 경험했고 그 후 스트레스에도 강해졌다.

아직 검증이 덜 되기는 했지만 바로 효과가 나타나는 방법이므로 갑자기 불안감을 느낄 때 사용할 것을 추천한다.

실전 포인트는 다음과 같다.

▶ 숨을 되도록 코로 들이쉬고 코로 내쉰다.

▶ 7초 들이쉬고 11초 내쉬는 것이 어렵다면 3초 들이쉬고 5~6초 내쉬는 것부터 시작한다.

▶ 1회 섹션은 5~10분을 목표로 한다.

호흡법에 익숙하지 않은 사람은 11초 동안 숨을 내쉬기가 힘들기 때문에 우선은 5~6초부터 시작한다. 무리없이 호흡할 수 있게 되면 조금씩 초 수를 늘려간다.

또한 호흡할 때에는 어깨를 움직이지 말고 배만 늘어났다 줄어들었다 하는 것이 이상적이다. 처음 할 때는 거울을 보면서 하는 것이 좋다.

(5) 이퀄 브리딩

이퀄 브리딩(equal breathing)은 집중력을 상승시키기 위해 사용되는 호흡법이다. 최근 콜롬비아대학교에서 혈압 저하, 뇌신경 진정, 스트레스 해소 등의 작용을 검증한 바 있다(Brown, R. P. : 2009).

짜증이 나서 집중력이 쉽게 흐트러지거나 불안으로 호흡이 거칠어질 때 등의 경우에 이퀄 브리딩이 도움이 된다.

레벨 1

1. 조용한 곳에 앉아 어깨의 힘을 뺀다.

2. 4초 동안 숨을 들이쉰다.

3. 4초 동안 숨을 내쉰다.

위와 같은 레벨 1의 방법을 5~8세트 반복하고 난 후 다음과 같이 난이도를 바꾸어나간다.

레벨 2 '5초 동안 숨을 들이쉬고 5초 동안 숨을 내쉬는' 패턴을 5~8세트 실시한다.

레벨 3 '6초 동안 숨을 들이쉬고 6초 동안 숨을 내쉬는' 패턴을 5~8세트 실시한다. 이때 몸 어딘가가 '굳은 부분은 없는가?'를 신경 쓰면서 한다.

레벨 4 '7초 동안 숨을 들이쉬고 7초 동안 숨을 내쉬는' 패턴을 5~8세트 실시한다. 이때 '피부나 턱이 긴장하지 않았는가?'를 신경 쓰면서 한다.

레벨 5 여기서부터는 호흡이 괴롭지 않은 수준까지 초 수를 늘려나간다.

이렇게 자신의 몸에 긴장된 곳이 있는가를 체크하면서 조금씩 호흡 간격을 늘려나가는 것이 기본이다. 만약 조금이라도 숨이 가쁘면 초 수를 줄인다.

이 호흡법을 한동안 계속하면, 이윽고 신경의 밸런스가 맞추어지기 시작하면서 너무 긴장하지도 나른하지도 않은 적당한 정신상태로 바뀌어간다. 스트레스로 집중력이 흐트러지기 쉬운 사람은 시험해 보자.

(6) 박스 브리딩

박스 브리딩(box breathing)은 미국 육군 특수부대 대원 등이 실제로 사용하는 테크닉이다. 긴장과 편안함의 균형을 적당히 유지하는 기능이 있어 전쟁터에서 스트레스의 한계에 다다랐을 때의 대책으로 사용되고 있다.

방법은 다음과 같다.

1. 입을 다물고 코로 4초 동안 숨을 들이쉰다.

2. 4초 동안 숨을 멈춘다.

3. 4초 동안 입으로 숨을 내쉰다.

4. 4초 동안 숨을 멈춘다.

위의 1~4를 한 세트로하여 기분이 차분해질 때까지 반복한다. 간단하면서 과학적으로도 효과가 인정된 호흡법이며, 군대 외에도 소방관이나 경찰관들도 사용한다.

미국 육군 특수부대 대원인 마크 밀러 씨는 '박스 브리딩'에 대해서 다음과 같이 말했다(The Loadout Room : 2010).

"긴급 시에 인체의 반응이 어떠한지를 이해하는 것은 매우 중요한 일이다. 우리들의 몸안에는 무의식단계에서 다양한 정신과 신체의 반응이 일어난다. 처음에는 인체의 반응을 자신의 의식으로는 컨트롤할 수 없다. 하지만 도움이 되지 않는 반응을 트레이닝으로 완화해나가면 결국 치명적인 위험에도 잘 대응할 수 있게 된다. 박스 브리딩은 많은 고대 문화에서도 사용되어 온 것으로, 현재는 무술이나 명상 트레이닝 등에도 도입되었다. 나도 군대에서 트레이닝해왔지만, 실제로 긴급상황에서도 몸을 다시 제어할 수 있었다."

마크 밀러 씨의 말에 의하면 박스 브리딩을 이용하면 자연스럽게 최적 수준에서 신체의 리듬이 안정된다고 한다. 일에서 극심한 스트레스를 받았을 때 즉시 사용해 보자.

(7) 얼터너티브 브리딩

얼터너티브 브리딩(alternative breathing)은 요가에서 오래전부터 사용되어 온 방법이다. 그 효과는 계속 의문이었지만, 최근 학생을 대상으로 한 실험이 이루어져 높은 스트레스 해소작용이 있다는 것이 확인되었다(Pal, G. K. : 2014).

다음과 같이 실시한다.

1. 오른쪽 콧구멍을 손가락으로 막는다.
2. 왼쪽 콧구멍으로 숨을 들이쉰다.
3. 왼쪽 콧구멍을 손가락으로 막는다.
4. 오른쪽 콧구멍으로 숨을 내쉰다.
5. 왼쪽 콧구멍을 막은 채로 오른쪽 콧구멍으로 숨을 들이쉰다.
6. 다시 오른쪽 콧구멍을 손가락으로 막고 왼쪽 콧구멍으로 숨을 내쉰다.

위의 1~6을 한 세트로하여 3~5분 정도 반복한다.

호흡하는 시간이 정해진 것은 아니지만 우선 4초 동안 숨을 들이쉬고 4초 동안 숨을 내쉬는 것부터 시작해서 간격을 늘려간다.

'얼터너티브 브리딩' 트레이닝을 약 6주 동안 계속한 학생은 과잉한 스트레스 반응이 해소됨과 동시에 집중력도 상승하여 평소의 의욕도 향상되었다. 우선은 하루 10분 정도 트레이닝하는 것부터 시작한다.

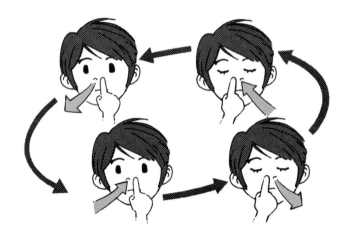

(8) 익스터널 브리딩

익스터널 브리딩(external breathing)도 고대부터 많은 요기(Yogi ; 요가수행자)들이 늘 사용해온 호흡법이다.

아직 과학적인 검증은 초보단계지만 최근 몇 가지 데이터에서 혈압저하나 불안감소 등의 작용이 보고되었다. 구체적인 효과 수준에 대해서는 앞으로의 연구를 기다릴 수밖에 없지만, 시험해볼 가치는 있을 듯하다.

실시 방법은 다음과 같다.

1. 등을 바르게 펴고 책상다리를 하고 앉는다.
2. 코로 숨을 최대한 들이쉰다.
3. 숨을 내쉬면서 턱을 당기고 배를 최대한 들어가게 한다.
4. 그대로 10~15초 정도 숨을 멈춘다.
5. 다시 숨을 최대한으로 들이쉰다.

위의 1~5를 한 세트를 하여 2~5분 정도 반복한다. 익숙하지 않을 때는 숨을 멈추기가 힘들기 때문에 너무 힘들면 숨을 쉬어도 된다.

실제로 이 호흡법을 4~5세트 실시한 직후 스트레스가 크게 감소되었다. 갑자기 불안이나 짜증이 밀려왔을 때 사용해 보자.

2) 운동

◎ 빠르게 걷기만으로도 스트레스가 크게 줄어든다

운동이 스트레스 해소에 효과가 있다고 하면 수긍하는 사람들이 많을 것이다. 평소에 운동을 전혀 하지 않는 사람이라도 산책을 하면 복잡한 마음이 정리된다거나 방 정리를 하면 기분이 상쾌해지는 것과 같은 경험을 한 번은 한 적이 있을 것이다.

실제로 과학의 세계에서는 운동에 스트레스 해소효과가 있다는 것이 이미 상식이 되었다. 1990년대부터 운동과 멘탈에 관한 연구가 이루어져 높은 효과가 계속 검증되어 왔기 때문이다.

정확성이 높은 데이터를 예로 들면 일리노이대학교 등의 연구팀이 실시한 대규모 조사가 있다(Steven, J. Petruzzello, at al. : 1991).

이 연구는 과거 15년 동안에 나왔던 방대한 논문에서 정밀도가 높은 데이터만을 골라 "일상적인 운동으로 얼마나 정신이 강해지는가?"를 체크한 내용이다. 수많은 조사 중에서도 신뢰도가 높은 편이다.

그 결과를 간단히 정리하면 "20분 동안 빠르게 걷기만으로도 인간의 불안은 크게 줄어든다."는 것이었다. 장시간 달리기나 격렬한 근육 트레이닝을 하지 않아도 활기 차게 걷는 것만으로도 스트레스가 단숨에 개선되는 것이다.

✪ 운동을 하지 않는 것은 우울해지는 약을 먹는 것과 같다

운동이 정신건강 개선에 도움이 되는 이유는 몸을 움직이면 뇌기능을 높이는 물질이 분비되기 때문이다. 그 종류로는 뇌유래신경영양인자(BDNF : Brain Derivated Neurotrophic Factor)나 세로토닌 등 다양하지만, 그중 가장 영향이 큰 물질은 엔도르핀이다. 이 물질은 운동의 괴로움을 완화하시기 위해 분비되는데, 통증이나 불쾌한 느낌을 줄여주고 바로 행복감을 준다. 달리기 중 기분이 고조되는 '러너스 하이(runner's high)'와 같은 기전이다.

이러한 데이터를 통해 현재에는 미국 심리학회에서도 정신건강을 유지하기 위해 운동을 추천한다. 하버드대학교의 심리학자 탈 벤 샤하르 교수 등이 "운동을 하지 않는 것은 우울해지는 약을 먹는 것과 같다."고까지 단언할 정도이다. 운동은 과학이 인정한 최강의 스트레스 대책 중 하나라고 할 수 있다(Tal Ben Shahar : 2007).

하지만 지나친 것은 부족한 것만 못하다는 말처럼 운동에도 '정신건강에 효과가 있는 최적의 양'이 존재한다. 이 양을 지키지 않으면 효과가 나타나지 않을 가능성도 있으므로 주의하자.

효과적인 운동방법은 다음과 같다.

 ■ 운동은 과학이 인정한 최강의 스트레스 대책 중 하나다.
몇 분이라도 몸을 움직이면 뇌기능을 높이는 물질이 분비된다.

(1) 스트레스에 강해지는 운동의 최저 수준

어떤 약도 올바른 용량과 용법을 지키는 것이 중요하다. 먼저 스트레스에 강한 마음을 만들기 위한 운동의 최저 수준을 알아두자.

참고할만한 자료는 HUNT 리서치센터에서 제공하는 최대 건강 데이터베이스인 HUNT를 사용한 2017년 관찰 연구이다. 33,908명의 남녀를 11년에 걸쳐 추적해 운동과 정신건강의 관계를 철저하게 조사했다(Samuel B., Harvey, at al. : 2016).

이 연구에서는 운동의 종류를 운동의 강도에 따라 세 가지로 분류했다.

1. 가벼운 운동 : 몇 분 동안 해도 땀이 거의 나지 않고 호흡이 빨라지지 않는 수준. 운동 중에 대화를 할 수 있는 정도. 걷기, 스트레칭, 요가 등
2. 중간강도 운동 : 땀을 흥건히 흘리고 호흡이 빨라지는 수준. 대화는 거의 할 수 없다. 달리기, 조깅 등
3. 고강도 운동 : 운동이 끝난 후에 지쳐서 일어설 수 없는 수준. 마라톤, 인터벌 트레이닝 등

그리고 분석 결과 다음과 같은 사실을 알 수 있었다.

▶ 가벼운 운동을 일주일에 1시간 하는 것만으로도 정신건강이 악화될 위험이 12% 감소한다.

스트레스 해소에는 힘든 운동이 필요 없다. 하루에 10분 정도 가볍게 걷기나 스트레칭만 해도 정신건강에 상당한 영향을 줄 것이다. 이 정도로 된다면 이제 운동을 할 시간이 없다는 변명은 할 수 없을 것이다.

이 결과에 대해서 연구팀은 이렇게 말했다.

"운동이 우울증 치료에 효과가 있다는 것은 옛날부터 알려져 있었다. 하지만 '얼마나 운동을 해야 우울증 발병 리스크가 감소하는가?'가 분명해진 것은 이 연구가 처음이다. 운동을 단시간만 해도 정신건강을 보호하는 효과가 있다는 것은 매우 훌륭하다. 가장 중요한 것은 단순히 하루의 활동량을 조금만 늘리는 것이다. 매일 생활 속에 빠르게 걷기를 '조금 추가해' 보자. 그것만으로도 당신의 정신은 분명 강해

질 것이다.”

 스트레스에 강해지기 위해서는 가벼운 걷기를 매일 10분 동안 하면 된다. 그것만으로도 당신의 정신은 분명 강해진다.

(2) 리질리언스(resilience) 향상 걷기

스트레스를 이기기 위한 운동의 기본은 뭐니뭐니 해도 걷기이다. 갑자기 달리기와 같이 부하가 높은 운동을 하는 것이 아니라 우선 가벼운 산책부터 시작해서 점차 부하를 올리는 것이 좋다.

걷기가 정신건강에 미치는 효과에 대한 과학적인 검증도 이루어지고 있다. 예를 들어 독일의 카를스루에공과대학에 따르면 하루에 30~60분 걷기를 주 2회 계속한 학생은 20주 동안 스트레스에 강한 정신으로 성장했다. 운동을 하지 않은 학생에 비해 기말시험 기간이 되어도 스트레스 반응이 낮아지고 실제로 시험 성적도 올랐다. 주 2회의 가벼운 운동이라도 중요한 시기에 받는 스트레스에 지지 않는 정신을 키울 수 있는 것이다(von Haaren, B. : 2016).

이 효과를 전문적으로는 리질리언스(resilience, 회복력) 향상이라고 부른다. 뭔가 힘든 일이 있어도 바로 스트레스로부터 복귀할 수 있는 상태를 말한다.

이것은 가볍게 몸을 움직였기 때문에 스트레스를 관장하는 자율신경의 활동이 향상되고, 그 덕분에 뭔가 압박을 느껴도 평소보다 뇌가 과잉하게 반응하지 않게 된 것이다.

걷기의 효과에 대해서 연구팀은 다음과 같이 말한다.

“운동은 심장질환의 위험을 줄여주는 데 매우 효과적이다. 운동을 실시하면 콜레스테롤이나 혈압이 감소하고 체중도 줄어든다. 하지만 이러한 메리트를 다 합쳐도 운동이 심장질환에 좋은 이유 중에서 59%만 설명할 수 있다. 나머지 41%는 운동이 스트레스 반응을 개선해주기 때문일지도 모른다.”

운동이 건강에 좋은 것은 상식이지만, 단순히 몸의 기능이 향상되기 때문만은 아니고, 스트레스 해소기능이 크게 도움을 주기 때문이라고 추측된다. 우선 하루에 30분 걷기부터 반드시 시작해 보자.

(3) 암벽타기

걷기보다 더 높은 곳을 목표로 하고 싶다면 암벽타기(bouldering)를 해 보는 것도 좋다.

암벽타기의 효과는 2015년 아리조나대학교에서 실시한 실험에서 입증되었다. 연구팀은 컨디션 불량으로 고민하는 100명의 남녀를 모아 일주일에 3시간 암벽타기를 하도록 지시하고 8주 동안 어떠한 변화가 일어났는지를 체크했다(Luttenberger, K. at al. : 2015).

그 결과 암벽타기를 한 그룹은 아무것도 하지 않은 피험자에 비해 무려 4~5배나 증상이 개선되었다. 사는 것이 힘들 정도로 우울한 상태에서 평범하게 생활해나갈 수 있는 상태로 변했던 것이다. 아직 암벽타기에 대한 연구는 적지만, 매우 기대할 만한 수치라고 할 수 있다.

암벽타기가 효과적인 이유에 대해 연구팀은 다음과 같이 추측한다.

"암벽타기를 하려면 항상 자신의 움직임에 신경을 써야 한다. 그러므로 인생의 고민에 대해 생각할 여유가 없어지는 것이다. 그렇지 않으면 바닥으로 떨어지고 만다."

암벽타기 중에는 자신의 손발을 어디로 움직일 것인가에만 집중하게 되기 때문에 다른 생각을 할 틈이 없게 된다. 이것이 명상에 가까운 효과를 낳고, 걱정되는 스트레스가 사라져가는 것이다.

이 사고방식은 심리학에서 '반추사고'라고 불리는 설에 기초한 것이다. 반추(rumination)는 소가 위에서 풀을 입으로 되돌려 되새김질하는 행위를 말한다. 마찬가지로 '반추사고'란 자신의 결점이나 과거의 실패를 머릿속에서 몇 번이고 계속 생각하는 상태를 뜻한다.

정신건강에 좋아 보이지 않는데, 실제로 많은 데이터에서도 반추사고 경향이 강한 사람일수록 스트레스에 약하고 억울함이나 불안에 괴로워하기 쉽다는 보고가 있다. 즉 암벽타기에는 머릿속에 맴도는 것을 일단 끊어내는 작용이 있으며, 그 덕분에 스트레스가 줄어드는 것이다. 가만히 명상을 하는 것이 힘든 사람은 암벽타기를 대신 해보는 것도 좋을 것이다.

(4) 나무 오르기

일부러 암벽타기시설에 가는 것이 귀찮은 사람은 가까운 공원에 가서 나무에 오르는 것도 비슷한 효과를 얻을 수 있다.

2015년 미국 노스플로리다대학교에서 재미있는 실험을 했다(Alloway, R. G., at al. : 2015). 18~59세의 피험자를 몇 개의 그룹으로 나누어 한 그룹은 5분 정도 나무를 오르도록 지시했다. 2시간 후에 다양한 테스트를 실시했더니 나무에 오른 그룹은 아무것도 하지 않았던 피험자보다 스트레스 수준이 낮아지고 워킹 메모리 기능도 향상된 것이다.

워킹 메모리(working memory ; 작동기억)는 뇌가 단시간에 정보를 처리하는 데 필요한 능력으로, 두뇌회전을 빠르게 만들기 위해서는 반드시 필요하다. 단순히 테스트 성적뿐만 아니라 집중력이나 셀프컨트롤 능력 유지 등 인생의 다양한 면에 영향을 미친다.

그리고 당연히 워킹 메모리는 스트레스 대책에도 빼놓을 수 없는 포인트이다. 워킹 메모리 기능이 높아지면 단시간에 대량의 정보를 처리할 수 있게 되고, 그 결과 마음에 여유가 생긴다. 즉 나무 오르기로 스트레스가 줄어드는 것은 워킹 메모리의 성능이 올라간 것이 원인이라고 볼 수 있다.

참고로 워킹 메모리의 트레이닝에 도움이 되는 운동에는 두 가지 특징이 있다.

1. 상황 변화를 예측하기 어렵다.
2. 자신의 움직임을 의식적으로 바꾸어야 한다.

이 조건을 충족하면 나무 오르기가 아니더라도 같은 효과를 얻을 수 있다. 평균대나 밸런스볼이라도 좋으므로 무의식중에 자신의 동작을 의식하는 운동을 골라 보자.

(5) 맨발 달리기

맨발 달리기(barefoot running)는 맨발로 잔디나 흙 위를 달리는 운동이다. 맨발로 모래사장을 걸으면 이상하게 기분이 좋은데, 최근에는 정신건강에 좋은 영향을 준다는 데이터가 늘고 있다.

노스웨스턴대학교에서 이루어진 실험에서는 학생을 두 그룹으로 나누어 15분 동안 대학 캠퍼스 내를 자유롭게 달리도록 지시했다.

그룹 1 맨발로 달린다.

그룹 2 운동화를 신고 달린다.

그 후 전원의 심리를 체크하고 인지(認知 ; 지각, 인식) 테스트를 실시한 결과 맨발로 달린 그룹만 워킹 메모리 성능이 16% 상승했고, 동시에 스트레스 수준도 크게 감소했다.

맨발 달리기로 정신건강이 개선된 이유는 확실하지 않지만 나무오르기와 같은 메커니즘이 작용했을 것이다. 신발을 신었을 때보다 맨발로 달리는 것이 자신의 동작을 강하게 의식하기 때문에 그만큼 워킹 메모리가 향상되기 쉬운 것이다.

연구팀은 이렇게 말했다.

"때때로 작은 것이 큰 임팩트를 주는 일이 있다. 이 실험은 즐기면서 머리가 좋아지는 방법이 있다는 것을 보여준다. 신발을 벗고 달리는 것만으로도 우리들은 보다 건강하게 똑똑해질 수 있다."

아직 검증 데이터가 적은 것이 문제지만 시험해볼만한 가치는 충분히 있을 듯하다.

(6) 그린 엑서사이즈

그린 엑서사이즈(green exercise)는 자연 속에서 운동을 하는 정신 개선 테크닉이다. 운동이 정신건강에 좋은 것은 앞서 말한 바와 같지만, 자연 속에서 실시하면 효과가 더욱 커지는 것으로 알려졌다.

영국 에식스대학이 2010년에 실시한 조사에서는 과거에 실시된 대량의 데이터 중에서 양질의 데이터 10건을 선택했다. 다양한 연령의 남녀 1,252명을 대상으로 '숲 속에서 걷기', '공원에서 자전거타기', '계곡에서 낚시' 등을 했을 때 그들의 정신에 어떠한 영향을 미치는지를 체크했다(Jo Barton, et al. : 2010).

그 결과를 간단하게 정리하면 다음과 같다.

▶ 자연에서 실시하는 운동은 하루에 5분만으로도 스트레스를 줄인다.

▶ 젊고 정신이 약한 사람일수록 그린 엑서사이즈의 효과가 크다.

여기서 말하는 '자연'은 산이나 바다만이 아니다. 근처 공원이나 작은 녹지 등 식물과 물만 있으면 어디서든 똑같은 효과를 얻을 수 있다.

실천하는 운동에도 정해진 것은 없어 단순히 산책하는 것도 좋고, 가볍게 달려보는 것도 좋고, 사이클링을 즐기는 것도 좋다. 자연 속에서 몸을 움직이는 것만으로도 큰 메리트를 얻을 수 있다. 무엇보다 하루에 5분이면 되니까 이렇게 편한 방법은 없을 것이다.

구체적인 그린 엑서사이즈의 예는 다음 (7)~(12)이다.

(7) 정원가꾸기

운동이라고 하면 보통 격렬한 운동을 상상하지만, 정원가꾸기(gardening)도 훌륭한 그린 엑서사이즈 중 하나다. 많은 연구에서 스트레스 해소 효과가 증명되었다. 스웨덴에서 실시된 실험에서는 12주간 정원가꾸기에 참가한 피험자 대부분이 일상 스트레스가 크게 감소하고, 병으로 회사를 쉬는 비율도 줄었다(Eva Sahlin : 2015).

정원가꾸기의 종류는 뭐든 상관없다. 자신이 좋아하는 꽃을 키워도 좋고, 식사에 사용할 허브를 키워도 좋다. 자택에 정원이 없어도 실내에서 화분으로 키우는 것만으로도 스트레스 해소효과를 얻을 수 있다. 자신이 좋아하는 식물을 자유롭게 키워보자.

(8) 흙장난

어른이 되면 흙투성이가 되어 노는 일은 없을 것이다. 하지만 사실은 '흙장난'만큼 치유효과가 증명된 그린 엑서사이즈도 없을 것이다.

대표적인 것이 우울상태로 괴로워하는 젊은이를 조사한 2004년의 연구다. 이 연구에 따르면 자연 속에서 흙장난을 시작한 피험자는 겨우 2~3분만에 스트레스가 매우 감소했다. 그 후로도 한동안은 우울증상이 줄어든 것이 확인되었다(France E. Kuo, et al. : 2004).

흙장난이 정신에 효과가 있는 이유는 분명하지 않지만, 아마도 인간의 마음은 흙이나 나무와 같은 자연물과 접촉하면 안심감을 얻을 수 있도록 진화한 것이라고 추측된다. 휴일에 가끔 흙투성이가 되어 놀아보는 것도 하나의 재미일 것이다.

(9) 하이킹

하이킹(hiking)도 대표적인 그린 엑서사이즈이다. 녹음으로 둘러싸인 곳에서 신선한 공기를 마시면서 아무것도 생각하지 않고 걷는다. 이것이 스트레스해소에 효과적이라는 것은 실제 데이터로도 검증되어 있다.

미시간대학교에서 1,516명의 남녀를 대상으로 한 실험에서 절반의 그룹에게 일주일에 1번 자연 속을 걷도록 지시했다. 13주 후에 경과를 살펴보았더니 하이킹에 참가하지 않은 그룹보다 주관적인 스트레스가 줄고, 실제로 우울증상이 발생하는 확률도 저하하는 경향을 확인했다(Marselle Melissa R, et al. : 2014).

하이킹 장소는 큰 공원이나 녹지대 등 녹음이 많은 지역이라면 어디든 상관없다. 매 주말마다 하이킹을 하는 것은 어려울 수도 있겠지만 되도록 기회를 만들어 외출하도록 하자.

(10) 낚시

최근 심리학계에서는 '낚시'의 치유효과에도 주목하고 있다. 인디아나대학교 등의 조사에 따르면 낚시를 하면 혈압이 낮아지고 주관적인 편안함 수치가 오른다는 사실이 확인되었기 때문이다.

그래서 최근에는 유방암을 극복한 여성 등의 정신을 돌보는 데 낚시를 처방하는 단체도 늘어나고 있을 정도다. 먼 강까지 외출하지 않아도 유료 낚시터 등에서도 충분한 효과를 얻을 수 있다(http://castingforrecovery.org).

애초에 데이터의 도움을 받지 않더라도 아무것도 생각하지 않고 낚싯줄을 드리우는 시간이 스트레스에 효과가 있다는 것은 직감적으로 이해할 수 있는 이야기다. 휴일에 할 일이 없을 때에는 가까운 유료 낚시터를 찾아보는 것도 나쁘지 않다.

(11) 승마

조금 문턱이 높지만 '승마'도 효과가 널리 알려진 '그린 엑서사이즈' 중 하나다. 2014년에 기분장애(affective disorder)로 괴로워하는 130명의 젊은이에게 1주일 동안 90분씩 승마클럽에 참가하도록 지시했다. 그리고 12주 후에 피험자의 타액 샘플을 체크한 결과, 아무것도 하지 않은 젊은이에 비해 스트레스 호르몬 양이 크게 저하했다(Patricia Pendry, et al. : 2014).

과거 데이터에서도 말과 접촉하면서 스트레스가 줄어들고, 동시에 자존심을 높여준다는 데이터가 몇 개나 나와 있다. 정기적으로 승마클럽에 참가하는 것은 어렵겠지만, 기회가 있다면 시험해 보자.

 어떤 형태로든 자연 속에서 몸을 움직이면 스트레스 해소 효과는 두 배 이상 증가한다.

(12) 트레일 러닝

'트레일 러닝(trail running)'은 비포장 산길(trail, 시골길) 등을 달리는 것으로, 등산에 마라톤요소를 접목한 그린 엑서사이즈의 일종이다. 전 세계적으로 애호가가 증가하고 있으며, 최근에는 과학적인 검증도 증가했다.

스탠포드대학교에서 중고령 남녀를 대상으로 실시한 실험을 살펴보자(Gregory

N. Bratmana, et al. : 2015). 연구팀은 우선 피험자에게 앙케이트와 뇌스캔을 실시해 전원의 '반추사고'를 체크했다. '반추사고'는 우리들의 정신을 악화시키는 큰 원인 중 하나다.

그 후 피험자는 절반씩 나누어 한쪽 그룹만 90분 동안 숲 속을 조깅하게 하고 나머지 절반의 피험자와 어떤 차이가 있는지 확인했다.

그 결과 트레일 러닝을 한 그룹에게 나타난 변화는 다음과 같다.

▶ 반추사고 횟수가 크게 감소

▶ 뇌의 이마앞영역의 활동 저하

이마앞영역은 사고나 기억에 관여하는 뇌의 구역이다. 이 부분의 활동이 줄어들었다는 것은 한마디로 피험자가 '그다지 고민하지 않게 되었다'는 것을 의미한다.

연구팀은 트레일 러닝의 효과를 이렇게 설명했다.

"도시의 바쁨과 소란에서 벗어나 보다 자연이 풍부한 환경 속에서 운동하면 심리적인 행복을 얻을 수 있다. 트레일 러닝은 도시에서의 러닝으로는 얻을 수 없는 메리트(merit)를 정신에게 주고 있는 것이다."

(13) 운동 친구

운동의 스트레스 해소효과를 크게 높이는 것이 '운동 친구(exercise buddy)'이다. 그렇게 어려운 이야기는 아니다. 단순히 함께 운동을 하는 친구(buddy)가 있으면 좋다는 것이다. 매우 단순하지만 그것만으로도 그냥 운동하는 것보다 크게 스트레스가 줄어드는 것으로 알려졌다.

2017년 호주 뉴잉글랜드대학이 평소에 스트레스 수준이 높은 학생을 대상으로 12주 동안 개입을 실시했다. 그러는 동안 피험자의 절반은 친구와 운동을 하게 하고, 나머지 절반은 혼자 좋아하는 운동을 하게 했다. 그리고 4주마다 전원의 스트레스를 조사한 결과, 두 그룹에는 명확한 차이가 확인되었다(Dayna M. Yorks, et al. : 2017).

친구와 운동을 한 그룹과 혼자서 운동을 한 그룹은 다음과 같은 차이가 있었다.

▶ 스트레스가 26.2% 낮아졌다.

▶ 감정 컨트롤 능력이 26% 개선되었다.

▶ 몸 상태도 24.8 좋아졌다.

모두 똑같은 운동을 했는데도 친구와 함께 하는 것만으로도 이러한 차이가 발생하는 것이다.

그룹으로 실시하는 운동에는 건강 개선 메리트만 있는 것이 아니다. 그 긍정적인 효과를 살리기 위해서라도 운동을 할 때는 반드시 마음이 맞는 친구와 하거나, 그룹에 소속되어 해 보자.

3) 바이오필리아

◉ 인간에게는 자연에 대한 욕망이 내재되어 있다.

최강 스트레스 대책 중 세 번째가 '바이오필리아(biophilia ; 녹색갈증. 살아 숨쉬는 생명과 자연을 사랑하는 것)'이다. 익숙하지 않은 단어일지도 모르지만, 이것은 '인간의 뇌에는 대자연과의 접촉을 원하는 욕망이 갖추어져 있다'는 사고방식을 의미한다.

녹음에 둘러싸인 공원에서 편안한 기분을 느끼거나, 텔레비전에서 장대한 자연의 광경을 보고 감동을 느낀 경험은 누구나 있을 것이다. 이것은 우리들 속에 내재된 '바이오필리아'가 켜졌기 때문이다.

이 아이디어는 1980년대에 하버드대학교의 E.O.윌슨이 제창한 것으로, 그 후로도 수많은 데이터를 통해 증명되었다.

대표적으로는 영국 더비대학교에서 2016년에 실시한 메타분석이다. 과거에 나온 '자연과 정신'에 관한 조사 중에서 871명 분의 양질의 데이터를 해석한 것으로, 과학적인 신뢰도가 높다(Miles Richardson, et al. : 2016).

결론을 한마디로 말하면 "자연과 접촉하면 부교감신경이 활성화되어 단숨에 스트레스가 감소하며, 그 효과량은 0.71이다.”

　부교감신경은 스트레스를 컨트롤하는 인체의 기능인데, 이것이 활성화될수록 몸이 편안한 상태가 된다. 단순히 자연과 접촉하는 횟수를 늘리는 것만으로도 스트레스가 크게 줄어드는 것이 이 연구에서 분명히 드러났다.

　여기에서 ‘효과량’이란 단순하게 ‘자연과 접촉하면 어느 정도의 스트레스 해소 효과가 있는가?’를 나타낸 지표다. 0.71은 상당히 좋은 성적으로, 과거의 데이터와 비교해 보면 호흡법이나 운동을 웃도는 수치라고 볼 수 있다. ‘바이오필리아’야말로 과학이 인정한 최강의 스트레스 대책 중 하나이다.

✪ 도시에서 살수록 정신이 병 들기 쉽다

　듣고 보면 당연한 이야기다.

　우리들 조상은 수백만 년에 걸친 역사의 대부분을 풍부한 자연 속에서 살아왔다. 수십만 세대에 걸쳐 광활한 사바나나 깊은 숲속에서 살며 인간의 뇌는 동식물로 둘러싸인 환경에 적응해왔을 것이다.

　그런데도 현대사회에서는 자연이 크게 훼손되고 있다. 그러므로 우리들의 뇌는 콘크리트빌딩이나 전자기기와 같은 ‘고대에는 존재하지 않았던 것’에 본능적인 경계심을 가지며, 모르는 사이에 스트레스가 쌓여가는 것이다.

　사실 최근 연구에서는 도시에 사는 주민일수록 정신건강이 악화되기 쉽다는 것이 나타났다. 60대 이상의 고령자를 조사한 막스 프랑크 연구소의 실험에 따르면, 주위 반경 1킬로미터가 숲에 둘러싸인 지역에 사는 사람일수록 뇌의 편도체(amygdala ; 뇌의 변연계에 속하는 구조의 일부)가 안정적으로 활동하는 경향이 나타났다. 편도체는 인간의 감정을 컨트롤하는 영역으로, 이 기능이 정상적으로 활동하는 사람일수록 부정적인 감정에 휘둘리지 않게 된다.

　연구팀은 이렇게 말했다. “시골보다도 도시가 새로운 체험을 많이 할 수 있으므로 뇌에도 긍정적인 영향을 줄 것이라고 생각되곤 한다. 하지만 실제로는 도시에서 사는 것은 만성적인 스트레스로 정신건강을 악화시키고 만다. (중략) 어떤 연구에 따르면 도시에서 정신분열증이나 불안장애의 발병률이 도시화가 진행되지 않은 지역에 비해 56%나 높다."

물론 그렇다고 해서 숲속에서 살 수는 없지만, 매일 생활에서 조금씩 '자연'을 도입해나갈 수는 있다.

당신의 '바이오필리아'를 충족시키는 방법을 살펴보자.

 ■ 인간에게는 '자연'을 사랑하는 본능이 태어날 때부터 갖추어져 있다. 이 욕망을 채워주지 않으면 스트레스가 급증한다.

(1) 일광욕

◐ 태양을 피하는 것은 담배를 피우는 것과 같다

'자연'과의 접촉을 늘리기 위해서 우선 해야 할 일이 '일광욕(sun bathing)'이다. 간단히 말하면 '좀 더 햇빛을 쬐자!'는 사고방식이다.

'햇빛은 매일 쬐고 있는데...'하고 생각할지도 모르지만, 사실 대부분의 현대인은 하루에 필요한 양만큼 햇빛을 제대로 받지 않고 있다. 예를 들어 대략 5만 명의 근로자를 조사한 데이터에 따르면, 실내에서 일하는 사무직의 90%가 하루에 만족스러운 양만큼 햇빛을 쬐지 않고 있어 비타민 D가 만성적으로 부족하다는 사실이 밝혀졌다. 야외에서 활동을 많이 하는 사람도 그중 48%의 피험자가 햇빛 부족에 따른 비타민 D 부족이 확인되었다(Daniel Sowah, et al. : 2017).

알다시피 비타민 D는 햇빛을 쬐면 생성되는 성분이다. 비타민이라기보다는 호르몬에 가까운 작용을 하고, 면역시스템을 건강하게 유지하거나 세포의 증식을 촉진하여 아름다운 피부를 유지하고, 뇌신경의 발달에 관여해 정신의 부조를 방지하는 것과 같이 매우 중요한 역할을 한다. 즉 체내의 비타민 D가 저하할수록 우리들의 정신은 스트레스에 약해진다.

비타민 D는 식사로 섭취하기가 어려우므로 기본적으로 햇빛을 쬐는 것이 가장 좋다. 그러므로 사무직 근로자가 늘어난 현대에서는 '햇빛 부족'이 심각해지고 있어, 2016년에는 스웨덴에서 "태양의 빛을 피하는 것은 담배와 똑같을 정도로 몸에 나쁘다."는 보고가 나왔다(Lindguist, P. G., et al. : 2016).

미용의 세계에서는 태양을 피하는 것이 일반적이지만, 너무 햇빛을 쬐지 않는 것도 생각해 볼 일이다. 태양을 너무 피하면 우리들의 마음과 몸에 악영향만 미친다. 우선 '태양'을 효과적으로 사용하는 것이 '바이오필리아'를 충족하는 첫걸음이다.

◪ 가장 좋은 일광욕 방법

그런데 햇볕에 타면 피부암이나 광노화(자외선에 의한 피부의 노화)를 일으킬 위험을 높이는 것도 사실이다. 태양의 메리트를 완전히 이끌어내기 위해서는 하루의 최적량을 알아두어야 한다.

그런데 가장 좋은 일광욕 방법이란 어떤 것일까? 태양의 최적량은 개인의 피부색이나 사는 장소에 따라 크게 달라진다. 피부색이 검은 사람일수록 빛을 흡수하기 힘들므로 필요한 양이 늘어나고, 북쪽에 사는 사람처럼 일사량이 적은 지역에서는 남쪽보다도 많이 햇빛을 쬐어야 하기 때문이다.

정말로 가장 좋은 햇빛 양을 알고 싶다면 다음과 같은 절차를 밟아야 한다.

1. 햇빛을 쬐고 나서 24시간 후의 피부색을 체크한다. 이때 피부가 약간 핑크색으로 변한 정도가 자신에게 있어 최적의 햇빛 양이라고 판단할 수 있다.
2. 1번을 몇 번 시험해 보고 자신의 피부가 약간 핑크색으로 변할 때까지 대략적인 시간을 파악한다.
3. 2번에서 파악한 시간에서 하루에 최저 25~50%는 태양빛을 쬔다. 이때 전신 피부의 35%는 노출하자.

'피부가 약간 핑크색으로 변할 때까지의 시간'을 전문적으로 최소홍반량(MED : minimal erythema dose)이라고 한다. 꽤 힘든 작업이지만, 자신의 1MED를 알아두면 피부에 너무 손상을 주지 않는 최적의 햇빛 양을 알아낼 수 있게 된다.

애초에 이렇게까지 하는 것은 귀찮으니 우리나라 사람의 평균치를 참고하는 것도 한 방법이다. 대체로 동양인의 1MED는 평균 25~37분 사이이므로 하루에 최저 6~20분은 전신에 햇빛을 받도록 신경 쓰자(Michael F. Holick : 2010).

◘ 태양의 메리트를 살리기 위한 세 가지 포인트

마지막으로 태양과의 접촉을 늘리기 위한 주의사항을 정리한다. 반복해서 설명하지만 햇빛을 너무 쬐는 것도, 너무 안 쬐는 것도 안 좋다.

다음과 같은 포인트를 지켜 당신의 최적량을 조정해 보자.

▶ 피부의 통증 및 수포가 생기는 수준으로 살을 태우는 것은 반드시 피한다.

조금이라도 통증이 느껴지는 시점에서 당신의 피부는 이미 크게 손상된 것이다. 건강한 피부가 약간 핑크색이 될 정도로 살이 타는 것은 문제없다.

▶ 비타민 D가 잘 증가하는 시간대를 노리자.

사무직이 주 업무라 밖으로 나갈 기회가 적을 때는 애초에 비타민 D의 생산량이 많아지는 정오 시간을 노리자. 또한 이때는 한 번에 일광욕을 하지 말고 몇 분씩 일광욕을 반복하면 비타민 D 생산량이 많아진다.

▶ 어쩔 수 없는 경우에는 비타민 D 보조제를 먹는다.

아무래 해도 외출이 어려울 때나 일사량이 적은 겨울 등에는 비타민 D 보조제를 먹는 것도 한 방법이다. 최근에는 영국 등에서 동계 시즌에는 비타민 D 보조제를 권장한다. 다만 보조제에는 흡수율 등의 문제가 있으므로, 결국은 태양광을 완전하게 보충할 수는 없다. 어디까지나 보조하는 역할로만 사용하자.

 ■ 태양광을 쬐지 않으면 정신건강이 악화된다.
하루에 최저 6~20분은 햇빛에 피부를 노출하자!

(2) 삼림욕

우리에게 익숙한 스트레스 해소법의 하나가 '삼림욕'이다. 현재 확인된 삼림욕의 효과는 스트레스 해소는 물론 혈압저하나 면역세포 활성 향상 등이다. 전부 대규모 메타분석으로 성과가 보고된 것이다(Ideno Y. et al. : 2017).

이러한 연구를 통해 2017년에는 세계 최초로 150명의 전문가가 모인 국제회의에서 삼림욕의 높은 효과를 확인했다. 지금 '삼림욕'은 세계가 인정한 스트레스 해소법이다.

'삼림욕'을 실시하는 장소는 나무들로 둘러싸인 장소라면 어디든 상관없다. 그런데 전문가가 현장실험을 실시한 후 '안전하게 삼림욕을 즐길 수 있는 환경이 정비되어 있는가?'와 '스트레스 해소효과가 확인되었는가?' 하는 두 가지 조건을 충족한 장소만 인정받았다. 혈압이나 심박변동 등을 사용하여 피험자의 스트레스 수준을 측정해 적당한 삼림욕 장소를 선택하는 데 참고했다.

(3) 식물관상

일상생활에서 '자연'을 마주하려면 '관엽식물(식물의 잎을 감상하기 위한 식물)'이 가장 손쉬운 방법이다.

아칼리파, 아나나스류, 벤자민, 야자나무류, 드라세나 등 방에 두는 식물의 종류는 뭐든 상관없다. 눈에 띄는 장소에 화분을 하나 두는 것만으로도 당신의 스트레스는 크게 줄어든다.

최근 몇 년간 관엽식물의 효과를 증명하는 논문이 늘고 있었다. 예를 들면 노르웨이대학교에서 실시한 실험에서는 385명의 사무직 근로자들을 대상으로 직장에 관엽식물을 두면 어떤 변화가 나타나는지를 체크했다. 그러자 관엽식물을 보면서 일한 그룹은 매일 피로감이나 스트레스가 가벼워지고, 게다가 두통이나 기침, 피부건조와 같은 신체적인 문제까지 개선되었다(Tina Bringslimark : 2007).

다른 연구에서도 비슷한 결과가 나왔는데, 똑같이 사무실에 관엽식물을 둔 실험에서는 종업원이 병에 걸릴 확률이 20% 정도 감소했다. 이러한 데이터는 모두 '종업원의 업무량'이나 '직장의 위생환경' 등의 요소는 통계적으로 조정되어 있으므로, 역시 관엽식물에는 특유의 메리트가 있다고 보아야 한다.

하트퍼드셔대학교의 리처드 와이즈맨 교수는 관엽식물의 효과에 대해 다음과 같이 말했다. "과거의 데이터를 보면 주위에 녹음이 많은 병원으로 간 환자는 질병이 빨리 낫는 경향이 나타났다. 게다가 감옥을 무대로 한 실험에서는 창문으로 녹음이 보이는 방에서 생활하는 수감자가 질병에 잘 걸리지 않는다는 데이터도 있다."

아무래도 관엽식물로 스트레스가 줄어들었기 때문에 질병에 잘 걸리지 않는 모양이다. 자신의 책상에 화분을 두기만 하면 되니까, 이만큼 손쉽게 높은 효과를 얻을 수 있는 스트레스 대책도 없을 것이다.

자신이 좋아하는 식물을 골라 사무실이나 자기 방에 꼭 놓아두자. 바로 스트레스가 줄어드는 효과를 얻을 수 있을 것이다.

(4) 자연의 소리 듣기

만약 정기적으로 숲이나 바다에 가기 어렵다면 '자연의 소리 듣기'를 이용해 보자. 바람소리, 파도소리, 벌레 울음소리 등 자연계에 넘치는 소리를 듣기만 해도 우리의 스트레스는 크게 줄어든다고 한다.

영국 서식스대학에서 실시한 실험에서 피험자인 학생에게 두 가지 패턴의 음성을 5분 25초 정도 들려줬다.

▶ 자연의 소리(바람소리나 새가 지저귀는 소리 등)

▸ 인공의 소리(자동차 엔진이나 사무실 소리 등)

그런 다음 전원의 스트레스도를 측정한 결과, 자연의 소리를 들은 학생은 부교감 신경이 활발해져서 이완반응이 발생했다. 그 효과는 실험 전에 스트레스를 느꼈던 사람일수록 컸다고 한다(Gould van Praag C. D., et al. : 2013).

이러한 현상이 일어나는 이유는 인간의 뇌가 무의식중에 자연의 소리에 이끌리는 성질을 가지고 있기 때문이다. 자연의 소리를 들으면 반사적으로 자기 내면으로부터 의식이 벗어나 과거의 나쁜 기억이나 미래의 불안에 잘 사로잡히지 않게 된다.

손쉽게 자연의 소리를 즐기려면 스마트폰 앱을 사용하는 것이 좋다. 추천하는 것은 'Relax Melodies'이다. 고품질의 자연음을 마음대로 조합해서 즐길 수 있다.

(5) 아로마 테라피
◘ 식물의 향기는 과학적으로 효과가 확인되었다

'아로마 테라피(aroma therapy)'는 고대 로마제국에서도 사용되었던 역사적인 이완방법이다. 식물의 향기에 치유효과가 있다는 것은 최근 연구로 널리 검증되었으며, '바이오필리아'를 충족시키는 수단으로 충분히 사용할 수 있다.

아로마 테라피의 효과를 증명한 연구를 몇 가지 소개한다.

▸ 12건의 데이터를 정리한 정밀도가 높은 리뷰논문에서는 에센셜 오일이 마사지보다도 큰 치유효과가 있다고 했다(Hwang E. et al. : 2015).

▸ 15건의 데이터를 분석한 2011년의 대규모 리뷰논문에서도 "불안대책으로 아로마 테라피를 추천할 수 있다."는 결론이 나왔다(Lee Y. L., et al. : 2011).

두 논문 모두 데이터의 질이 우수하고, 과학적인 신뢰도가 높다. 아로마 테라피가 스트레스 해소임에 좋은 것임에는 틀림없다.

◘ 정말로 스트레스에 좋은 '최강 아로마 오일'은 이것이다

그럼 수많은 아로마 오일 중에서 가장 스트레스를 줄여주는 효과가 높은 것은 무엇일까?

사실 이 문제에 대해서도 이미 과학적으로 정밀도가 높은 대답이 나와 있다. 2014년 을지대학교에서 7개의 데이터베이스에서 많은 연구결과를 뽑아내 "어떤 아로마 오일이 정말 효과가 있는가?"를 조사하여 스트레스 해소 효과가 높다고 인정받은 오일을 골라냈다(Hur M. H., et al. : 2014).

그것은 다음의 네 종류다.

▶ 라벤더(lavender)

▶ 페퍼민트(peppermint)

▶ 클라리세이지(clary sage)

▶ 베르가모트(bergamot)

현재는 라벤더 오일의 연구 사례가 가장 많다.

이 네 가지 오일에는 모두 높은 이완효과가 확인되었다. 네 가지 오일 모두 예민한 신경을 잠재우는 작용이 있고, 짜증이나 불안을 억제해준다.

그중에서도 가장 신뢰도가 높은 것은 라벤더다. 그 이유는 많은 아로마 테라피 실험에서 라벤더가 사용되었으며, 스트레스에 효과가 있을 뿐 아니라 수면의 질을 향상, 불안 해소, 고혈압 개선과 같은 가능성이 시사되었다. 아로마 테라피로 스트레스를 해소하고 싶다면 현재는 라벤더가 가장 좋은 선택이다.

아로마 오일은 어떻게 사용해도 상관없다. 마음에 드는 디퓨저(diffuser)를 사용해도 되고, 목욕할 때 욕조에 몇 방울 떨어뜨려 향기를 즐겨도 된다. 어떤 방법으로도 스트레스 해소효과를 얻을 수 있다.

추천하는 것은 잠자리에 들기 30분 전에 침실을 라벤더 향기로 채우는 것이다. 하루의 스트레스가 크게 줄어들고 그날 밤 수면의 질도 높여준다.

■ 아로마 테라피가 스트레스에 효과가 있는 것은 틀림없다.
　　　　 그중에서도 라벤더가 신뢰도가 높다.

(6) 라벤더 오일 캡슐

라벤더 오일에는 불안이나 긴장을 풀어주는 효과가 있어 잠이 잘 오지 않는 밤에 사람의 수면 유도를 위해 사용되고 있다.

검증된 데이터도 많고, 잠자리에 들기 30분 전에 실내를 라벤더 향기로 가득 채우면 깊이 잠이 들게 되거나, 불면증이 개선되었다는 결과가 나왔다(Goel N, et al. : 2015). 라벤더에 특유의 진정효과가 있는 것은 틀림없다.

라벤더 오일
라벤더에는 긴장을 풀어주는 효과가 있다.

하지만 여기서 추천하고 싶은 것은 라벤더 오일의 경구투여이다. 즉 입을 통해 체내로 오일을 집어넣는 방법이다. 사실은 라벤더 오일은 보조제의 효과도 확인되어 이유 없이 불안할 때와 같은 증상에는 큰 메리트를 발휘한다. 2010년에 이루어진 실험에서는 221명의 피험자에게 하루에 80mg의 라벤더 오일을 먹게 한 결과, 10주 동안에 불안한 마음과 수면의 질이 개선되었다(Lewith G. T., et al. : 2005A). 독일에서 실시된 다른 실험에서도 6주 동안 전문 항불안약(로라제팜)과 같은 수준의 효과가 나타났다(Woelk H., et al. : 2010). 불안 때문에 스트레스를 잘 받는 사람은 시험해볼만한 가치가 있다.

(7) #natureporn(네이처 포르노)

공원에 산책할 시간조차 없는 사람이라도 자연과 접촉할 수단이 있다. 단순히 장대한 자연의 사진을 보면 된다.

자연의 사진을 보는 것만으로도 우리들의 정신이 강해진다는 것은 유명한 이야기다. 예를 들면 네덜란드의 암스테르담 자유대학교에서 실시한 실험에서는 학생들에게 복잡한 계산 문제를 풀도록 지시했다(Magdalena M. H. E. van den Berg, et al. : 2015).

그리고 전원의 스트레스가 높아졌을 때 모니터에 '도시의 풍경'과 '녹색이 많은 공원의 풍경'을 두 가지 패턴을 표시했다. 학생의 스트레스에 어떠한 변화가 나타나는지를 체크해본 결과, 흥미로운 차이가 발생했다. '녹색 사진'을 본 학생은 편안함을 관장하는 부교감신경이 활성화되고 심박수도 크게 내려갔다.

이 결과에 대해서 연구팀은 이렇게 말했다.

"자연의 사진을 5분 본 것만으로도 스트레스 해소에 도움이 될 가능성이 있다. 이 효과를 얻기 위해서는 웅장한 자연의 풍경, 자연의 소리나 냄새도 필요 없다. 이 사실에는 놀랐다."

조금 녹색이 많은 공원의 사진이라도 사람의 신경은 크게 안정되는 모양이다. 이만큼 간단하게 자연의 메리트를 즐길 수 있다면, 하지 않을 이유가 없다.

인터넷을 이용하면 자연 사진은 얼마든지 찾을 수 있지만, 인스타그램에서 '#natureporn'이라는 태그의 검색을 추천한다. 전 세계의 유저가 촬영한 아름다운 자연 사진을 계속해서 즐길 수 있다.

제7장

영양과 운동

1_ 필수영양소

1) 물

서바이벌캠프에 갈 때 물을 가져갈 것인가, 아니면 음식을 가져갈 것인가. 놀라운 일은 인간은 음식물보다는 물을 더 많이 섭취해야 살 수 있다는 것이다. 인간은 필요한 영양소를 섭취하지 않아도 몇 주 동안은 살아남을 수 있지만, 물이 없으면 몇 시간 안에 탈수현상이 나서 며칠을 견디지 못하고 죽을 수 있다.

물은 몸에서 무슨 일을 하는가? 인간의 몸은 50~60%가 물로 구성되어 있다. 물은 우리 몸에서 세포를 적시고 흐를 수 있게 도우며, 몸의 pH 균형과 전해질의 균형을 맞추어 주며, 세포와 다른 물질을 수송하는 역할을 한다.

사람들은 몸상태, 나이, 체격, 기온 등에 따라 필요로 하는 물의 양이 다르다. 요즘 사람들은 물을 많이 섭취해야 한다는 말에 항상 물병을 들고 다닌다. 탈수현상을 피하기 위해서나 장기가 올바르게 기능할 수 있도록 물로 장기를 씻어낸다는 목적으로 물을 많이 마시는데, 이런 이유로 생수산업이 오늘날 탄산음료산업만큼 클 수 있었다. 사람들은 생수가 수돗물보다 깨끗하다고 생각하는데, 이것은 옳지 않다.

보리 소맥 옥수수가루 귀리 쌀 통곡물빵 파스타	말린 콩 말린 렌즈콩 말린 완두콩 땅콩 두부	참깨씨 해바라기씨 호두 캐슈너츠 견과류 씨앗	푸른잎채소 브로콜리
곡물류	콩 류	씨앗 및 견과류	채소류

그림 7-1 ___대체(보충)단백질

대부분의 생수는 우리가 마시는 수돗물을 정수한 것이며, 어떤 제품은 우리 몸에 수돗물보다 더 나쁠 수 있다.

2) 단백질

물 다음으로 체구성에서 많은 비중을 차지하는 물질은 단백질(protein)이다. 단백질은 인체의 거의 모든 세포를 구성하며, 성장할 때 뼈와 근육, 피부와 혈구를 발달시키고, 파손될 경우 치료하는 역할을 한다. 병균과 바이러스로부터 우리 몸을 보호해주는 항체는 물론 우리 몸의 화학적인 활동을 관리하는 효소도 단백질로 구성되어 있으며, 신체적인 기능을 도와주는 호르몬도 단백질로 구성되어 있다.

3) 탄수화물

단백질의 중요성을 무시할 수는 없지만, 우리가 하루하루 살아가는 에너지를 공급하는 것은 탄수화물(carbohydrate)이다. 탄수화물은 단백질보다 빨리 흡수되어 빨리 사용되는 근육, 신경, 장기 등을 움직이는 힘의 원천이다. 그래서 에너지의 빠른발생을 원하는 사람들은 스테이크 한 조각보다는 파스타 한 그릇을 먹는 것이 더욱 효과적이다.

탄수화물에는 단당(simple sugars)과 복합탄수화물(complex carbohydrates)의 두 종류가 있다. 단당은 과일과 같은 음식물에서 찾을 수 있다. 복합탄수화물은 주로곡류나 곡물, 잎의 색이 어두운 녹색채소, 노란 과일이나 채소(당근, 마), 십자화과채소(브로콜리, 양배추 등), 뿌리채소(감자) 등에 있다. 우리는 대체로 복합탄수화물을 충분히 섭취하지 않는다.

우리들의 식단은 대부분 단당으로 구성되어 있다. 단당의 가장 흔한 형태는 포도당(glucose)이다. 단당을 섭취하면 포도당으로 분해되어 몸에 필요한 에너지를 세포에 공급하게 된다. 포도당은 단맛이 있으며, 꿀 · 시럽 · 채소 · 과일 등에 있다. 과당(fructose)은 과일이나 열매에서 발견할 수 있는 또 다른 형태의 단당이다. 포도당과 과당은 단당류(monosaccharides)이며, 당분의 분자 하나만을 포함한다.

이당(disaccharides)은 단당 2개가 결합된 것으로, 가장 많이 알려진 예는 그래뉴당이다. 그래뉴당은 포도당에 과당이 결합된 것이다. 젖당(lactose)은 또 다른 형태의 이당으로, 포도당과 갈락토오스가 결합된 것이다. 이당은 단당으로 분해되어야 사용할 수 있다.

우리가 섭취하는 당의 양을 관리는 쉬운 일이 아니다. 그 이유는 당은 많은 종류의 음식물에서 찾을 수 있으며, 쉽게 파악하기 어렵기 때문이다. 따라서 식재료를 살 때에는 이런 점을 잘 살펴보아야 한다.

다당(polysaccharides)은 당류로 만들어진 복합탄수화물로서, 단당으로 분해되어야 흡수될 수 있다. 복합탄수화물은 녹말과 섬유소(fiber, cellulose)로 나뉜다. 녹말(starches)은 복합탄수화물의 대부분을 차지하며, 밀가루나 감자 등에 많다. 이것은 근육과 간 등에 저장되어 있다가 에너지가 필요할 때 이용된다.

(1) 탄수화물과 운동수행

운동선수들에게 탄수화물은 건강식품이라고 한다. 그 이유는 선수들이 당으로 인해서 더 큰 운동수행능력을 발휘할 수 있다고 믿기 때문이다. 하지만 이것은 잘못된 믿음이다. 왜냐하면 탄수화물을 너무 섭취하면 피해를 볼 수도 있기 때문이다. 지나친 당섭취로 심한 설사가 날 수 있고, 소화에 나쁜 작용이 올 수 있다.

마라톤선수나 많은 에너지를 소비하는 운동선수들은 당원의 양을 늘리기 위해 탄수화물 저장 프로그램을 따르게 된다. 이것은 경기 며칠 전에는 적은 양의 탄수화물을 섭취하고 많은 양의 연습을 하며, 경기 바로 전에 엄청난 양의 탄수화물을 섭취하여 몸에 저장한다. 이로써 경기 당일 엄청난 양의 에너지를 소비할 수 있다.

(2) 당과 활동항진의 관계

종전에 미디어에 발표되던 것과는 달리, 최근의 연구에서는 당이 활동항진을 발생시키지는 않는다는 사실이 밝혀졌다. 여러 선행연구를 통해 많은 양의 당섭취가 신경적·정신적인 기능, 암기력, 집중력, 응용력 나쁜 영향을 미치지 않는 것을 알게되었다.

(3) 탄수화물과 암발생

WHO에서는 플라스틱에서 발견된 합성물질인 아크릴아미드(acrylamide)라는 우리 몸에 암을 발생시킬 수 있을 뿐만 아니라 신경계통과 생식계통에 피해를 줄 수 있다고 하였다. 이 물질은 녹말이 함유된 음식물이 높은 온도에서 요리되었을 때 나타난다. 이 물질은 감자튀김과 다른 튀김 종류의 음식물, 특히 튀겨낸 곡물이나 과자에서 발견되었다. 이런 음식물에서 발견된 아크릴아미드는 물 한 컵에서 나오는 아크릴아미드보다 300백 배나 많은 것으로 밝혀졌다.

4) 섬유질

섬유질은 소화를 도와주는 물질로, 식물성식품에서 찾을 수 있다. 또 섬유질은 사람에게 배가 찬 느낌을 줌으로써 불필요한 지방축적을 예방해주는 역할을 하기도 한다. 섬유질은 용해되는 섬유질과 용해되지 않는 섬유질의 두 가지로 나뉜다. 불용해성섬유질은 겨에 많이 들어 있으며, 대부분의 과일과 채소에 함유되어 있다. 이 불용해성섬유질은 암예방에 도움이 되며, 위와 소화기능에 좋은 물질이다. 용해성 섬유질은 콜레스테롤수치를 낮춰서 심장병을 예방해준다. 이 물질은 많은 곡물, 말린 콩류 등에 함유되어 있다.

섬유질 섭취를 통해 얻을 수 있는 이점은 다음과 같다.

▶ 잘록창자(결장) 및 곧창자(직장)의 암발생예방 : 섬유질은 소화작용에 도움이 되기 때문에 몸에 해가 되는 물질을 몸에서 빨리 빠져나갈 수 있도록 도와주고, 암예방도 가능하다. 최근의 연구에서는 이것이 반드시 그렇지만은 않을 수도 있다고 하지만, 섬유질은 몸에 해가 되지 않을 뿐만 아니라 유익한 것으로 판정

할 수 있다.

▶ 주요 유방암예방 : 섬유질은 여성의 혈액에 있는 에스트로겐의 양을 줄여 유방 암예방에 도움을 줄 수 있다. 또한 섬유질을 많이 섭취하면 몸에 지방이 많이 쌓이지 않도록 도움을 주기 때문에 유방암발병의 요소인 체지방률을 낮추어 유방암 예방에 도움을 준다.

▶ 변비예방 : 불용해성섬유질을 적당한 양의 액체와 함께 섭취하면 변비에 많은 도움이 된다. 이 섬유질은 몸에 들어가 스펀지 같은 역할을 하는데, 이는 가스 를 만드는 데 도움을 주어 소화작용에 원활하게 한다.

▶ 곁주머니증(게실증) 예방 : 곁주머니증(diverticulosis)은 장벽에 생긴 염증때문 에 변비증상이 있을 때 통증을 느끼게 하는 증상인데, 섬유질을 섭취하면 변비 가 치료되어 통증이 없어진다.

▶ 심장병예방 : 섬유질투입은 혈중콜레스테롤 수치를 낮추어 심장병을 예방할 수 있다. 혈액과 관계된 다른 질병의 예방을 돕는다는 말도 있었지만, 이것은 아 직 증명되지 않았다.

▶ 당뇨병예방 : 섬유질이 어떤 식으로 당뇨병예방에 도움이 되는지는 아직 밝혀지 지 않았지만, 섬유질이 혈당수치를 낮춰주는 것은 증명되었다.

▶ 비만예방 : 섬유질은 대부분 많은 탄수화물과 적은 지방을 가지고 있기 때문에 많이 섭취해도 체지방률을 늘리지 않으며, 비만예방에 도움이 된다.

전문가들은 대부분의 모든 사람들은 섬유질의 양을 두 배 섭취해야 된다고 주장 한다. 섬유질섭취의 효율성을 높이는 방법은 다음과 같다.

▶ 많은 종류의 음식을 먹는다. 5회분 이상 과일과 채소를 먹고, 3~6회분은 섬유 질이 들어간 음식물을 먹는다.

▶ 가공음식은 먹지 않는다.

▶ 과일과 채소의 껍질에는 좋은 영양소가 저장되어 있으므로 껍질까지 섭취하는 것이 좋다.

▶ 섬유질은 음식물로부터 얻는다. 영양제는 우리 몸에 필요한 모든 양의 영양소를 제공하지 못한다.

▶ 섬유질은 자주 먹는다. 한 번에 다 섭취하기보다는 나누어서 먹는 것이 좋다.

▶ 액체를 많이 섭취한다. 하루에 적어도 2 l 정도의 물을 마셔야 건강할 수 있다 (1일 물섭취량(l)=체중×0.033).

5) 지 방

지방(fat, lipid)은 또 다른 기본영양소로서, 가장 많은 오해를 받고 있는 인체의 에너지원이다. 지방은 체온을 알맞게 유지시켜주고, 일부 비타민들을 생성하기도 한다. 지방은 원래 저장된 탄수화물인데, 우리가 필요할 때 에너지로 공급된다. 이런 좋은 일은 하는 지방을 우리는 왜 없애려고 하는건가. 적당한 양의 지방섭취는 것은 물론 좋은 일이다.

지방의 적절한 섭취는 몸에 꼭 필요하지만, 너무 많이 섭취하면 위험할 수 있다. 인체의 지방 중 95%를 차지하는 트리글리세라이드(triglyceride)는 간에서 에너지로 사용되지 못한 칼로리를 지방으로 만들어 몸에 저장하게 된다. 나머지 지방은 콜레스테롤(cholesterol)인데, 이 콜레스테롤 수치가 높아지면 혈관을 막아 위험한 상태까지 빠질 수도 있다.

혈액 속에는 두 가지 단백질이 있는데, 그것을 고밀도지질단백질(HDL : high density lipoprotein)과 저밀도지질단백질(LDL : low density lipoprotein)이다. 고밀도지질단백질은 간에 지방을 수송하며, 대사작용에 사용되고, 나머지는 몸에서 제거된다. 하지만 저밀도지질단백질은 이 지방을 몸안의 세포에 수송하므로 에너지로 이용되지 않으면 몸에 쌓이게 된다. 그러므로 저밀도지질단백질의 비율이 높은 사람은 콜레스테롤로 인한 질병에 걸리기 쉽다.

지방세포는 탄소와 수소분자로 구성되어 있다. 포화지방(saturated fat)은 화학 구조상 수소를 더 이상 받아들일 수 없는 지방으로, 대부분 동물성식품에서 발견

카놀라유
홍화씨기름
해바라기씨유
옥수수유
올리브유
대두유
땅콩기름
면실유
코코아버터
(초콜릿)
팜커넬오일
코코넛기름

포화지방   PUFA
MUFA   기타

그림 7-2 ＿ 일반적인 식물성기름에 들어 있는 포화, 다중불포화, 단순불포화의 비율

할 수 있다. 불포화지방(unsaturated fat)은 화학구조상 수소를 더 이상 받아들일 수 있는 지방으로, 상온에서 액체형태이고, 식물성식품에서 나온다. 단일불포화지방산(MUFA : monounsaturated fat acid)과 다불포화지방산(PUFA : polyunsaturated fat acid)이라는 용어는 누락된 수소분자의 상대적인 수를 가리킨다. 과거에는 PUFA가 몸에 좋다고 하였지만, 오늘날 많은 연구에서 PUFA는 LDL 수치를 낮추면서, HDL 수치도 감소시킨다고 밝혀졌다. MUFA는 LDL의 수치는 낮추고 HDL의 수치는 높이기 때문에 대사작용이 증가하고, 더욱 건강한 몸을 유지할 수 있게 해준다.

(1) 식사에서 지방을 줄이는 방법

▶ 자신이 먹는 음식의 성분이 무엇인지를 알아야 한다. 식품을 사기 전에 라벨에 적혀 있는 영양분석표를 읽고 사라.

▶ 지방이 많이 들어있는 음식을 살 때는 되도록이면 저지방제품으로 사라.

▶ 다른 식용유보다 올리브유를 사용한다. 올리브유는 콜레스테롤수치를 높이지 않는다.

▶ 마아가린과 버터를 이용할 때에는 고형의 제품은 피한다. 고형의 버터나 마아가린은 많은 양의 지방산을 가지고 있다.

▶ 소시지나 다른 냉육성 고기, 내장성 육류를 줄인다. 흔히 지방이 없다 하지만, 이것은 믿을만한 제품이 아니다.

▶ 유제품을 살 때는 저지방제품으로 구입한다.

▶ 요리를 할 때 지방이 많은 기름이나 마요네즈는 피한다.

▶ 하루 섭취하는 양의 칼로리를 매일 똑같이 한다. 혹시 오늘 아침을 많이 먹었다면 저녁은 낮은 양의 칼로리로 먹어라.

(2) 트랜스지방산

미국의 경우 1961년 이후 버터섭취량이 43% 줄었다. 그것은 버터를 대신하는 새로운 종류의 버터인 마아가린이 나왔기 때문이다. 조사에 따르면 마아가린을 만들 때에는 이 불포화지방들을 수소와 함께 화합시키는데, 거기에서 발생하는 트랜스지방산이 버터 이상으로 몸에 해롭다고 한다. 이 트랜스지방산은 콜레스테롤수치를 높이고, 심지어 암을 유발할 수도 있다고 한다. 최근 조사에 따르면, 마아가린은 암에서 심장병까지 일으킬 수 있다고 한다.

(3) 지방에 대한 인식의 전환 : 더 많은 지방이 과연 좋은가

지금까지 지방을 줄여야 몸에 좋다고 했지만, 무조건 지방섭취를 줄어야 건강에 도움이 되는 것은 아니다. 우리가 하루 섭취하는 칼로리 중 지방이 15% 이하일 경우 트리글리세라이드의 양을 높이고, 심장병을 일으킬 수 있다고 한다. 또한, 고밀도지질단백질의 수치를 감소시켜 몸에 좋은 콜레스테롤의 양을 낮춘다. 우리 몸은 어느 정도의 지방산을 계속 섭취해야 하며, 그렇지 않을 경우 몸에 좋지 않은 영향을 미칠 수 있다.

모든 지방이 다 몸에 나쁜 건 아니다. 비타민 A, D, E와 K는 지방에 용해되어 몸에 섭취되며, 질병에 대항하는 카로티노이드(carotenoid) 성분도 함유하고 있다. 또, 지방은 우리 몸에 반드시 필요한 리놀레산(linoleic acid)과 알파리놀레산(alpha-linoleic acid)을 함유하고 있는데, 이들은 인체의 면역작용과 통증의 지각 등을 조절하는 호르몬과 비슷한 합성물을 만드는 데 필요하다.

6) 비타민

비타민(vitamin)은 유기체로서, 우리에게 꼭 필요한 영양소이다. 비타민은 성장과 생명을 유지시켜주는 영양소이다. 비타민은 피부와 신경을 관리해주며, 혈구를 만들고, 뼈와 치아를 만들어주며, 상처를 치료한다. 비타민의 가장 중요한 역할은 음식물을 에너지로 이용할 수 있게 하는 것이다.

하지만 비타민은 조리과정이나 열에 의하여 파괴될 수 있으므로 음식물을 생으로 먹는 것이 좋다. 생으로 섭취하면 음식물에 들어 있는 비타민이 손상되지 않기 때문에 보다 많은 양의 비타민을 흡수할 수 있다.

비타민은 지방 같은 영양소에 용해되어 창자에서 바로 흡수된다. 비타민 B나 C는 물에 용해되고, 나머지는 지방에 용해되어 몸에 흡수된다. 지방에 용해되는 비타민은 대부분 몸안에 저장되며, 물에 용해되는 비타민은 몸에서 빠져나온다.

미디어에서 떠드는 것과는 달리 실제로는 비타민섭취가 그다지 부족하지는 않다. 지금 섭취하는 음식물을 본다면 필요한 비타민은 다 섭취하고 있다고 보아도 무방하다. 그런데 많은 사람들이 영양제를 섭취함으로써 발생하는 비타민과다복용이 문제가 될 수 있다. 비타민을 과다복용하면 비타민과다증(hypervitaminosis)을 보일 수 있다.

7) 무기질

무기질(mineral)은 무생물적인 요소로서, 우리 몸의 생리적인 현상을 관리해준다. 비타민을 흡수하려면 무기질이 필요하다. 그러므로 무기질은 우리 몸에 꼭 필요한 요소이다. 무기질은 인체에 꼭 필요한 물질이지만, 적절히 섭취해야 건강을 유지할 수 있다.

대량무기질(macromineral)은 인체에서 비교적 많은 양을 필요로 하는 무기질로서 나트륨, 칼슘, 인, 마그네슘, 칼륨, 황, 클로라이드 등이 있다. 미량무기질(trace mineral)에는 철, 아연, 망간, 구리, 요오드, 코발트 등이 있다.

(1) 나트륨

나트륨(sodium)은 혈액순환과 신경충격의 전달, 심장활동, 특정한 대사작용 등을 할 때 없어서는 안 된다. 연구에 의하면 요즘 사람들은 나트륨을 필요량 이상으로 섭취한다고 한다. 성인에게 필요한 나트륨의 양은 하루 평균 500mg이지만, 하루 평균섭취량은 6,000~12,000mg이다.

나트륨은 소금에서 가장 찾기 쉽지만, 소금에서 섭취할 수 있는 나트륨의 양은 15% 밖에 되지 않는다. 나머지는 물과 가공식품에서 얻는데, 요즘 흔히 먹는 패스트푸드 한끼에는 무려 500~1,000mg의 나트륨이 함유되어 있다고 한다.

나트륨 과다섭취와 고혈압은 밀접한 관계가 있다고 한다. 이것은 가설일 뿐이지만, 고혈압환자들은 심장혈관장애에 대한 위험을 감소시키기 위해서는 나트륨섭취를 줄이는 것이 좋다. 나트륨섭취량이 많아지면 소변을 통해 많은 양의 칼슘을 잃을 수 있어 관절이나 뼈에 문제가 발생할 수 있다.

(2) 칼 슘

여성들의 골다공증발생률이 증가하면서 칼슘섭취에 대한 관심이 커지고 있다. 칼슘(calcium)은 뼈와 치아의 강화, 근수축, 혈액응고, 신경충격전달, 심장박동조절, 체액조절 등에 중요한 역할을 한다. 그러나 많은 사람들의 하루 칼슘섭취량은 일일 권장량에도 미치지 못하는 경우가 많다.

칼슘은 우리 몸을 튼튼하게 만들기 위해 반드시 권장량만큼은 섭취해야 한다. 우리가 섭취하는 칼슘의 반 정도는 우유에서 나온다. 만약 유우를 마시지 않는다면, 칼슘이 많이 든 오렌지주스나 두유를 마실 것을 권한다. 푸른색 채소에도 칼슘이 많지만, 옥살(oxalic) 때문에 흡수하는 데 시간이 많이 걸릴 수 있다. 브로콜리와 콩류에도 많은 양의 칼슘이 함유되어 있으며, 말린 과일도 적당량의 칼슘이 들어 있다. 아몬드나 헤이즐넛 같은 견과류나 해바라기나 참깨와 같은 씨 종류에도 상당량의 칼슘이 함유되어 있다.

만약 탄산음료를 많이 마신다면, 조심해야 된다. 탄산음료에 첨가되는 인산은 몸에 있는 칼슘을 없앨 수 있으며, 뼈에 있는 칼슘까지 빼앗아갈 수 있다. 칼슘과 인산의 불균형은 콩팥결석과 다른 석화 문제는 물론 아테롬성(atheroma) 동맥경화증을 발생시킬 수 있다.

햇빛은 비타민 D의 합성을 증가시킨다. 비타민 D는 칼슘흡수를 도와준다. 반면 스트레스를 받으면 칼슘흡수가 방해받을 수 있다. 칼슘은 골고루 연속적으로 섭취하는 것이 좋으며, 단백질과 비타민 D, 비타민 C를 같이 섭취하면 칼슘을 더 많이 흡수할 수 있다. 칼슘의 가장 효과적인 섭취방법은 잘 관리된 식이요법을 통해 섭취하는 것이다.

(3) 철 분

영양소결핍증 중 세계적으로 가장 많은 것이 철결핍증(sideropenia)이다. 개발도상국을 대상으로 한 조사에서, 아이들과 가임여성의 1/3이 철분결핍빈혈(iron-deficiency anemia)에 시달리고 있다고 한다. 철분이 결핍되면 빈혈(anemia)이 생길 뿐만 아니라 이식증에 걸리게 된다. 이식증(pica)에 걸리면 얼음, 진흙, 풀 등 실제로 철분을 함유하고 있지도 않고 철분흡수를 방해할 먹을 수 없는 물질에 식욕을 느끼게 된다. 성인여성은 하루에 18mg의 철분을 섭취해야 하고, 성인남성은 10mg 정도를 섭취해야 한다.

철분이 결핍되면 몸에 있는 세포가 산소를 제대로 공급받지 못하여 쉽게 피곤함을 느낀다. 보통 철결핍증은 철분이 들어간 음식물을 섭취하지 못하여 생기며, 과다출혈이나 암 때문에 생기기도 한다. 여성이 철결핍증에 걸리기 쉬운 이유는 평균적으로 남성들보다 적은 양을 섭취하기 때문이다. 여성들은 생리 중 철결핍증을 조심해야 된다.

지금까지 많은 전문가들은 철결핍증과 다른 질병의 원인과의 관계에 대해 조사하였지만, 아직 확실한 정보는 없다. 하지만 철분이 결핍되면 몸의 면역성이 낮아진다는 것은 확실하다고 한다. 연구자들은 심장병과 관련을 지으려 하지만, 아직 확실하게 보고된 정보는 없다.

철영양제의 과다복용으로 인한 철과부하(혈색소침착증, hemochromatosis) 또는 철중독은 어린이 중독사고의 주요원인이다. 철과다복용의 증상은 구토, 설사, 심계항진, 어지러움, 쇼크 등이다.

2_ 건강과 채식

1) 건강을 위한 식이요법

사람들은 동물성식품과 식물성식품을 다양하게 섭취하는 것이 올바르지만, 동물성식품을 지나치게 섭취하면 오히려 건강에 해가 될 수 있어 채식의 장점이 부각되고 있다. 채식을 하면 반드시 식품선택과 식단이 영양적으로 우수한 식생활이 되도록 계획해야 한다.

식물성식품은 부피가 크고 열량이 적기 때문에 채식을 하면 칼로리 섭취가 제한되어 체중조절에 유리하다. 그러나 성장기 아동 및 사춘기 청소년의 경우 충분한 에너지를 섭취하도록 주의해야 한다.

단백질은 몸을 구성하며 효소, 호르몬, 항체 등 중요한 기능을 담당한다. 일반적으로 식물성식품은 단백질의 양과 질적인 면에서 동물성식품에 비해 열등한 경우가 많다. 그러나 식물성이지만 양질의 단백질을 제공하는 콩 및 콩제품(두부, 두유 등), 채소류, 견과류, 종실류 등을 충분히 섭취한다면 양호한 단백질 영양상태를 유지할 수 있다.

비타민 B_{12}는 정상적인 적혈구의 형성 및 신경작용에 필요한 영양소인데, 이는 동물성식품에만 존재한다. 사람은 태어날 때 비타민 B_{12}를 상당량 저장하고 있으며, 많은 양을 필요로 하지도 않으므로 엄격한 채식을 하여도 결핍증이 나타나려면 10년 이상 걸린다. 그러나 비타민 B_{12} 결핍은 악성빈혈을 초래하므로 채식주의자는 비타민 B_{12}가 강화된 씨리얼(씨리얼 제조과정에서 일부 비타민 및 무기질을 첨가한 제품) 또는 강화 두유를 섭취하거나, 비타민 B_{12} 정제를 복용한다.

비타민 D는 체내에서 칼슘흡수를 도와 뼈의 건강을 유지하는 데 도움을 주며, 동물성식품인 강화우유, 난황, 간이 비타민 D의 가장 좋은 급원이다. 따라서, 채식주의자는 햇볕을 충분히 쪼여 피부에서 비타민 D가 합성되게 하고, 필요하면 비타민 D 정제를 복용한다.

칼슘의 주요 급원은 우유 및 유제품으로, 채식을 할 경우 짙은 녹색채소를 충분히 섭취하여 칼슘을 제공한다.

철분은 헤모글로빈을 합성하는데, 동물성 식품에 함유된 철분이 흡수가 잘 되므로 채식할 경우 식물성 철분 급원인 짙은 녹색 채소, 두류, 건포도 등 말린 과일을 충분히 섭취한다. 신선한 채소, 과일에 함유된 비타민 C는 식물성 철분의 흡수를 증가시킨다.

아연은 효소작용과 생식기능에 관련되며, 육류가 주요 급원이다. 채식주의자 중에는 극심한 아연결핍증을 가진 사람은 거의 없지만, 아연이 부족하면 심각한 영향을 줄 수 있으므로 관심을 갖는 것이 중요하다. 양호한 아연영양상태를 유지하려면 전곡, 견과류, 두류 등 영양소가 많은 식품을 섭취하고 에너지를 충분히 섭취하는 것이 중요하다.

2) 채식 피라미드

채식주의자(vegetarian)는 몇 가지 종류로 나눌 수 있다. 우유와 유제품의 섭취를 허용하는 락토 채식주의(lacto-vegetarians), 계란류의 섭취를 허용하는 오보 채식주의(ovo-vegetarians), 우유 및 유제품과 계란류의 섭취를 허용하는 락토 오보 채식주의(lacto-ovo-vegetarians), 동물성식품은 전혀 섭취하지 않는 베건(vegans)으로 나누어진다. 우유 또는 계란류를 섭취하는 채식주의자는 식물성 식품에 부족한 영양소를 우유 또는 난류에서 섭취할 수 있으나, 동물성식품을 전혀 섭취하지 않는 베건의 경우는 균형 있는 영양소의 섭취를 위한 식품의 배합이 특히 중요하다. 식물성 식품만을 섭취할 경우 고려해야 하는 영양소는 단백질, 비타민 B_{12}, 비타민 D, 칼슘, 철분, 아연 등이다.

채식가들은 모든 영양소를 섭취하기 위해 다양한 채소와 과일을 섭취해야 한다. 채식 피라미드는 기본적인 식이요법 피라미드에 채식 음식물을 대용하여 만든 것으로, 고기를 먹지 않는 사람들이 건강을 유지할 수 있게 만들어진 것이다.

▶ 곡물, 곡식, 면류(6~11회분/일) : 빵 1조각, 베이글 반 개, 토틸라 1개(6"), 30g의 곡물류, 익힌 곡물이나 쌀, 면류 반 컵, 크래커 2개, 팝콘 3컵

▶ 채소류(2~3회분/일) : 조리하거나 썬 생채소 반 컵, 생잎채소 반 컵, 채소주스 3/4컵

▶ 과일류(2~3회분/일) : 보통 크기의 과일 1개, 썰거나 조리되거나 캔에 들은 과일 반 컵, 과일주스 3/4컵

▶ 칼슘이 많은 음식류(4~6회분/일) : 우유나 요거트 반 컵, 가공된 치즈 30g

▶ 콩류와 다른 대체식품(2~3회분/일) : 조리된 콩 반 컵, 계란 하나, 두부 1/3컵, 땅콩 버터 2~3수저 , 타히니 2~3수저, 씨앗류 3~4수저

▶ 기타 : 아마인 기름 1티스푼, 비타민 B_{12}와 비타민 D 영양제

3_ 식품안전

오늘날 많은 사람들은 우리 입에 들어가는 음식물이 정말로 안전한가에 대한 생각을 많이 한다. 우리 몸에 들어갈 음식인데 어찌 걱정하지 않을 수 있을까? 물론 모든 음식이 균에 감염되지는 않았겠지만, 결코 안심해서는 안 된다. 요즘 제조업체들은 더욱더 효과적인 음식보호생산법을 개발해 왔다지만, 과연 얼마나 효과적인 것일까?

1) 음식으로 인한 질병

식품을 살 때 오염물질이 들었거나 상하지는 않았을까 하는 의구심을 한두번 가졌을 것이다. 이런 의구심을 항상 가져야 하며, 구입하는 모든 식품의 품질을 생각해보아야 한다. 우리가 언제나 병원에 갈 수도 없고, 확실히 내가 먹은 음식이 괜찮은지도 알 수 없다. 병균으로 인한 증상은 먹은 후 30분 뒤에 일어날 수도 있고, 몇 주 후에야 증상이 나타날 수도 있다. 대부분의 증상은 설사, 구토, 두통 등으로 나타난다. 질병을 가진 사람에게는 이런 병균이 치명적인 결과를 부를 수도 있다. 에이즈, 당뇨병, 콩팥질환 등이 있는 환자들은 음식물을 잘 가려서 먹어야 한다.

음식물로 인한 질병의 증가에는 몇 가지 이유가 있다. 오스터홈(Michael T. Osterholm) 박사에 따르면, 사람들이 '고기와 감자' 시대에서 탈피하여 점점 신선한 과일과 채소를 찾게 되었기 때문에 일어나는 현상이라고 한다. 그렇다면 어떤 연관이 있는걸까? 모든 채소와 과일은 일년 내내 나오지 않기 때문에 보관되어 있던 것들이 들어올 수도 있다. 뿐만 아니라 우리나라에서 팔리고 있는 과일과 채소는 중국 등에 많이 들어오는데, 중국의 법과 규정은 우리나라와 다르며, 그들은 그들의 방식으로 농사를 하고 수출을 한다. 이러한 식품을 우리는 집에서 대강 씻어 먹는다. 어떤 병균은 소똥에서 70일 동안 생존할 수 있다고 한다. 이런 병균들이 우리가 먹는 채소와 과일에 없다고 단정지을 수 없는 일이다.

음식물로 인하여 발생하는 질병이 전파되는 이유는 다음과 같다.

▶ 음식물 공급의 세계화로, 거의 모든 식품이 수출입된다.

▶ 새로운 지역으로부터 병균이 유입된다. 많은 병균과 바이러스가 수입되는 식에 섞여 들어오고 있다. 심지어 타국의 전염병이 들어올 수도 있다.

▶ 우리가 알지 못하는 병균이 들어오게 되며, 우리는 알지 못한 채 넘어 갈 수도 있다.

▶ 체력이 약해져서 병에 더 잘 감염된다. 이런 환자들이 음식물을 잘못 섭취하여 치명적인 피해를 본다.

▶ 식품안전에 대해 모르는 사람들이 많다. 식품안전에 관한 교육을 받지 않았기 때문에 피해자들이 늘고 있는 것이다.

2) 식품안전을 위해 가정에서 해야 할 일

식품에 관련된 피해 중 30%는 가정에서 잘못 취급하여 일어난다. 따라서 평소에 다음과 같이 식품안전에 유의해야 한다.

▶ 쇼핑할 때는 통조림이나 포장된 제품을 먼저 사고, 육류나 생선은 나중에 산다.

▶ 식당에 가면 청결함을 먼저 체크한다. 청결하지 못한 자리는 피한다.

▶ 생선을 믿을 수 있는 허가된 시장에서 산다.

▶ 육류, 가금류, 생선 등은 냉장고에 이틀 이상 보관해서는 안 되고, 유통기한을 꼭 확인한다.

▶ 병균이나 바이러스를 옮길 수 있는 사람은 요리를 해서는 안 된다. 요리에 병균이 옮을 수도 있다.

▶ 남은 음식은 적어도 3일 안에는 해결해야 한다.

▶ 뜨거운 음식은 뜨겁게 보관하고, 찬 음식은 차게 보관한다.

▶ 온도계를 이용하여 음식이 제대로 익었는지 확인한다. 소고기나 양고기는 62.7℃, 갈비나 계란이 들어간 음식은 71.1℃, 가금류는 73.8~76.6℃, 통째

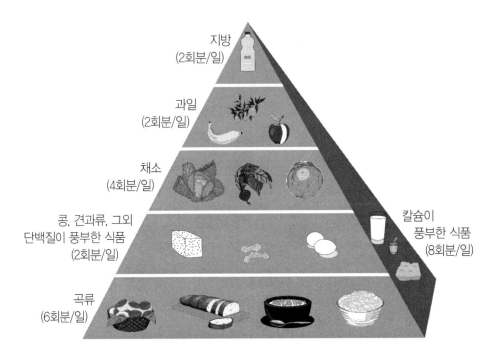

그림 7-3 __채식주의자들을 위한 영양 지침 피라미드

채식주의자들은 균형된 식단을 위해 피라미드에 제시된 양만큼의 음식을 섭취해야 한다.

로 요리하는 고기는 82.2℃ 등이다.

▶ 생선은 겉이 볼록하게 나온 것이 익은 것이다. 의심이 간다면 생굴이나 회는 피한다.

▶ 요리된 음식은 바로 먹거나 보관하고, 절대로 2시간 이상 스토브(가스렌지) 위에 올려놓아서는 안 된다. 병균은 4.4~60℃일 때 가장 활발하다.

▶ 밖에서 고기를 구웠을 때 생고기를 가져간 접시에 익은 고기를 담아오지 않는다. 치명적인 병균이 남아 있을지도 모른다.

▶ 냉동식품은 얼린 상태가 가장 안전하다. 해동할 때는 물이나 냉장고를 이용해야 한다.

▶ 생고기나 생선을 만졌을 때는 반드시 손은 뜨거운 물에 비누로 씻어야 한다. 손에서 병균이 옮겨갈 수도 있다.

3) 방사선요법

많은 사람들이 대장균, 살모넬라균, 리스테리아균 등으로 많은 피해를 보고 있다. 2000년에 미국농무부(USDA : United States Department of Agriculture)는 모든 쇠고기, 양고기, 조류, 돼지고기 등의 생고기에 방사선 요법을 쓸 것을 지시하였다. 방사선요법은 방사선을 이용해 생고기 안에 있는 박테리어의 DNA를 파괴시켜 병균을 없애, 더 이상 퍼지지 못하게 막는 방법이다. 방사선요법을 쓰면 유통기간이 길어지고, 병원균이 옮겨다니지 못하게 막아준다. 많은 사람들이 이 방사선요법에 대해 의문을 갖고 있다. 그러나 아직까지 아무런 문제도 없었고, 안전하다고 판정되어 있는 상태이다. 방사선요법이 된 상품은 'radura'라는 상표가 붙어 있다.

다음에 방사선요법을 자세히 설명한다.

▶ 방사선요법은 육질, 색깔, 맛 등을 바꿀 수 있다. 그런데 방사선량을 조절하여 이런 문제를 해결하고 있다.

▶ 방사선요법을 쓸 경우 가격이 약간 상승할 수 있다.

▶ 파스퇴르방법으로 저온살균한 우유에도 병균이 있을 수 있는 것처럼, 방사선요법으로 고기를 처리한다 해도 모든 병균이 죽는 것은 아니다.

▶ 소비자들은 이런 방사선물질이 환경에 배출되는 것에 대해 걱정이 많다.

▶ 방사선처리를 해도 음식에 들어 있는 모든 영양소는 그대로 유지된다.

▶ 방사선요법을 쓰면 암에 관련된 물질이 생길 수 있다. 그러나 그 물질이 인간에게도 암을 발생시키는지는 아직 조사 중이다.

▶ 사과, 배, 그리고 다른 감귤류 과일들은 방사선처리를 하면 더 빨리 상할 수도 있다.

▶ 방사선요법을 이용한 음식물이 건강에 미치는 영향은 오랫동안 알려지지 않았

다 하더라도, 방사선물질이 우리의 환경에 확산되는 것이 장기적으로 어떠한
영향을 줄지에 대해서는 생각해보아야 한다.

4) 식품첨가물

현재 시장에서 팔리는 많은 식품에는 첨가물이 들어 있다. 이 첨가물들은 음식물
을 안전하게 만들어주고, 더 많은 영양소를 제공할 때도 있다. 소비자들은 사려고
하는 식품에 들어 있는 첨가물과 첨가물의 특성을 확인하는 것이 좋다.

다음은 우리가 흔히 접하는 첨가물의 종류와 특성이다.

- ▶ 향균제 : 소금이나 설탕 등의 향균제는 미생물을 제거해주는 역할은 한다
- ▶ 항산화제 : 산소로부터 제품의 색깔과 맛을 보호해 준다.
- ▶ 식품색소
- ▶ 영양소첨가물
- ▶ 맛을 향상시켜주는 첨가물.
  [예 : 글루탄산나트륨(MSG : monosodium glutamate)]
- ▶ 아황산염 : 채소의 색깔을 유지해준다.
- ▶ 가공 또는 포장 중 들어가는 물질들
- ▶ 다이옥신
- ▶ 염화메틸렌
- ▶ 호르몬 : 육류에서 볼 수 있는 소의 성장호르몬(BGH : bovine growth hormone)

5) 음식 알레르기와 음식 과민증

음식 알레르기(food allergy)나 음식 과민증(food intolerance) 때문에 어떤 음
식은 먹지 않는 사람도 있다. 그 음식을 먹고 배탈이 났다거나 몸에 두드러기가 났
다거나 하는 등 좋지 않은 현상이 발생하면 알레르기라고 생각하여 그 이후로는 그

음식을 먹지 않게 된다. 3명 중 1명은 자신이 음식물 알레르기가 있거나, 알레르기를 갖고 있다고 생각하기 때문에 특정한 음식물을 먹지 않는다고 말한다. 그런데 어린이의 경우 3% 정도, 성인의 경우 1%만이 자신이 먹는 것에 대해 실질적인 알레르기 반응을 나타낸다.

음식 알레르기는 그 음식을 먹었을 때 입이나 몸에서 이상한 현상이 나타나면서 구토나 설사를 일으키는 것으로, 가끔은 사망의 원인이 되기도 한다. 성인 중에서는 대부분 해물 음식이나 땅콩 같은 음식물이 알레르기를 일으킨다. 그리고 가장 문제가 되는 알레르기는 계란, 우유, 땅콩 등의 알레르기이다.

음식 과민증은 알레르기와는 조금 다르다. 흔히 찾을 수 있는 과민증은 락토즈과민증(lactose intoerant)으로, 락토즈를 소화하지 못할 때 생기는 현상이다. 배가 심하게 아플 때도 있고, 부을 때도 있다. 이런 현상은 특정한 첨가물에 의해 생기는 경우도 많다.

음식 알레르기 증상이 생기면 의사를 찾는 것이 가장 안전하다. 왜냐하면 음식 알레르기와 비슷한 증상을 나타내는 더 심각한 질병이 있기 때문이다. 알레르기는 의사와 상담만 하면 스스로 관리할 수 있는 방법을 찾아낼 수 있다.

6) 자연식품과 건강

식품안전에 대한 관심의 증가로 많은 사람들이 가공제품이나 대량생산되는 농산물보다는 유기적으로 재배되고 화학성분이 없는 음식물을 구입하려고 한다. 몇 년 전만 해도 자연식품을 사기 위해서는 특정 상점에 가서 비싼 돈을 주고 사야만 했다. 자연식품을 산다는 것은 어느 제품을 사기 위해 더 노력을 해야 하고, 절대로 편리하지 않다. 그리고 그 제품이 정말로 유기적으로 재배된 것인지도 알 수 없다.

사람들은 더 건강해질 수 있는 음식을 먹고, 성인병의 주범이라 일컬어지는 화학물질을 피하기 위해 자연식품을 먹는다. 자연식품은 정말 건강에 좋은 것일까? 만약 한 집단의 사람들이 화학물질이 없는 곳으로 가서 100% 깨끗하고 오염 없는 상태를 유지한다고 한다면, 이러한 가설을 검사해볼 수 있을 것이다. 과연 그들은 우리보다 건강할 수 있을까? 그러나 건강의 결과에 대한 견지에서 자연식품과 비자연식품의 전체적인 영향은 평가하기 어렵다. 그럼에도 불구하고 자연식품시장은 매년 15~20%씩 성장하고 있는데, 이는 일반식품판매량보다 5배 빠른 속도이다.

USDA는 2002년에 자연식품에 대한 규정을 세워 자연식품은 반드시 인증을 받도록 하였다. '100% 자연식품'은 규정과 완벽히 맞아야 하고, '자연식품'은 95% 자연식품으로 구성되어 있어야 되며, '자연적인 재료로 만들어 졌음'은 70%, '자연적인 재료도 함유'는 70% 이하로 나누어졌다. 이러한 명칭을 달기 위해서는 다른 식품첨가물이 없어야 한다.

제8장

기호식품과 운동

1 ᅳ 중독과 중독성 행동

우리 주위에서 강압적이거나 파괴적인 행위를 하는 사람들을 쉽게 찾아볼 수 있다. 알코올, 약물, 섹스 등에 중독된 연예인이나 유명인들의 이야기가 신문 1면이나 TV 뉴스 프로그램의 헤드라인으로 나오는 것을 볼 수 있다.

그러나 수많은 일반인들도 그들만이 가지고 있는 어떤 중독과 싸우고 있다. 중독은 복잡할 수도 있다. 왜냐하면 많은 중독적 행동이 정상적인 삶을 살아가는 사람들의 삶의 질을 향상시켜줄 수도 있기 때문이다. 중독의 대상으로는 일반적으로 알려진 알코올과 약물 외에도 음식, 섹스, 소비, 일, 운동, 도박, 인터넷 등이 있다.

1) 중독의 정의

중독(addiction)이란 부정적인 결과로 진행되는 데도 불구하고 어떤 행동이나 물질에 계속 연관되는 것이다. 중독행위는 중독자에게 처음에는 다른 방법으로는 얻을 수 없었던 행복감이나 안정된 느낌을 주지만, 결국 정상적인 느낌을 받기 위해 계속해서 중독적인 행위를 하게 만든다.

생리학적 의존성은 중독의 단 하나의 지표이다. 정신역학은 중요한 역할을 하는데, 이는 화학물질을 쓰지 않는 행동(예; 도박)도 왜 중독의 대상이 되는가를 설명해준다. 사실 심리학적 및 생리학적 의존성은 서로 섞여 있는 경우가 많기 때문에 두 가지를 분리할 수 없다. 즉 중독을 정의할 때는 이 두 요소를 모두 고려해야 한다.

중독이 되는 행동은 행위자의 기분을 좋게 만들어주는 경우가 대부분이다. 약물은 이러한 대표적 예로서, 우리 몸의 세포에 직접 작용한다. 그러나 세포까지 영향을 주지는 않는 도박, 소비, 일, 섹스 등도 아직까지 알려지지 않은 기전에 의해 세포에 작용하는 것과 같은 변화를 일으켜 중독증세를 보이게 만든다. 아직 그 기전이 잘 알려지지는 않았지만, 모든 종류의 중독은 뇌의 특정 부위의 기능을 상실하게 만드는 것으로 알려져 있다.

전통적으로 중독의 진단은 약물중독에 제한되어 있다. 약물중독의 분류기준은 ① 약물을 끊지 못하게 만드는 금단증상, ② 중독에 동반되는 병적 행위, ③ 재중독이다. 게다가 최근까지도 전문가들은 의학적 증상이 나타나지 않으면 중독증상으로 판단하지 않으려고 하였다. 하지만 현재는 이러한 분류기준이 모든 종류의 중독증상을 판가름할 수 있는 기준은 되지 못한다는 것을 알고 있다.

(1) 습관 vs 중독

습관과 중독은 어떻게 구분할 수 있을까? 보통 중독이라고 하면 하루 종일 계속해서 무언가를 하는 것을 상상하기 쉽다. 많은 사람들은 어떤 행동을 하루 종일 하지 않으면 중독이 아니라고 생각한다. 그러나 현실은 두 극단적인 상황 사이에 놓여 있다.

중독은 무의식적으로 행해지는 반복적인 행위라는 점에서 습관이 지닌 요소를 포함한다. 습관은 행위자가 선택할 수 있는 가능성이 있기 때문에 쉽게 중지될 수 있다. 중독도 습관과 마찬가지로 반복적으로 행해지기는 하지만, 그것이 강박적인 의식에서부터 시작된다는 점이 다르다. 중독은 행위자의 의지를 넘어선 통제할 수 없는 행동이며, 건강에 부정적 영향을 미친다.

중독을 이해하려면 행위의 빈도나 강도 이상의 것을 보아야 한다. 왜냐하면, 누군가 어떤 행동을 할 때 일어나는 일은 훨씬 더 많은 의미가 있기 때문이다. 예를 들어 술을 거의 마시지 않는 사람이 적당히 마시면 인간성이 변화하거나, 일시적 기억상실 또는 그 외의 다른 부정적인 결과(시험에 떨어지거나, 중요한 약속에 참석하지 못하거나, 싸움에 휘말리는 등)를 경험하게 될 것이다.

반면 적은 양이라도 매일 술을 마셨던 사람은 술기운이 있을 때에는 자신의 성격에 어긋나는 행동을 하지 않겠지만, 술을 마시지 않으면 아무 일도 할 수 없는 상황이 되어버린다. 이 두 사람 모두에 대해 알코올은 사람들이 약품을 이용하지 않고 해야 하는 작용을 수행한 것으로 나타나며, 중독의 징후로 볼 수 있다. 습관은 선택할 수 있으며 해가 되지 않는 행동이지만, 중독은 그렇지 않다.

(2) 중독의 징후

열 사람에게 중독이 무엇이냐고 물어보면 열 사람 모두 각기 다른 대답을 할 것이다. 동물실험 결과에서 보면, 동물은 기본적 쾌감과 보상과정의 회로를 가지고 있으며, 중독적인 상황에 놓이게 되면 이러한 쾌감이나 보상을 받기 때문에 쉽게 그만두지 못하게 된다. 어떤 의미에서 우리는 모두 잠정적으로 중독되어 있다고 할 수 있는데, 그 이유는 먹고 마시는 것, 섹스 등과 같이 우리가 살아가는 데 반드시 필요한 것들도 포함되어 있기 때문이다. 그러나 어느 시점을 지나게 되면 과도한 행위를 하게 되고, 그 이후부터는 중독이 된다.

물론 많은 이견이 존재하지만, 대부분의 전문가가 인정하는 중독의 징후는 다음과 같다.

- ▶ 강박관념
- ▶ 자제력 상실
- ▶ 육체적 · 정신적인 손상과 같은 부정적 결과
- ▶ 부인(스스로가 어떤 것에 중독되었다는 것을 인정하지 않음)

2) 중독의 종류

(1) 도박중독

대부분의 사람들은 건전하게 즐기기 위해 도박을 하며, 특별히 도박을 위해 모이거나 하지는 않는다. 여성보다는 남성이, 그리고 수입이 낮은 사람들, 이혼한 사람들, 흑인, 카지노에서 80km 이내에 거주하는 사람들이 도박에 중독되기 쉽다고 한다. 이러한 사람들에게 도박은 그들의 삶을 지배하고 파괴하는 강박이다. 보통사람들은 도박을 하고 싶을 때 시작해서 언제고 끝낼 수 있지만, 도박중독자들은 매우 어려운 상황이 왔을 때조차도 도박을 하고 싶다는 욕망을 억누를 수 없다. 도박중독자들의 38%는 심장혈관계통에 문제가 있으며, 일반인보다 자살률이 20배나 높다.

(2) 일중독

일중독을 이해하기 위해서는 건강한 일의 개념을 이해해야 한다. 건강한 일이란 일을 통해 자아를 확인하고, 자기계발을 하며, 만족감과 성취감을 느낄 수 있어야 한다. 건강한 근로자는 오랜 시간 동안 열정적으로 일할 것이다. 가끔은 일 때문에 친구들이나 가족을 만날 시간이 없을 때도 있지만, 그렇다고 삶의 균형이 깨지지는 않는다.

반면 일중독은 강박적으로 일을 하는 것으로 강박증, 완벽주의, 두려움, 분노, 무기력한 느낌, 낮은 자기효능감, 소외감 등의 특징이 있다. 일중독은 생산적인 일을 하지 않을 때 쉬지 못하는 것 이상을 의미하며, 일중독자들이 다른 사람들에게 투영하고자 하는 이미지를 추구하는 것이다.

일중독자들은 사회에서 존경받고 있지만, 그와 그의 주변인들에 대한 영향은 도달하기 힘들다. 일중독은 이혼이나 가정붕괴의 주요한 원인이 된다. 사실 일중독자들의 대부분은 집 안에 알코올중독자가 있었거나, 엄격하고, 폭력적인 가정 출신인 경우가 많다.

일중독자들은 정서적 · 신체적 건강에 이상이 있을 수도 있다. 그들은 감정표현에 서툴고, 삶을 살아가는 데 필수적인 다른 사람들과의 상호작용과 의사소통에 실패하기도 쉽다. 그리고 실패, 지루함, 게으름 등에 대한 만성적인 두려움과 죄책감으로 가득차 있다.

그들은 쉴 수도 없고, 놀 수도 없기 때문에 만성적인 피로로 고생한다. 중독의 증상인 아드레날린의 과도한 분비는 피로감, 고혈압과 다른 심장혈관계통 질환, 초조함, 몸의 떨림, 발한 증가 등의 원인이 된다. 일중독자들은 위장애에 걸릴 때가 많고, 가슴의 압박감과 숨 쉬기 어려움, 어지럼증 등을 나타나낼 때가 많다고 한다.

(3) 운동중독

운동을 열심히 하는 것을 중독가능성이 있다고 하는 것이 이상해 보일 지도 모른다. 그러나 운동도 중독될 수 있다. 운동중독자들은 알코올중독자들이 술을 마시는 것이나 쇼핑중독자들이 돈을 쓰는 것과 마찬가지로 운동을 너무 많이 한다. 그들은 자신의 욕구에 맞추기 위해 강박적으로 운동하며, 결과적으로 다른 중독과 비슷한 부정적인 결과를 나타낸다.

(4) 인터넷중독

현재 인터넷이용자수는 어마어마하게 많다. 다양한 형태의 자료에 무제한으로 접근할 수 있는 인터넷이용이 일부 사람들에게는 심각한 문제가 되고 있다. 인터넷중독은 컴퓨터사용과 관련된 모든 강박적 행동을 가리키는 광범위한 용어로서, 음란사이트를 통해 포르노를 보거나, 온라인 게임에 중독되거나, 채팅방이나 게시판에 몇 시간이고 투자하는 것 등을 모두 가리킨다.

(5) 섹스중독

모든 사람은 사랑과 친밀함을 원한다. 그러나 섹스중독자들은 그렇지 않다. 섹스 그 자체만이 그들의 목적이며, 몸과 마음을 분리하여 생각한다. 또한, 섹스중독자들은 성적 흥분을 얻기 위해 반드시 파트너를 필요로 하지는 않으며, 자위나 폰섹스 또는 에로틱한 비디오나 책을 통해서도 만족할 수 있다. 성에 중독된 사람들은 발각될지도 모른다는 두려움으로 인하여 우울증과 분노를 경험하기 쉬우며, 이들은 자살률도 높다.

2_ 책임감 있는 음주생활

1) 알코올이 인체와 행동에 미치는 영향

(1) 알코올의 화학성분

맥주, 와인, 증류주 등에 들어 있는 물질은 에틸알코올(ethyl alcohol) 또는 에탄올(ethanol)이다. 이 물질은 식물의 탄수화물이 이스트나 다른 세균에 의해 발효되는 과정에서 이산화탄소와 함께 생기는데, 발효액 속에 에탄올이 14%가 되면 알코올은 이스트나 다른 세균을 죽이고 발효를 멈추게 한다.

맥주는 맥주보리를 발효시켜서 만드는데, 14%의 알코올농도가 되면 발효가 멈추게 된다. 맥주제조사에서는 다른 물질을 첨가하여 발효액을 희석한다. 다른 술의 경우에는 증류(distillation)라는 과정을 거친다. 발효액을 끓이면 알코올이 높은 온도에서 기화되어 빠져나오며, 이렇게 빠져나오는 알코올을 따로 모아서 물과 희석하면 더 높은 알코올농도의 술을 만들 수 있다.

알코올음료의 도수(proof)는 음료에서 알코올이 얼마나 포함되어 있는가를 가리키는 것으로, 2도당 1%의 알코올이 들어 있다. 예를 들면 80도의 위스키는 40%의 알코올이 들어 있고, 100도의 보드카는 알코올이 50% 들어 있는 것이 된다. 이러한 도수는 술의 강도를 나타내는 지표로서, 도수가 낮으면 도수가 높은 알코올에 비해 알코올에 의한 효과가 약하다. 대부분의 와인은 12~15%이고, 에일(ale; 맥주의 한 종류)은 6~8% 정도이다. 맥주는 2~6% 정도이지만, 맥주는 종류와 주조방법에 따라 알코올함유율은 다르다.

(2) 알코올의 흡수와 대사

대부분의 다른 음식이나 약물의 분자와는 달리 알코올분자는 작고 지방에 용해되기 때문에 소화관의 모든 부분에서 흡수된다. 아주 작은 양의 알코올은 입에서 흡수된다. 약 20% 정도가 위에서 바로 혈관으로 흡수된다. 그리고 80%는 작은창자 위쪽

1/3 부위에서 흡수된다. 혈관으로의 알코올이동은 완전하면서도 빠르게 일어난다.

알코올흡수율에 작용하는 요소는 알코올농도, 마신 알코올의 양, 위 속에 들어 있는 음식의 양, 위경련의 유무, 기분 등이다. 도수가 높은 술을 마실수록 더 빨리 알코올이 흡수된다. 따라서 와인이나 맥주는 증류주보다 더 늦게 흡수된다. 와인이나 샴페인과 같이 탄산이 포함된 술은 더 빨리 흡수된다. 탄산이 포함된 술이나 여러 종류를 섞은 술은 위의(pylorus, 날문)을 이완시키기 때문에 위 속의 음식물이 작은창자로 더 빨리 들어가게 한다. 작은창자에서의 알코올흡수는 위에서보다 더 빠르기 때문에 탄산이 포함된 술은 알코올의 흡수가 빨라진다. 반면 위 속에 음식이 많으면 알코올에 노출된 위의 면적이 적어지기 때문에 알코올의 흡수가 느려진다. 또한 가득찬 음식물이 작은창자로 넘어가기까지 시간이 걸리기 때문에 알코올의 흡수는 그만큼 느려진다.

더 많은 알코올을 섭취할수록 더 오랫동안 흡수된다. 알코올은 소화계통의 작용을 방해하며 유문의 경련을 일으키게 한다. 유문이 닫혀 있으면 음식물은 작은창자으로 전혀 넘어가지 않는다. 이러한 상태가 계속되면 음식물을 토해내게 된다.

감정도 알코올흡수에 영향을 주는 요소 중 하나로서, 감정상태에 따라 위에서 작은창자으로 음식물이 넘어가는 속도가 달라진다. 만약 스트레스를 받거나 긴장한 상태라면 음식물이 위에서 작은창자로 음식물이 매우 빠른 속도로 넘어가기 때문에 술에 더 빨리 취할 수 있다.

알코올은 간에서 분해된다. 우선 알코올은 아세트알데히드로 변환되고, 계속해서 아세테이트로 변한 다음, 물과 이산화탄소로 분해된 후 몸 밖으로 배출된다. 아세트알데히드는 독성물질인데, 이는 구역질과 매스꺼움을 일으키고, 장기적으로는 간에 손상을 줄 수 있다. 아주 적은 양의 알코올은 변화없이 콩팥, 피부, 허파 등을 통해 직접 빠져나간다.

음식과 유사하게 알코올 역시 칼로리를 가지고 있다. 단백질과 탄수화물은 1g당 4kcal, 지방은 9kcal를 가지고 있으며, 알코올은 탄수화물과 유사한 구조를 가지고 있으면서 7kcal의 에너지를 가지고 있다. 몸에서는 탄수화물의 에너지를 이용하는 방법과 유사하게 알코올을 이용한다. 즉 필요하면 즉시 이용하고, 그렇지 않으면 지방으로 변환하여 에너지를 저장한다.

다른 음식과 분해속도를 비교해 보았을 때 알코올은 시간당 14g의 비율로 일정하다. 이 양은 5% 맥주 340g, 12% 와인 113g, 40% 술 42.5g 정도에 들어 있는 알코올의 양과 같다. 운전을 할 수 있는 혈중알코올농도의 법적 허용한계는 대부분 0.08~0.10 사이이다. 법적 허용한계를 넘으면 술에 취한 상태를 의미한다. 음주자의 혈중알코올농도는 체중, 체지방, 체조직 내의 수분비율, 대사량, 마신 술의 양 등에 따라 조금씩 다르다. 동일한 양의 술을 마셔도 몸집이 큰 사람은 알코올이 넓게 퍼져나가기 때문에 혈중알코올농도가 몸집이 작은 사람보다 낮게 나타난다. 그리고 알코올은 지방 속에서는 물에서만큼 빨리 퍼지지 않기 때문에 체지방이 많은 사람은 혈중알코올농도가 높게 나타난다. 따라서 남성보다는 체지방이 많은 여성이 같은 양의 술을 먹어도 더 쉽게 취한다.

① 알코올중독

사람들이 생각하는 것보다 알코올중독은 더 쉽게 일어나며, 치명적일 수 있다. 많은 양의 술을 짧은 시간에 마시면 혈관 속의 알코올농도가 치명적인 수준까지 급격하게 올라간다. 술을 한 가지만 먹거나, 술과 다른 약물을 섞어서 먹으면 독성이 더욱 강해지고, 사망에 이를 가능성도 커진다.

알코올중독에 의한 사망은 중추신경계통과 호흡계통의 마비나 구토에 의해 기도가 막히면서 많이 일어난다. 무의식중에 먹는 술의 양이 치사량에 이르는 경우가 많다. 알코올중독의 증상은 정신이 깨지 않음, 약하고 빠른 심장박동, 불규칙적인 호흡패턴, 피부가 차갑고 창백해지는 것 등이다.

② 여성과 알코올

남성과 여성의 알코올분해능력에 차이가 있는 이유는 체지방량 때문만은 아니다. 남성에 비해 여성은 알코올 분해효소가 절반밖에 되지 않는다. 그렇기 때문에 남녀가 같은 술을 마시면 여성의 혈중알코올농도가 30% 정도 더 높게 나타난다. 이러한 효소의 차이 외에 호르몬의 차이도 있다. 월경 일주일 전의 여성은 월경 중이거나 월경 후의 여성보다 쉽게 취하고, 경구피임약을 사용하는 경우에도 쉽게 취할 수 있는데, 이는 몸 속의 에스트로겐농도 때문이다. 여성과 함께 술을 마실 경우 주위에 있는 사람들은 주의해서 지켜볼 필요가 있다. 왜냐하면 여성과 남성이 같이 술을 마시면 여성이 두 배 더 빨리 취할 수 있기 때문이다. 예를 들어 81.3kg의 남자 대학생과 54.4kg의 여자 대학생이 같이 술을 마시면, 남자는 혈중알코올농도가 0.06 정도인 반면, 여성은 0.11까지 상승한다.

③ 음주테스트

음주테스트는 우리가 호흡 중에 내쉬는 공기 속의 알코올수치를 알아내어 혈중알코올농도를 알아보는 방법인데, 경찰들이 많이 사용하고 있다. 소변검사 역시 혈중알코올농도를 알 수 있는 한 방법이다. 호흡검사나 소변검사를 통해 운전자들의 음주 사실을 확인할 수 있으나, 혈액검사는 이보다 더 정확하게 검사할 수 있는 방법이다. 점점 많은 지역에서 음주검사를 위해 혈액테스트를 하고 있다.

(3) 알코올이 행동에 미치는 영향

혈중알코올농도는 전체 혈액 속에 포함된 알코올의 농도를 의미한다. 이 농도는 알코올이 신체에 미치는 영향의 지표로 사용된다. 사람에 따라 차이는 있지만, 혈중알코올농도에 따라 다른 행동이 나타난다. 혈중알코올농도가 0.02일 때 정신적으로 편안하게 느껴지고 기분이 좋아진다. 0.05일 때는 편안함이 증가하고, 행동이 느려지며, 말을 계속 하고 싶어진다. 0.08이 되면 약간의 쾌감을 느끼면서 행동은 더 느려진다. 0.1이 되면 우울감이 증가하고, 잠이 오며, 판단력이 흐려지고, 행동이 매우 느려진다. 그러므로 이 상태에서 운전하면 거리나 속도에 대해 둔감해지고, 어떤 경우에는 판단력을 잃거나 하기 싫은 행동을 하기도 한다. 혈중알코올농도가 더 높아지면 괴로워지고, 생리적인 면과 정신적인 측면에 점점 더 나쁜 결과가 나타난다. 알코올섭취는 육체적 능력이나 정신력을 전혀 향상시켜주지 않는다.

술을 자주 마시면 신경시스템이 알코올의 작용에 적응하기 때문에 이러한 효과가 조금씩 줄어든다. 따라서 어느 정도의 알코올에 의한 효과를 계속 내기 위해서는 점점 더 많은 알코올을 섭취해야 한다. 어떤 사람은 혈중알코올농도가 높은 상태에서도 정신이 또렷한 것처럼 보이기 위해 자신의 행동을 조금씩 바꾸기도 한다. 이런 것을 학습된 행동에 의한 내성이라고 부른다.

(4) 알코올이 인체에 미치는 단기적인 영향

에탄올의 가장 격렬한 효과는 중추신경계통에서 일어난다. 이러한 약물의 일차적인 효과는 신경의 활동을 느리게 하는 것이다. 이렇게 중추신경계통을 억제하면 호흡횟수가 줄어들고, 심박수가 낮아지며, 혈압이 감소한다. 중추신경계통이 더 강하게 억제되면 혼수상태에 빠지거나 사망할 수도 있다.

알코올은 배뇨를 촉진하기 때문에 근육이나 중추신경 속의 수분이 빠져나가게 된다. 이렇게 뇌척수액(cerebrospinal fluid)의 수분이 줄어들면 뇌세포의 미토콘드리아 활동이 저해된다. 미토콘드리아는 대사에서 중요한 역할을 많이 수행하는데, 물에 의존하는 정도가 크기 때문에 수분이 부족하면 대사속도가 현저하게 줄어들어 에탄올의 독성이 더 강해진다. 이러한 과정에 의하여 술을 먹은 다음날 아침에 머리가 아픈 현상이 생기게 된다.

알코올은 소화계통의 기능을 억제하기 때문에 술을 마시면 소화불량이 오거나, 빈 속에 술을 먹으면 속쓰림 현상이 있을 수 있다. 오랜 기간 술을 먹고, 계속해서 이러한 소화불량이 발생하면 식도나 위에 종양이 생길 수도 있다. 주기적으로 많은 술을 마시는 사람은 심장박동이 불규칙해지고, 박동의 주기적인 리듬을 잃어 혈액의 원활한 순환이 되지 않아 심장근육에 손상을 입게 된다.

구토(hangover)는 술을 마신 다음날 아침에 많이 일어나는 현상으로, 두통이나 근육통, 속쓰림, 분노, 우울증, 갈등 등과 함께 일어나는 경우가 많다. 술 속의 협동작용물(congener, 동류물)이 이러한 구토를 유발한다고 알려져 있다. 협동작용물은 에탄올보다 대사가 느리게 일어나고 독성이 강한 알코올 형태이다. 이러한 협동작용물은 알코올이 모두 대사된 후에 대사를 시작하며, 이 과정에서 남아 있는 독성물질이 구토를 일으킨다. 그리고 알코올은 체내의 수분 밸런스를 상승시켜 많은 양의 소변을 만드는데, 이 때문에 술 마신 다음 날 갈증을 느끼게 되는 것이다. 또한 알코올은 위의 염산분비를 촉진하기 때문에 매스꺼움이나 속쓰림을 유발한다. 구토 증상이 가라앉기 위해서는 12시간 정도의 시간이 필요하다. 누워서 쉬거나, 단단한 음식과 아스피린을 먹으면 이러한 불편함을 조금 줄어들 수 있지만, 시간이 가장 큰 약이다.

만약 어떤 약물을 복용하고 있다면(알코올도 하나의 약물이다), 서로 다른 약물 간의 상호작용에도 주의할 필요가 있다. 알코올과 아스피린을 함께 먹으면 서로 반대작용을 한다는 것을 알아두어야 한다.

(5) 알코올이 인체에 미치는 장기적인 영향

알코올은 온몸에 퍼지고, 많은 장기와 조직에 영향을 미친다. 장기간의 음주나 습관적인 음주는 심장혈관계통이나 신경계통의 질환, 간기능의 저하, 종양 등을 발생시킬 수 있다.

① 신경계통에 미치는 영향

신경계통은 알코올에 민감하다. 술을 마시는 사람은 자신의 뇌의 크기나 중량이 줄어들고, 지적 능력이 감퇴하는 것을 스스로 느끼기도 한다. 주로 뇌의 왼쪽에서 알코올에 의한 손상이 많이 일어나는데, 이 부분은 글을 쓰고 읽는 능력이나 수학적·논리적 사고를 담당한다. 이러한 신경계통의 손상은 술을 먹는 양에 따라 달라지며, 한꺼번에 많이 마시는 것보다 조금씩 오래 마시는 것이 손상이 적다. 한꺼번에 술을 많이 마시면 신경계통에 치명적인 손상을 줄 수도 있다. 그리고 신경계통의 손상은 좋은 영양을 섭취하거나 절주하면 나아질 수 있다.

② 심장혈관계통의 미치는 영향

알코올은 다양한 방식으로 심장혈관계통에 영향을 미친다. 하루 두 잔 이하의 가벼운 음주는 혈전증을 예방할 수 있다. 이런 결과가 일어날 수 있는 여러 가지 메커니즘에 대해서는 아직 연구 중인데, 그중 하나는 좋은 콜레스테롤인 고밀도지질단백질의 농도를 증가시켜준다는 것이다. 다른 메커니즘은 혈액응고작용의 지연효과로서, 알코올을 섭취하면 동맥경화의 원인이 되는 혈액응고인자의 수가 줄어든다.

그러나 알코올을 섭취하는 것은 심장혈관계통에 이득보다는 해가 더 많기 때문에 전문가들은 심장질환의 해결책으로 음주를 추천하지는 않는다. 알코올은 고혈압의 원인도 되는데, 인종이나 성별에 관계없이 하루에 3~5잔의 술을 마시는 사람은 그렇지 않은 사람보다 혈압이 더 높다.

③ 간 기능에 미치는 영향

알코올 때문에 생기는 가장 흔한 질환 중 하나가 바로 간경화(cirrhosis)인데, 이는 10대 사망원인 중의 하나이다. 술을 많이 마시면 우선 간에 지방을 축적시켜 지방간을 만든다. 음주와 음주 사이에 충분히 쉬지 않으면 이 지방은 다른 부위로 옮겨지지 못하고 간에 계속 쌓여 결국에는 간기능을 멈추게 한다. 증상이 더 진행되면 간의 상태가 더 악화되어 손상된 간의 부위가 섬유조직으로 대체되는 섬유증이 나타난다. 이 경우 충분한 휴식을 취하고 음주를 하지 않으면 일부 세포의 기능이 다시 정상이 된다. 그러나 계속 술을 마시면 간경화가 일어난다. 또한 장기간 음주를 하면 감염이 발생하기도 한다. 만성적으로 간에 염증이 생기면 치명적일 수 있으며, 간경화로 발전할 수도 있다.

④ 암 발생에 미치는 영향

계속된 음주에 의한 조직의 손상은 식도, 위, 입속, 혀, 간 등에서 암을 유발시킬 수 있다. 어떤 연구에서는 하루에 세 잔 이상의 술을 마시면 여성의 유방암발생가능성이 매우 높아진다는 결과를 발표하기도 했다. 하버드의대에서 조사한 바에 따르면, 하루에 1잔의 술을 마시는 사람은 암발생률이 12%이고, 2잔을 마시는 사람의 발생률은 123%인 것으로 조사되었다. 알코올이 암을 어떻게 발생시키는지는 아직 밝혀지지 않았지만, 반대로 알코올이 일부 민감한 기관에서의 발암물질 흡수를 억제한다는 조사 결과도 있다.

⑤ 기타 영향

공복 시에 술을 마시면 소화기능을 억제하기 때문에 소화불량이나 속쓰림을 유발할 수 있다. 또, 소화기의 점막층에 손상을 줄 수 있고, 식도에 염증을 일으킬 수 있으며, 만성위궤양, 작은창자의 흡수장애, 설사 등의 문제를 만들 수 있다.

과음은 소화효소를 만드는 이자의 만성염증을 일으키는 원인이 되기도 하며, 이 때문에 소화불량이 발생한다. 또한 음주는 칼슘이나 뼈를 강화하는 물질의 흡수를 저해한다. 이런 증상은 특히 여성들에게서 잘 일어나서 노년기 여성의 골다공증을 악화시킨다.

한편 알코올은 박테리아나 바이러스에 대한 저항성을 떨어뜨린다. AIDS 감염자 중 대부분이 술을 마시지만, 음주와 AIDS 감염 사이의 관계는 명확하지 않다. 그러나 음주가 면역기능을 떨어뜨리고 질병을 악화시키는 것은 사실이다.

(6) 알코올과 임신

기형을 일으키는 30가지 정도의 물질 중에서 알코올은 가장 위험하면서도 가장 널리 퍼진 것이다. 알코올은 태아발달에 치명적일 수 있다. 요즈음은 많은 태아들이 자궁에 있을 때 위험한 수준의 알코올에 노출된다. 태아가 알코올에 노출되면 기형을 유발하고, 육체적 · 정신적 · 지능적으로 장애가 발생할 수 있다. 아주 적은 양의 알코올이라도 문제가 일어날 수 있다.

고농도의 알코올에 단 한 번이라도 노출되면 태아의 뇌에 치명적인 손상을 줄 수 있다는 연구결과도 있다. 이것이 이른바 태아알코올증후군(FAS : fetal alchohol syndrome)이라고 불리는 증상이다. 임신 1기에 알코올은 태아의 신체발달에 문제를 일으키고, 임신 3기에는 뇌의 발달에 문제를 일으킨다. 태아알코올증후군은 임신 3기 때 알코올에 노출될 경우 발생하기 쉬우며, 정신박약아를 출산하는 두번째 원인이다. 1,000명당 1~2명의 비율로 이런 아이들이 태어나는데, 이는 조금만 주의해도 막을 수 있다.

태아알코올증후군은 산모가 마신 술이 탯줄을 통해 태아에게 전달되면서 발생한다. 산모에 비해 태아는 매우 작기 때문에 혈중알코올농도가 쉽게 증가한다. 태아알코올증후군에 의해 발생할 수 있는 문제는 다음과 같다.

▶ 신체적 행동의 부재   ▶ 학습부진

- ▶ 기억력 부족
- ▶ 충동적 행동
- ▶ 사회능력 부족
- ▶ 반사작용의 문제
- ▶ 문제 해결능력 부족

- ▶ 언어능력 부족
- ▶ 집중력 감소와 산만함
- ▶ 계산능력 부족
- ▶ 지각능력 부족

FAS보다 증상이 약하지만, 태아기에 알코올에 노출된 경험이 있는 아이들은 태아알코올효과(FAE : fetal alcohol effect)를 가지고 있다. 태아알코올효과는 태아알코올증후군보다 발생률이 3~4배 정도 더 높다. 태아알코올효과의 증상은 저체중, 행동장애, 정신장애 등으로 나타난다. 임신기간 중 85g 이상의 알코올을 섭취한 임산부에서는 태아알코올신드롬이 일어날 가능성이 매우 크다.

한편 알코올은 모유를 통해 아기에게 전달될 수도 있다. 이런 이유로 모유 수유를 하는 산모는 음주를 자제하고, 수유 전 4시간 정도는 술을 마셔서는 안 된다.

(7) 음주와 운전

조사에 따르면 혈중알코올농도가 0.08 이상일 때 브레이킹, 핸들 조작, 차선변경, 판단력, 집중력 등이 감소하여 안전한 운전을 할 수 없는 것으로 밝혀졌다. 경찰에서 지속적으로 음주운전단속을 하고 음주운전을 줄이는 캠페인이나 교육을 많이 한다. 이런 모든 노력에도 불구하고 알코올 관련 자동차사고가 발생할 위험은 여전히 있다.

혈중알코올농도와 사고율은 밀접한 관계가 있는데, 알코올농도가 0.1일때는 비음주자에 비해 사고율이 10배나 높고, 혈중알코올농도가 0.15이고 야간운전일 경우에는 사고확률이 380배나 높아지는 것으로 조사되었다. 야간의 음주운전은 훨씬 더 위험하다.

2) 알코올중독

알코올의 섭취가 직장·학교·가족·친구 등의 관계를 방해하거나 법적인 기준을 넘어서거나, 음주운전을 한다면 알코올남용(alcohol abuse) 또는 알코올중독(alcoholism)이 된다.

(1) 알코올중독자의 정의

알코올에 중독되면 다른 약물과 같이 더 그것에 의존하게 되고, 중독성을 가지며, 점점 더 많은 양을 마시게 된다. 얼마나 오래 마시면 알코올중독이 되는가에는 개인차가 있다. 알코올중독증을 가진 사람은 음주자 중 약 5% 정도이다. 이 수치는 인종, 국가, 종교, 지역 등을 막론하고 나타난다. 알코올중독자가 될 가능성은 남성은 10%, 여성은 3%이고, 25% 정도는 알코올중독자인 가족이나 친구들에 의해 피해를 당한 적이 있다.

자신의 음주습관에 문제가 있음을 깨닫고 시인하는 것은 매우 어려운 일이다. 알코올중독자들은 자신이 술을 언제든지 끊을 수 있지만 지금 당장은 끊지 않는 것이라고 하면서 스스로를 정당화시키고 문제점을 부인한다. 그들의 가족들도 이러한 문제를 부인하는데, 그 이유는 가족이 알코올중독이라는 이유로 사회적으로 소외당하지 않으려 하기 때문이다.

여성의 알코올중독도 급격히 늘고 있는 추세이다. 여성은 남성보다 더 많은 나이에 알코올중독이 되고, 과음을 시작한 후 더 짧은 기간에 알코올중독자가 되는 경향이 있다. 20대에서 30대 초 사이의 결혼은 하지 않고 동거 중인 여성이나 술을 많이 마시는 배우자를 두었을 경우 알코올중독이 될 위험이 크다.

(2) 알코올중독의 원인

알코올중독이 유전적·사회문화적·환경적 요소를 지닌 질환임은 잘 알려진 사실이지만, 각 요소가 실제로 어떠한 작용을 하는지는 알지 못하고 있다.

① 유전적 및 환경적 요소

술을 많이 마시는 집안일수록 알코올중독자가 더 많이 생기는 것으로 조사되었다. 이 조사에 따르면, 이러한 집안은 일반인에 비해 알코올중독자가 4~5배 정도 더 많이 발생한다고 한다. 특히 남성 알코올중독자의 주위에는 알코올중독인 부모나 형제가 있는 경우가 많다.

알코올중독의 두 가지 유형을 살펴보면 중요한 정보를 얻을 수 있다. 유형 I 의 알코올중독은 부모가 술을 많이 마시거나 폭음하는 것을 보고 자란 경우이다. 이런 경우 환경적 요인에 의해 음주가 계속 권해진다. 유형 I 의 알코올중독자들에게 공통적으로 나타나는 성격은 새로운 것을 싫어하고, 타인의 생각이나 감정에 신경쓰며, 자신에게 피해를 주는 상황을 싫어한다. 유형 II 의 알코올중독은 남성에서만 나타나는데, 약물사용과 폭력 등의 행위가 있는 아버지의 아들에게서 나타나는 중독현상이다. 유형 II 의 중독자들은 유형 I 의 알코올중독자들과 반대로 타인의 감정이나 태도를 신경쓰지 않으며, 억압을 싫어하고, 새로운 것을 계속 추구하려는 성향을 보인다.

한 연구에서는 알코올중독과 가정 내 음주패턴 사이에는 뗄 수없는 관계가 있음을 알아냈다. 부모 중 한 명이 알코올중독이면 자녀의 52%가 알코올중독이 될 수 있고, 부모가 모두 알코올중독이면 자녀가 알코올중독이 될 가능성은 71%이다. 환경적 요인이나 유전적 요인이 알코올중독에 중요한 요인은 될 수 있으나, 확실한 것은 아니다.

환경적 요인과 유전적 요인은 서로 분리해서 생각하기가 어렵기 때문에 연구자들은 쌍둥이를 대상으로 하는 연구를 하였는데, 결과는 비슷한 음주습관을 가지게 되는 것으로 밝혀졌다. 다른 연구에서는 입양된 자녀가 양부모의 음주습관을 닮기보다는 함께 생활하지 않은 친부모의 음주성향을 따르는 경향이 더 크다는 것이 알려지기도 했다.

② 사회문화적 요인

가족의 음주성향에 따라 그 사람의 음주습관이 결정되는 경우가 많지만, 유전적으로는 알코올에 전혀 노출된 적이 없더라도 사회문화적 요소에 의해 알코올중독이 될 수도 있다. 사회문제에 대한 감정적 해결이나 개인적 통증을 없애기 위해 술을 마시는 사람도 있다. 예를 들면, 대학생들의 경우 대학생활의 어려움이나 가정문제, 연인문제, 친구문제 등에 의해서도 술을 마신다. 고통스러운 상황이나 가족의 죽음, 또는 쾌락을 위해서도 술을 마실 수 있다. 안타깝게도 좋지 않은 감정을 달래기 위해 술을 마시는 경우는 감정을 더 좋지 않게 만들어주는 경우가 대부분이며, 이러한 상황이 계속 반복되면서 점점 술에 의존하게 된다.

음주에 대한 가정의 태도에 따라서도 개인의 음주문제가 달라질 수 있다. 음주를 종교적인 것이나 전통적인 것으로 받아들이는 가정에서 자란 사람은 알코올에 의존하는 경향이 적다. 반면 청소년의 술구입이 규제되거나 음주가 성인만의 전유물이라고 치부하는 사회에서는 알코올남용현상이 더 많이 일어난다.

몇 가지 사회적 요인도 음주와 관련되어 있다. 도시화나 대가족제의 상실, 친밀한 인간관계의 실종, 이동성의 증가, 종교적이거나 철학적 가치의 감소 등도 알코올중독을 부추기는 요소가 되고 있다.

(3) 알코올중독이 가족에게 미치는 영향

알코올중독은 개인뿐만 아니라 가족 전체에도 영향을 미친다. 대부분의 연구자들은 알코올중독 말기 동안 가족들에게 미치는 영향에 주목했지만, 실제로 가족들은 알코올중독 초기 때부터 고통받는다.

역기능적 가정에서 자란 어린이들은 이른 나이에 어떠한 규칙을 배운다. 즉 생각하지 말 것, 말하지 말 것, 믿지 말 것 등이다. 이러한 생각은 가족 내의 진실한 문제를 다루고 해결하는 데 걸림돌이 된다. 가족들은 무의식적으로 알코올중독의 상황을 받아들이고 적응하게 되는데, 이러한 가족의 행동은 알코올중독증자에게 전혀 도움이 되지 않는다. 이러한 역기능적 가정에 사는 어린이들은 보통 적어도 다음 중 한 가지 역할을 맡게 된다.

▶ 가족의 영웅 : 좋은 일을 해서 문제로부터 관심을 돌리게 한다.
▶ 희생양 : 실수나 비행 등을 저질러 가족의 관심을 끈다.

▶ 길잃은 아이 : 수동적으로 변하여 불편한 상황으로부터 조용히 물러난다.

▶ 마스코트 : 재미있는 상황을 만들어 긴장된 순간을 풀어본다.

술을 좋아하는 집안에서 자란 어린이는 힘든 삶을 살게 된다. 왜냐하면 계속되는 분노, 당황스러움 등과 직면해야 하기 때문이다. 가족의 주요 관심사가 음주이기 때문에 어린이가 무엇을 원하고 필요로 하는지는 무시된다. 어떤 어린이는 폭력, 무관심, 성폭력 등에 노출되어 있을 수도 있다. 그러면서 그 아이들도 술을 마시게 되고, 술을 마시지 않는 집의 아이들보다 알코올중독자가 될 가능성이 높아진다.

과거에는 부모를 일찍 잃은 사람들이 이러한 문제를 일으키는 경우가 많았다. 그들은 자신감 부족, 자제력 부족, 우울 등이 문제가 되었다. 그러나 알코올중독자 가정의 모든 어린이가 알코올중독자가 된다는 것은 아니다. 성장하면서 자신이 속한 가정의 문제를 깨닫고 바꾸어나가려고 하는 사람도 있다. 이런 경우 알코올중독에 빠지기 보다는 자신에게 더 책임을 가지고 사회생활을 성실히 하게 된다.

(4) 여성과 알코올중독

과거에는 여성이 남성보다 술을 적게 마셨지만, 현재는 더 많은 여성이 과음을 즐기고 있다. 조사에 따르면 현재 여성알코올중독자가 남성만큼 많다고 한다. 여성에게 음주문제가 생길 수 있는 원인은 다음과 같다.

▶ 가정 내 음주문제

▶ 동료나 배우자의 음주 강요

▶ 우울증

▶ 스트레스

▶ 대학생의 경우 더 많은 술을 마신다.

▶ 사회적으로 낮은 지위, 아르바이트, 취업 등의 문제

▶ 고독, 이혼 등의 문제

중년 여성에게서는 다음과 같은 문제가 있을 수 있다.

▶ 사회적 역할의 상실

▶ 약물의 과다사용

▶ 배우자의 과음

▶ 우울증과 같은 질환

노인 여성에게서는 다음과 같은 문제가 있을 수 있다.

▶ 배우자의 과음

▶ 은퇴, 사회적 지위 및 네트워크 상실

각기 다른 나이대의 여성들의 음주패턴은 다음과 같이 서로 다르다.

▶ 젊은 여성은 더 자주 더 많이 술을 마시며, 강간이나 음주운전, 자살, 음주로 인한 업무능률 저하 등 음주와 관련된 문제점이 많이 발생한다.

▶ 중년 여성의 경우 삶의 변화나 이혼, 수술, 타인의 죽음과 같은 문제 때문에 음주를 하게 된다.

▶ 노인 여성의 경우 남성보다 10년 이내에 음주 문제가 발생하기 쉽다.

음주문제를 가진 여성 중 단 14%만이 치료를 하고 있다. 한 연구에 따르면, 여성이 음주사실로 인해 수입원을 잃거나 다른 사람들이 음주사실을 알게 되는 것을 원하지 않는 것으로 조사되었다. 또 다른 큰 문제는 바로 자녀양육문제이다. 왜냐하면 알코올중독 치료센터에서는 자녀와 같이 오는 것을 반대하기 때문이다.

음주문제에 대한 인식이 증가하고 있음에도 불구하고 알코올중독자 중 치료받고 있는 사람의 비율은 10% 정도밖에 되지 않는다. 알코올중독자의 치료율이 낮은 이유는 그들이 알코올문제를 인정하지 않으려고 하고, 환자에게 위험성과 문제점을 알리고 치료를 유도하는 시스템이 제대로 작동하고 있지 않기 때문이다.

알코올중독자들은 배우자의 가출, 자녀들의 외면, 직장에서의 해고 등과 같이 인생에서 극적인 변화를 겪게 된다. 이런 상황에서 알코올중독은 치료하기가 더욱 힘들어진다. 결국 알코올이 그 사람의 삶을 조종하게 되는 것이다. 무엇보다 중요한 것은 스스로의 행동에 책임감을 가지는 자세일 것이다.

3_ 담배

1) 담배의 영향

담배에는 니코틴(nicotine)이라는 물질이 들어 있는데, 이 물질은 자연상태에서는 무색이고, 산화되면 갈색을 띤다. 담배잎이 담배나 파이프 안에서 타면 니코틴이 빠져나와 기화되어 우리의 허파 속으로 흡입된다. 담배액을 빨아먹는 담배도 니코틴이 입안으로 들어오면 입 속의 짐액막을 통해 흡수된다.

대부분은 담배를 흡연을 위해 사용한다. 흡연은 매우 많은 양의 니코틴과 4,000가지의 화학물질을 허파로 보낸다. 이 속에는 다양한 물질이 있으며, 가장 심하게 오염된 도시의 공기보다 농도가 50만 배나 높다. 허파 속에 들어간 물질입자들은 쌓여서 타르(tar)라는 두터운 갈색의 이물질을 만드는데, 타르는 벤조피렌(benzopyrene)이나 페놀(phenol)과 같은 강한 발암물질도 포함하고 있다. 페놀은 다른 물질과 함께 폐암을 일으키기도 한다.

건강한 허파에 있는 섬모라는 매우 작은 털 모양의 조직들이 이물질을 허파 밖으로 밀어내는데, 담배 한 개비를 피우면 약 한 시간 정도 이러한 정화작용을 못하게 되어, 허파조직 안에 타르와 같은 이물질을 쌓이게 한다.

타르와 니코틴만이 담배에서 나오는 해로운 물질이 아니다. 담배에서 타르는 8% 밖에 되지 않고 나머지 92%에는 여러 가지 가스가 들어 있는데, 그 중 가장 위험한 것은 일산화탄소이다. 담배를 피울 때 나오는 일산화탄소는 체내의 산소공급을 줄이기 때문에 많은 신체조직에서 산소가 모자라게 된다. 한편 거의 880℃에 이르는 담배의 높은 온도 역시 위험하다. 뜨겁고 팽창된 담배연기는 기도의 점막을 손상시키고, 구강이나 기도의 암을 유발한다.

(1) 담배의 제조

담배의 종류에는 시가, 파이프, 비디스(bidis) 등이 있다. 형태에 따라 피우기, 먹

기, 씹기 등 사용방법이 다르다. 필터가 있는 담배는 일산화탄소를 생성하는 수소
시아나이드(HCN : hydrogen cyanide)나 탄산수소(hydrogen carbonate)의 양을
줄여준다. 타르나 니코틴의 함량이 적은 담배도 있지만, 그다지 효과는 없다. 왜냐
하면 저타르나 저니코틴담배의 흡연자들은 일반담배를 피우는 흡연자들보다 더 많
이, 그리고 더 깊게 담배를 피우기 때문이다.

사람들은 클로버를 사용한 담배는 클로버만 들어 있다고 믿고 있지만, 클로버
40%와 담배 60%를 섞어서 담배를 만든다. 클로버담배는 일반 담배보다 오히려 더
많은 타르와 니코틴, 일산화탄소를 가지고 있으며, 클로버 속의 유제놀이라는 성분
이 사람을 멍하게 만들기 때문에 더 많은 연기를 흡입하게 된다.

① 시 가

유명인사나 정치가들이 하루의 일과를 끝내면서 멋지게 피우는 시가(cigar)는 담
배의 함량을 조금 더 높인 담배에 불과하다. 일부 여성들에게 담배는 강렬함과 자유
로움의 상징이었다.

많은 사람들은 시가가 일반 필터담배보다 안전하다고 생각하지만, 더 나을 건 없
다. 하루에 한 개비의 시가를 피우면 구강부터 허파에 이르기까지 모든 통로를 따라
암이 생길 가능성이 매우 높다. 흡연을 하면 심장질환과 만성호흡계통 질환을 일으
킬 가능성도 같이 높아진다. 하루에 두 갑을 피우면 이러한 질환의 발생률은 두 배
로 높아지고, 피우는 담배수에 따라 확률은 계속해서 높아진다.

시가가 중독성이 있는가에 대해 많은 사람들이 물어본다. 시가 역시 니코틴을 함
유하고 있으며, 니코틴은 중독성이 강하다. 시가를 피우면 니코틴이 담배를 피울 때
와 마찬가지로 빠르게 흡수된다. 흡입을 하지 않는다 하더라도 구강 안에 니코틴이
남아 있게 된다.

② 비디스

비디스(bidis)는 담배잎을 작게 말아 피우는 담배로, 인도나 동남아시아 지역에
서 많이 만들어진다. 바닐라(vanilla), 초콜릿, 체리 등의 다양한 향이 첨가 되기도
한다. 비디스는 마리화나나 클로버담배와 비슷하게 생겼는데, 일반담배보다 안전하

고, 값이 싸고, 구하기 쉽다. 일반담배보다 훨씬 더 독성이 강하다. 메사추세츠보건 연구소의 조사에서 비디스에는 일반담배보다 일산화탄소와 니코틴은 3배, 타르는 5 배가 높게 함유된 것으로 확인되었다.

비디스는 담배잎사귀를 그냥 말아 놓은 것이기 때문에 한 번 흡입되는 연기의 양이 작다. 실험에 따르면, 비디스를 피울 때는 28회 흡입하고, 일반담배는 9회 흡입하는데, 비디스는 더 많은 흡입을 하게 되므로 유해물질을 흡입할 가능성이 높다. 비디스 역시 일반담배와 마찬가지로 심장이나 허파질환을 일으킬 가능성이 높다.

③ 연기없는 담배

대부분 청소년과 젊은이들로 전문적으로 운동을 하거나 가족모임이 있을 때 주로 사용한다. 연기없는 담배에는 두 가지가 있는데, 씹는 담배와 코담배이다.

씹는 담배(chewing tobacco)는 잇몸과 치아 사이에 놓고 빨거나 씹는 것이다. 당밀과 그 외의 향이 나는 물질로 가공된 담배잎으로 만들어져 있으며, 사용자는 이와 잇몸 사이에 담배를 넣고 쥐어짜서 니코틴을 추출하여 빨아먹는다. 한 번 빨아먹으면 더 쓸 수 없기 때문에 뱉어버리고 다른 것을 씹는다. 아랫 입술과 치아 사이에 담배를 찍어 놓는 것도 자주 쓰는 방법 중 하나인데, 이때에는 침의 흐름과 니코틴의 추출이 빨라진다. 이러한 방법에서는 니코틴이 빠르게 혈액 속으로 퍼진다.

코담배(snuff)는 흡입하거나 씹거나 입속에 넣는 방법 등이 모두 가능하며, 건조되어 있거나 축축한 가루 형태 또는 티백과 비슷한 형태이다. 코담배는 주로 뺨 안쪽에 넣고 담배를 흡입하는데, 미국보다는 유럽에서 성행하고 있다.

연기없는 담배 역시 니코틴함량은 일반담배와 비슷하기 때문에 중독성이 있으며, 일반담배에 비해 더 많은 양의 니코틴을 가지고 있다. 약 30분 정도 씹는 담배를 입에 물고 있으면 그 속에는 일반담배 4개비와 맞먹는 니코틴이 있다. 일주일에 코담배 두 캔 정도를 사용하면 하루에 일반담배 반갑을 피우는 양과 같다.

씹는 담배의 가장 큰 문제는 백반증(leukoplakia)이다. 씹다보면 입 안에 하얀 점막이 생기는데, 건드리면 통증이 있다. 씹는 담배에는 일반담배보다 10배 많은 발암물질이 있다. 백반증이 생긴 환자 중 3~17% 정도가 구강암으로 발전할 수 있다. 구강암이 발생할 가능성은 씹는 담배를 사용할 때 50배나 높아진다. 구강암이 생기면 턱과 목이 붓거나, 입술 부종의 색이 변하고, 구강 안이나 목 주위에 희고 부드러운 부종이 생기고, 2주일 이내에 치유가 되지 않는다. 입안에서 계속 피가 나서 말하고 삼키기조차 힘들게 된다.

구강을 통한 니코틴 흡수는 매우 빠르고 효율적이기 때문에 일반담배의 흡연 이후 암이 발생하는 시간에 비해 씹는 담배는 발병기간이 짧다. 씹는 담배 사용자의 몸이 붓는 것은 후두나 식도, 비장, 췌장, 신장, 방광 등에 암이 생겼다는 것을 의미할 수도 있다. 그리고 씹는 담배를 사용하는 사람은 이미 보통 피우는 담배를 경험한 사람이 많다. 씹는 담배 사용자들도 흡연자와 마찬가지로 순환계통과 호흡계통에 문제가 생긴다. 씹는 담배를 상습적으로 사용하면 위궤양이나 상처회복의 지연 등을 일으킬 수도 있다.

(2) 니코틴의 생리적 영향

니코틴은 여러 가지 생리적 효과를 일으키는 강력한 중추신경계통 자극제로서, 대뇌겉질을 각성상태로 만들고, 부신겉질을 자극하여 아드레날린의 분비를 촉진시킨다. 또, 심박수와 호흡수가 늘어나고, 혈관이 수축하며, 혈압이 올라가서 심장에 과부하를 주는 생리적 변화도 일으킨다.

니코틴은 혈당량을 낮추고 위를 수축시키는데, 이것은 미각을 둔화시켜 식욕을 잃게 만든다. 따라서 흡연자는 비흡연자보다 더 적게 먹는 경향이 있고, 체중도 적게 나간다.

흡연을 막 시작한 사람은 첫번째 호흡에서 니코틴의 영향을 느끼는 경우가 있는데, 이를 니코틴중독현상(nicotine poisoning)이라고 한다. 즉 졸음과 멍해짐, 빠르고 불규칙적인 심장박동, 구토, 설사 등의 증상이 나타난다. 이러한 현상은 니코틴에 대한 저항력이 만들어질 때까지 계속된다. 니코틴에 대한 저항력은 빠르게 만들어지고, 두세 개비의 담배를 피울 때까지 대부분 생긴다. 반면 술이나 다른 약물의 경우 저항성이 생기기까지 몇 년이 걸린다. 계속해서 담배를 피우는 사람은 흡연에 무감각해지며, 오히려 담배를 계속 피우는 것보다 끊는 것이 더 어려워진다.

(3) 담배중독

흡연은 복잡한 행동이다. 60~80% 사람이 흡연을 경험해 보려 한다. 왜 어떤 사람은 흡연을 하지 않지만, 또 다른 사람들은 흡연을 하는 것일까? 흡연은 매우 효율적인 약물전달시스템을 가지고 있다. 약물은 흡연을 통해 뇌까지 단 몇 초 안에 퍼지는데, 이것은 주사보다 몇 배 더 빠른 속도이다. 하루에 한 갑의 담배를 피우는 사람은 일년에 70,000번의 충격을 뇌에 주는 것과 같다. 이러한 충격은 흡연에 대한 갈망으로 다시 나타난다.

커피, 음주, 운전, 식사 등의 환경요인이 흡연을 촉진하는 경우도 있다. 대학생의 경우 이러한 흡연을 유발시키는 행동으로부터 흡연충동을 느끼기 때문에 담배를 끊기가 어려워진다. 또한 흡연자는 주기적으로 뇌에 자극을 주게 되는데, 만약 금연으로 그러한 자극이 사라져버리면 뇌가 변화를 참지 못하고 계속 자극이 오기를 원하기 때문에 담배를 끊기 힘들다.

이러한 현상이 일어나는 이유는 무엇일까? 한 연구에 따르면 개인이 가지고 있는 유전자에 따라서도 흡연이 영향받을 수도 있다고 한다. 쌍둥이를 조사한 연구에서는 환경의 영향보다 개인 유전자의 영향이 더 큰 것으로 밝혀졌다. 두 가지 유전자가 니코틴흡수나 니코틴에 의한 효과를 유발하는 도파민의 양을 결정하는 것으로 알려졌다. 이러한 흡연과 니코틴중독의 유전자적 연구는 금연을 위한 약물을 개발하는 데 도움이 될 것이다.

2) 흡연에 의한 질환

흡연자는 여러 가지 질병에 걸릴 수 있다. 흡연은 암, 심장혈관계통질환, 호흡계통질환 등을 발생시킨다.

(1) 암

미국 종양학회에서는 폐암의 85~90%가 흡연으로 인해 발생한다고 밝혔다. 폐암은 나타나는 데 10~30년 정도 걸린다. 폐암의 증상은 잘 나타나지 않고, 전신으로 암이 퍼지기 전까지는 대부분 진단하기 어렵다. 일단 폐암이 발견되면 5년 이상 살 확률이 13%에 불과하며, 조기에 발견될 경우는 약 47% 정도이다.

흡연으로 인한 폐암의 발생가능성에는 몇 가지 조건이 있다. 우선 하루에 흡연을 얼마나 많이 하는가가 중요하다. 하루에 두 갑의 담배를 피우면 폐암발생률이 15~25배 더 높아진다. 또한 흡연시기가 이를수록, 깊게 흡입할수록 폐암이 발생할 가능성이 높아지며, 흡연 이외의 다른 오염된 공기에 노출되었을 때도 폐암 발생가능성이 높아진다.

(2) 심장혈관계통질환

흡연은 혈관을 약 10년 정도 노화시키면서 심장혈관계통질환을 일으키는데, 그중 하나가 바로 동맥경화이다. 그리고 아직은 알 수 없지만, 흡연은 고밀도지질단백질을 감소시키면서 심장병과 고지질혈증의 발생가능성을 더 높인다. 또한 흡연은 혈소판응집을 유도하여 적혈구가 서로 엉겨 붙게 하는데, 이 때문에 체내조직으로의 산소공급이 원활하게 이루어지지 않게 된다. 그리고 흡연은 불규칙한 심장박동을 야기하고, 담배 속의 일산화탄소와 니코틴은 심부전증을 일으킨다.

얼마나 오래 흡연을 했는가와 심장혈관계통질환은 큰 관련이 없다. 흡연을 그만두면 심장혈관계통질환의 발병가능성이 흡연시의 절반 이하로 줄어든다. 15년 이상 금연하면 발병할 가능성은 비흡연자과 거의 비슷해진다.

한편 흡연자는 비흡연자에 비해 뇌졸중(stroke)을 일으킬 가능성이 두 배 이상 높다. 뇌졸중은 뇌혈관이 터지거나 혈구가 응집되어 막혀버렸을 경우에 일어난다. 뇌로의 산소와 영양소공급이 중단되면서 뇌조직이 손상되는데, 이는 전신마비나 사망의 원인이 된다. 흡연은 혈압을 높이기 때문에 이러한 뇌졸중의 가능성도 높인다. 이는 흡연이 혈소판응집을 촉진시키는 것도 한 원인이 된다. 5~15년 정도 금연하면 뇌졸중 발병가능성은 일반인과 비슷해진다.

(3) 호흡계통질환

흡연은 호흡계통을 빠르게 손상시킨다. 흡연자들은 호흡계통의 손상을 짧은 기간 내에 느끼게 되는데, 숨쉬기가 힘들어지거나 만성적인 기침·가래 증상이 나타난다.

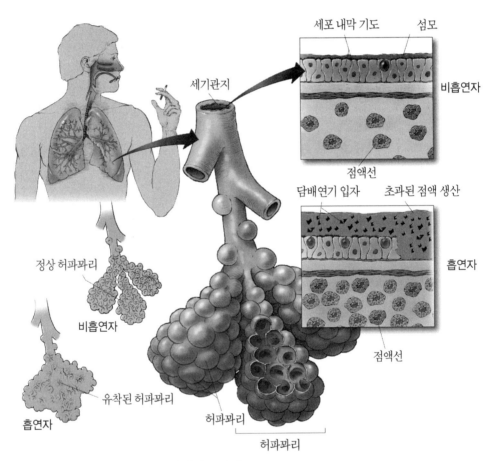

그림 8-1 ___담배가 허파를 손상시키는 과정

연기입자는 허파의 통로를 자극하고, 점액을 생산하게 만들며, 허파꽈리의 벽을 직접 손상시켜 허파꽈리가 유착되게 만든다. 이 두 가지 요인이 허파의 효율을 감소시킨다. 담배의 타르는 직접적으로 암을 유발하기도 한다.

흡연자들은 이러한 호흡계통질환 때문에 작업률이 1/3 이하로 줄어들며, 호흡계통질환으로 인한 사망률도 비흡연자에 비해 18배나 높다.

만성기관지염은 심한 기침을 일으킨다. 흡연으로 인해 허파의 염증이 계속되고, 두터운 점막이 생기기 때문에 흡연자들에게서 계속 기침이 나게 된다. 이러한 증상은 흡연을 하는 동안에는 계속된다. 그리고 흡연자는 감기, 독감, 폐렴 등에 대해서도 비흡연자보다 취약하다.

허파꽈리의 파괴로 인해 폐기종(emphysema)이 생기면 환자는 산소와 이산화탄소의 교환능력을 잃게 되어 호흡이 더 힘들어진다. 건강한 사람은 호흡에 5% 정도의 에너지만을 사용하나, 폐기종환자는 80% 이상의 에너지를 숨쉬는 데 사용한다. 폐기종환자에게는 앉았다 일어서는 동작조차도 힘들어진다. 폐기종환자의 심장은 부어오르면서 작동하기가 더 힘들어지기 때문에 심장질환의 가능성이 더 높아진다. 아직 알려진 치료법은 없으며, 폐기종환자 중 80%가 흡연자이다.

(4) 성기능감소

담배회사는 흡연자들이 더 섹시하게 보인다고 광고를 하지만, 연구 결과는 그와 반대이다. 흡연을 하면 성기능감소증상이 나타나는데, 이는 남성의 경우 더욱 심하다. 흡연으로 혈관이 손상되고 혈류량이 줄어들기 때문에 페니스로 가는 혈액의 양이 줄어들어 발기가 잘 일어나지 않는다. 이런 현상은 심장혈관계통질환으로 이어진다.

(5) 기타 질환

흡연자에게서는 치주질환이 자주 발생하며, 이 때문에 치아 손실이 더 많이 일어난다. 니코틴은 약물의 대사속도를 빠르게 만들어 체내의 양을 줄이기 때문에 그 효과가 줄어들어서 흡연자들은 비흡연자보다 더 많은 양의 약물을 쓰게 된다.

3) 간접흡연

국민의 30% 이하가 흡연자이지만, 간접흡연(involuntary smoking)이 문제가 되고 있다. 담배연기는 주류연기와 비주류연기의 두 범주로 나눌 수 있다. 주류연기 (mainstream smoke)는 담배를 흡입하면서 흡연자가 들이마시게 되는 연기이고, 비주류 연기(sidestream smoke)는 담배가 타면서 나는 연기 또는 흡연자가 담배를 피우고 내뿜는 연기를 가리킨다. 다른 사람들이 담배를 피우면서 내뿜는 연기를 흡입하게 되는 사람들을 수동적 흡연자(passive smoker) 또는 간접흡연자(involuntary smoker)라고 하며, 거의 90%에 달하는 사람이 이러한 간접흡연에 노출되어 있다.

(1) 간접흡연의 위험성

간접흡연자는 직접흡연자보다 더 적은 양의 연기를 마시지만, 계속해서 연기에 노출되어 있을 가능성은 같으며, 간접흡입을 하는 연기 속에는 발암물질이 더 많다. 연구에 따르면, 간접흡연자는 직접흡연자보다 니코틴과 타르는 2배, 일산화탄소는 5배, 암모니아는 50배 더 많이 갖게 되는 것으로 밝혀졌다. 간접흡연을 하는 집단은 벤젠이나 라돈 등을 흡입하는 그룹보다 더 강한 독성물질을 마시는 것으로 알려졌다. 그래서 간접흡연자들은 심장질환이나 폐암의 가능성이 더 높은 것으로 추정된다.

간접흡연은 대기오염보다 더 위험하다. 간접흡연으로 인한 사망위험성은 일반대기오염에 의한 사망위험성보다 100배나 높고, 발암물질 음식 섭취에 의한 사망 위험성보다 10,000배나 더 높다.

간접흡연에 의해 발생할 수 있는 질환이 심장혈관계통질환과 호흡계통질환만 있는 것은 아니다. 어린이의 경우, 간접흡연으로 인하여 기도를 따라 염증반응을 일으켜 어린이에게서 폐렴이나 기관지염의 가능성을 높인다. 이것은 어린이의 허파기능을 약화시켜 기침감기 등 다른 질환을 일으킬 수 있는 가능성도 높인다. 이러한 영향은 특히 5세 이하의 어린이에게 더 크다.

좁은 공간에서의 흡연은 또 다른 문제를 일으킨다. 10~15%의 비흡연자들은 담배연기에 매우 민감하여 심한 두통, 눈의 가려움, 호흡곤란, 구토 등을 일으킨다. 이는 깨끗한 공기보다 4,000배나 높은 일산화탄소농도 때문이다.

몇 년 전부터 이러한 간접흡연을 줄이고자 하는 노력이 계속되고 있다. 일부 단체에서는 1970년대부터 공공장소에서의 흡연을 제한하고자 노력하였다. 이러한 노력의 결과로 식당, 영화관, 공항 등 사람들이 많이 모이는 공공장소에서의 흡연이 법적으로 금지되었다.

4) 금 연

금연은 쉽지 않다. 왜냐하면 니코틴에 대한 중독증세를 없애야 하기 때문이다. 금연을 하기 위해서는 몇 가지 매우 힘든 과정을 거쳐야 한다. 금연한 사람들도 흡연에 대한 유혹을 떨쳐내기가 쉽지 않다고 한다. 이처럼 금연은 상당히 동적인 행위라는 것을 알아둘 필요가 있다.

매년 1/3의 흡연자가 금연을 시도하지만, 불행하게도 그중 90% 이상이 실패한다. 금연의 유형에는 여러 가지가 있는데, 어느 순간부터 피우지 않겠다고 다짐을 하는 사람들이 있는가 하면, 금연단체가 제시하는 치료와 행동변화 프로그램에 참여하는 사람, 금연을 위한 프로그램을 제공하는 상업단체나 클리닉을 찾는 사람, 개인적으로 체계적인 프로그램을 만들어 금연을 실시하는 사람 등 그 종류가 다양하다.

금연을 하려는 사람은 자신을 위해 어떠한 프로그램과 방법이 가장 좋을지를 생각해야 한다. 이러한 프로그램이나 방법은 매우 많다. 흡연자의 경제적 면이나 성격, 중독의 정도 등에 따라 이러한 선택이 달라질 수 있다.

(1) 니코틴중독의 억제
니코틴중독은 극복하기 매우 어려운 중독 중 하나이다. 금연을 시작하면 거부반응이 나타날 수 있는데, 이것은 불편함, 조바심, 구토, 흡연욕구의 증가 등이다.

금연을 하면 줄어드는 혈액 내 니코틴의 양을 대체하기 위한 몇 가지 물질이 있다. 가장 대표적인 것 두 가지가 바로 껌과 니코틴패치이다. 니코틴 껌은 일단 흡입되는 니코틴의 양을 점진적으로 줄여준다. 의사의 처방에 따라 하루에 12~24개 정도를 씹는다. 약 6개월 정도 씹게 된다. 이 니코틴껌 속에는 담배 한 개비에 함유된 만큼의 니코틴이 들어 있으나, 구강의 점막을 통해 흡수되기 때문에 담배를 피울 때만큼 많은 양이 흡수되지는 않는다. 니코틴껌을 씹는 사람들은 거부반응을 느끼지 않으며, 담배에 대한 욕구도 줄어들게 된다.

니코틴껌의 사용에 대해서는 논란이 있다. 어떤 사람들은 니코틴껌에 의해 또 다른 중독이 발생할 것이라고 주장하고, 또 다른 사람들은 니코틴껌이야말로 거부반응이나 흡연욕구없이 금연을 할 수 있는 가장 효과적인 방법이라고 한다.

한편 1991년에 처음으로 시판된 니코틴패치는 일반적으로 금연프로그램에서 사용되었던 것이다. 작고, 얇으며, 24시간 효과가 지속되는 이 패치는 피부를 통해 흡연자의 혈액 속에 니코틴을 전달하여 흡연욕구를 줄이는 기능을 한다. 의사의 지도 아래 8~12주 정도 사용하면 효과가 있다. 이 기간 중에는 흡연자가 흡수하는 니코틴의 양이 점점 줄게 된다. 때때로 피부에 불편함, 불면증, 구강건조, 신경과민 등의 부작용이 나타나기도 한다. 이러한 패치는 가격이 싸고 보험이 적용된다.

(2) 습관의 변화

많은 흡연자들에게 금연을 위한 좋은 방법 중 하나는 항흡연요법이다. 그중 가장 많이 이용되는 방법으로는 혐오요법, 반응요법, 자기제어요법 등이 있다.

① 혐오요법

혐오요법(aversion therapy)이란 흡연자에게 흡연의 위해성을 보여줌으로써 흡연을 불쾌하게 생각하도록 하는 방법이다. 예를 들면 흡연자들에게 담배를 빠르게 많이 피우도록 해서 피우기 싫어져서 불쾌하게끔 만드는 것이다. 이 방법은 단기적으로는 효과가 있으나 장기적으로는 그렇지 않다.

② 반응요법

흡연과 외부요인을 연관시키는 것이 바로 반응요법(operant strategy)이다. 예를 들면 흡연을 할 때마다 벨을 울린다. 나중에 벨을 울리게 되면 흡연자들은 담배를 피우게 되는데, 벨을 울리지 않으면 더 이상 담배를 피우지 않게 된다.

③ 자기제어요법

자기제어요법(self-control strategy)이란 흡연을 특정한 환경에서 배운 습관의 일종으로 보는 것이다. 따라서 치료는 흡연을 일으키는 상황을 인식하고, 그에 대해 흡연자들이 저항할 수 있도록 하는 것이다.

(3) 금연의 장점

암학회에 따르면 흡연으로 인해 손상된 조직은 스스로 복구할 수 있다고 한다. 금연을 하는 순간부터 조직들은 손상된 부분을 복구하기 시작한다. 금연을 하면 8시간 이내에 일산화탄소와 산소의 농도가 정상으로 돌아오고, 흡연자 특유의 숨소리가 사라진다. 한 달 정도 금연을 하면 기도를 막고 있던 점막층이 사라진다. 몇 주 이내에는 혈액순환과 미각 및 후각이 좋아진다. 금연을 하면 몸에 에너지가 더 많아지고, 잠이 더 잘 오며, 몸이 좀 더 가벼워진 느낌을 가진다고 금연을 경험한 사람들이 말한다.

금연 후 일년 정도가 지나면 심장근육경색과 폐암, 각종 암의 발병가능성이 감소한다. 또한 호흡계통질환이나 심장혈관계통질환의 가능성도 줄어든다. 여성은 저체중아출산의 가능성이 준다. 금연 후 2년이 지나면 심장근육경색의 가능성이 정상으로 떨어지고, 10년이 지나면 정상적인 수명을 유지할 수 있다.

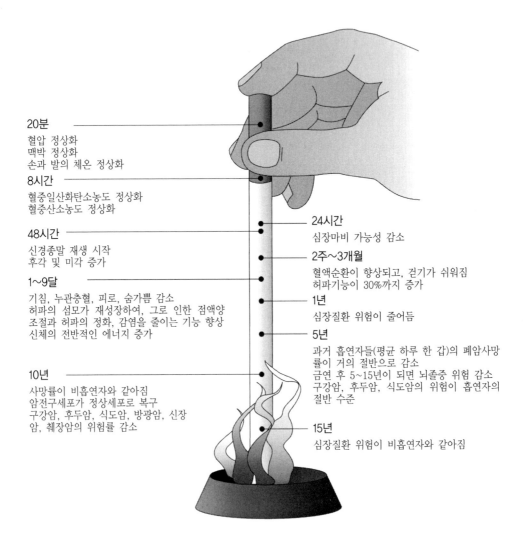

20분
혈압 정상화
맥박 정상화
손과 발의 체온 정상화

8시간
혈중일산화탄소농도 정상화
혈중산소농도 정상화

48시간
신경종말 재생 시작
후각 및 미각 증가

1~9달
기침, 누관충혈, 피로, 숨가쁨 감소
허파의 섬모가 재성장하여, 그로 인한 점액양
조절과 허파의 정화, 감염을 줄이는 기능 향상
신체의 전반적인 에너지 증가

10년
사망률이 비흡연자와 같아짐
암전구세포가 정상세포로 복구
구강암, 후두암, 식도암, 방광암, 신장
암, 췌장암의 위험률 감소

24시간
심장마비 가능성 감소

2주~3개월
혈액순환이 향상되고, 걷기가 쉬워짐
허파기능이 30%까지 증가

1년
심장질환 위험이 줄어듦

5년
과거 흡연자들(평균 하루 한 갑)의 폐암사망
률이 거의 절반으로 감소
금연 후 5~15년이 되면 뇌졸중 위험 감소
구강암, 후두암, 식도암의 위험이 흡연자의
절반 수준

15년
심장질환 위험이 비흡연자와 같아짐

그림 8-2 ▬▬금연의 효과

금연을 시작한지 20분 내에 여러 해에 걸쳐 지속적인 일련의 신체변화를 갖게 된다.
그러나, 하루에 한 개비의 담배를 피워도 흡연자들은 이러한 모든 이점을 잃게 된다.

출처 : Drugs and Society(5th ed.) by G. Hanson and P. Venturelli(Sudbury, MA : Jones and Bartlett, 1998).
www.jbpum.com.

4_ 카 페 인

1) 카페인의 성분

카페인은 일반적으로 사용되는 약물인데, 국민절반 이상이 매일 커피나 다른 형태로 카페인을 섭취한다. 커피는 불법이 아니며, 사회적으로도 권장되기도 한다. 많은 사람들이 카페인은 약물이 아니고 중독성이 없다고 한다. 커피, 음료, 카페인이 포함된 음식 등은 전혀 무해하다고 생각한다. 만약 이런 생각을 가지고 있다면 당장 생각을 바꿀 필요가 있다.

카페인(caffeine)은 크산틴(xanthine)이라는 화학물질로부터 나오는 약물이다. 관련 화학물로 테오필린(theophylline)과 테오브로민(theobromine)이 있는데, 이들은 각각 차와 초콜릿에서 발견된다. 크산틴계열의 물질은 중추신경계통을 자극하여 신경을 민감하게 만들고, 통증을 완화시키는 효과가 있다. 이와 함께 심장근육의 수축을 강화시키고, 산소섭취와 대사속도를 빠르게 하며, 소변의 배출을 증가시킨다. 이러한 효과는 카페인이 포함된 음식을 먹은 후 15~45분 이내에 나타난다. 이러한 크산틴계 물질의 부작용으로는 각성, 불면증, 불규칙한 심장박동, 구토, 소화불량 등이 있다. 다른 약물과 같이 사용자의 정신상태에 따라 이러한 효과는 조금씩 달라진다.

식품에 따라 함유되어 있는 카페인의 양이 다르다. 예를 들어 커피 한 컵(약 141g)에는 약 25~105mg의 카페인이 들어 있고, 초콜릿바 속에는 15mg 정도의 카페인이 들어 있다.

2) 카페인중독

카페인의 섭취를 갑자기 끊으면 정신적으로 우울해지거나 체력저하, 피로 등을 느끼게 된다. 그래서 이러한 증상을 없애기 위해 또다시 커피를 마시게 된다. 이러한 습관이 계속되면 카페인에 대해 내성이 생기고 정신적으로 의존하게 된다. 1970 대 중반까지는 카페인을 의학적으로 중독성물질로 보지 않았기 때문에 만성적인 카페인섭취와 여기에 의존하는 행동을 커피과민증 정도로 생각하였다. 그러나 지금은 이러한 현상을 카페인중독(caffeine intoxication, affeinism)이라고 부른다.

카페인중독의 증상으로는 만성적인 불면증, 신경과민, 분노, 근육떨림 등이 있다. 카페인을 끊으면 카페인금단현상이 다양하게 나타나 여러 가지 형태의 두통을 유발한다. 이렇게 카페인은 중독성 약물의 여러 가지 요소, 즉 내성, 정신적 의존, 금단현상 등을 충족시키며 중독성약물로 분류된다.

하루에 67~100잔의 커피를 마시면 치명적일 수 있으며, 10잔을 마시면 이명현상, 팔다리마비, 혈액순환장애, 환각 등 감각기관에 문제가 발생할 수도 있다.

3) 카페인 장기복용의 영향

장기간의 카페인복용은 심장질환, 암, 정신질환, 출산장애 등의 문제를 일으킬 수 있다. 그러나 적절한 양의 카페인복용(하루 500mg 이하, 커피 5잔 정도)이 건강과 불임에 어떠한 악영향을 미치는지에 대한 확실한 증거가 없다.

카페인 장기복용이 고혈압이나 심장근육경색과는 관련이 없는 것으로 나타났으며, 커피와 심장질환의 관련성을 보여주는 확실한 증거도 없다. 그러나 심장박동이 불규칙한 사람들은 커피를 마시지 말 것이 권장되는데, 이는 커피가 심장박동을 빠르게 하여 위험할 수도 있기 때문이다. 그리고 카페인이 함유된 커피와 그렇지 않은 커피 모두 위궤양을 발생시킬 가능성이 있다.

커피가 가슴에 통증과 덩어리를 발생시키는 유방섬유근육증과 관련이 있는지에 대해 몇 년간 연구되었는데, 카페인이 가슴에 섬유형성을 촉진한다는 연구결과가 나왔다. 그러나 이러한 증상을 가진 환자 중에서 커피를 마시지 않는 사람도 있었기 때문에 일반적인 내용으로는 받아들여지지 않았다. 동물실험에서는 과도한 카페인복용은 기형이나 저체중아의 출산가능성을 높인다는 결과가 나왔다. 그러나 다른 연구에서는 적정량의 카페인복용은 사람에게는 출산 시 그리 큰 영향을 미치지 않는 것으로 밝혀졌다. 산모에게는 출산 때까지는 카페인을 복용하지 말 것을 권장한다.

표 8-1   여러 가지 제품의 카페인함유량

제 품	카페인함유량 (1회분 평균 mg)	제 품	카페인함유량 (1회분 평균 mg)
커피(142g, 컵)		초콜릿	
일반 커피	65~115	초콜릿 28g	25
디카페인 커피	3	초콜릿 캔디바 28g	15
디카페인 인스턴트 커피	2	초콜릿 푸딩 1/2컵	4~12
차(170g, 컵)		일반 판매 약품	
뜨겁게 우려낸 차	36	노도즈(알약 2개)	200
냉차	31	엑세드린(알약 2개)	130
병에 담은 차	15	미돌(알약 2개)	65
		아나신(알약 2개)	64
탄산음료(340g, 회분)			
졸트 콜라	100		
닥터 페퍼	61		
마운틴 듀	54		
코카콜라	46		
펩시 콜라	36~38		

제9장

여성과 건강

1_ 성인여성과 건강

인간의 생물학적 수명(life span)은 보통 120~130년으로 본다. 그런데 우리는 이러한 수명을 다 살지 못하고 질병, 허약, 노화 등으로 죽게 된다. '인간의 수명은 얼마까지 지속될 수 있을까' 하는 것은 건강을 연구하는 학자는 물론 모든 사람들의 관심사가 아닐 수 없다. 최근 유전자공학은 물론 분자생물학의 발전으로 그것을 연구하는 사람들은 세포의 유전자, 변이, 대사작용 등을 연구하여 인간수명은 200~300년도 가능하다고 주장하고 있다.

한국인의 평균수명은 남자가 76세, 여자가 83세로 여자가 7세 정도 높다. 그러면 "여성은 왜 남성보다 오래 살 수 있을까?" 인체의 생리해부적 조건으로 볼 때 여성은 결코 남성에 비해 우월하지 못하다. 특히 생리적인 성차(생리, 임신, 출산 등)나 체격조건, 체력 등을 비교할 때는 남성의 3/4 정도에 불과하다. 그럼에도 어떠한 조건에 의해 여성이 남성보다 오래 수명을 유지하는가에 대한 의문은 연구과제가 되고 있다.

2_ 월경주기와 건강

1) 월경주기

(1) 배란기

여성은 남성보다 3~5년 빠른 11~15세에 사춘기를 맞이한다. 여성의 사춘기는 난소 및 난포호르몬의 작용에 의해 자궁, 질, 음핵, 성샘 등의 성기관이 급격히 발달한다. 난소에시의 주기직인 배란과 그것에 동반해서 월성이 시작된다.

난자는 좌우에 있는 난소에서 주기적으로 배출되는데, 이것을 배란이라고 한다. 난소에서의 원시난포는 매월 1개씩 발육하여 삼차난포(graafian follicle, 포상난포)가 된다. 난포막의 내층세포는 에스트로겐(estrogen)을 분비한다. 삼차난포가 발육하여 1.5~1.8mm까지 성숙하면 골반 내의 자궁 쪽으로 이동한다. 배란 후의 난포는 난자를 배출할 무렵부터 혈액으로 채워져 붉은색으로 되었다가 난포막으로 흡수되어 황색물질로 된다. 황색물질은 에스트로겐(estrogen)과 프로게스테론(progesterone)이라는 호르몬을 분비한다. 수정이 일어나지 않으면 8~10일 후에는 변성 및 흡수가 시작되어 백색물질로 변하면서 폐쇄된다. 즉 황색물질의 흡수가 시작됨과 동시에 새로운 원시난포의 발육이 시작되는 것이다. 또 수정이 일어나면 황색물질이 많아져 임신이 시작된다.

(2) 월 경

월경(menstruation)은 혈액과 분비액, 자궁내막의 퇴화조직들이 주기적으로 배출되는 생리적 현상이다. 월경 첫날부터 다음 월경 시작하는 날까지를 월경주기라고 하는데, 24~32일 정도이며 평균 28일이다. 월경기간은 3~7일 간 계속되며 한 번에 배출되는 순수한 혈액의 양은 80cc 정도이다. 그러나 월경량은 개인차가 크다. 대개 출산경험이 있는 여성에서는 양이 많아지고 40세 이후에는 줄어든다.

월경이 생기는 기전은 사춘기가 되면 뇌하수체앞엽에서 난포자극호르몬을 분비하여 난소에 있는 난자 중 한 개를 성숙시킨다. 이때 난소에서는 에스트로겐이 분비되어 자궁내막을 성숙시켜 장차 수정란을 착상시킬 준비를 한다. 난자가 어느 정도 성숙하면 뇌하수체앞엽에서 황체화호르몬이 분비되어 배란이 일어나고 난소에서 프로게스테론이 분비되어 자궁내막은 더욱 두꺼워진다. 그런데 난자와 정자의 수정이 이루어지지 않으면 난소의 황체가 퇴화함에 따라 프로게스테론이 감소되어, 자궁내막이 탈락되면서 출혈이 생긴다.

배란은 월경주기가 28일인 경우에는 월경시작일로부터 14일째쯤 일어난다. 월경주기가 불규칙한 여성의 배란일은 다음달 월경일에서 거꾸로 세어서 14일째쯤이 된다.

(3) 월경주기와 호르몬

월경주기일 때에는 여성호르몬인 에스트로겐과 프로게스테론이 동시에 분비된다. 난소에서의 성호르몬 분비조절은 시상하부, 뇌하수체앞엽 등에서 일어난다.

뇌하수체에서 분비되는 성샘자극호르몬은 난포자극호르몬인데, 이는 난포의 성숙을 촉진하여 난포에서의 에스트로겐분비를 증대시키고 배란에 이르게 한다. 또한 에스트로겐의 증대는 시상하부에서 작용하며 난포자극호르몬의 방출인자는 분비를 억제한다. 그 결과 난포자극호르몬의 분비가 감소하고 황체자극호르몬의 분비가 늘어 황체형성이 촉진된다. 황체형성에 의해 프로게스테론과 에스트로겐의 분비가 증대된다. 에스트로겐과 프로게스테론은 2 : 1의 비율로 분비된다.

프로게스테론의 증가는 시상하부에서 작용하여 황체자극호르몬방출인자의 분비를 억제하고 황체자극호르몬의 분비를 감소시킴과 동시에 황체는 퇴행하여 월경이 시작된다. 황체의 위축에 의해 에스트로겐의 양이 감소하면 다시 시상하부의 난포자극호르몬방출인자의 분비가 늘어나기 시작한다.

(4) 월경주기 시 생체기능의 변화

여성들에서 난소의 발육을 동반하는 2차 성징은 대체적으로 젖샘의 발달, 골반의 발달, 아랫배 및 넙다리의 피하지방침착 등의 특징을 나타낸다. 월경주기에 따라 성 호르몬의 주기적 변동이 일어나 생체조직이나 기능에는 다음과 같은 변화가 온다.

① 체온과 기초대사

월경주기 중에 가장 잘 나타나는 것이 체온변화이다. 배란 이후의 고온기에서는 프로게스테론에 의해 체온이 높아져 기초체온에 변화가 오며 기초대사량도 증감한다.

② 당대사

에스트로겐은 지방대사에는 매우 큰 영향을 주지만, 당대사에는 거의 동일한 영향을 준다. 이들 호르몬은 단독으로 두 가지 동일한 효과를 주나. 그리고 에스트로겐과 프로게스테론은 이자(췌장)의 분비세포를 직접 자극하여 인슐린분비를 높여주고, 혈장인슐린농도를 상승시킨다. 그 결과 간글리코겐량을 증대시키고 간의 당생성을 감소시킨다. 당부하검사(glucose tolerance test : GTT) 시의 반응도 좋게 나타난다.

그러나 지방조직에 대한 반응은 길항하는 경우가 있어서 완전히 같은 영향을 미친다고는 볼 수 없다. 황체기에는 에스트로겐이나 프로게스테론이 에피네프린의 반응을 감소시키는데, 그것이 근글리코겐의 분해율에 영향을 주어 혈중젖산치를 낮춘다.

③ 지방대사, 체중, 체지방률

Tarttelin과 Gorski는 생쥐 실험에서 생쥐의 난소를 제거하면 신체운동량은 감소하고 체중은 20~25% 증가한다고 보고하였다. 또 이 생쥐에게 에스트로겐만을 투여하면 체중은 감소하는데, 프로게스테론만을 투여했을 때에는 변화가 없었다. 다시 에스트로겐을 투여한 후 프로게스테론을 투여하면 체중이 증가하기 시작했다. 이러한 결과로 인하여 에스트로겐이나 프로게스테론이 체중, 식욕, 지방조직의 지단백(lipoprotein)의 활성, 혈장 내의 중성지방, 간의 중성지방산 생성에 미치는 영향이 크다고 볼 수 있다.

이 두 가지 호르몬과 스테로이드는 기본적으로 세포핵을 자극하여 필요한 효소를 합성하는 데 도움을 준다. 에스트로겐은 단독으로 지방조직의 지단백 활성을 저하시키고(지방조직에서 중성지방합성을 저하), 동시에 간의 중성지방합성을 증가시킴으로써 혈중중성지방치는 상승한다. 그 결과 중성지방의 이용이 높아진다. 이것에 의해 혈당은 유지되고 식욕이 저하하고, 또 체중이 감소하게 된다. 그런데 프로게스테론은 반대로 지방조직에서는 지단백활성을 증가시키므로 중성지방이 증대하고 저장되는 지방량이 증가한다. 간에서는 중성지방리파제(lipase)의 활성을 증가하므로 간의 중성지방은 감소한다.

사춘기 이후의 여성에게서 체지방률의 증대는 이처럼 에스트로겐과 프로게스테론의 상호작용에 의해서 이루어진다. 또 피하지방에 비하여 자궁 내 지방조직은 호르몬감수성이 높아 빠르게 저장된다. 에스트로겐만으로는 식욕을 감소시키고 체중을 감소시키거나 운동량은 증가시킨다.

④ 수분대사

황체기에는 나트륨이온을 재흡수하고 수분의 저축을 알 수 있는 전해질코티코이드(corticoid)가 증가하고 수분의 재흡수도 증대한다. 이 시기는 수분증대가 체중증가의 원인이 되기도 한다.

이에 대해 Rottgen은 혈장에서의 주기적 변화는 없으나 조직사이질액에서는 월경 전에 강한 수분이 저축되는 현상을 밝혔다. 그 예로 체중 65kg의 여성은 수분저축량은 800㎖에 달한다고 보고하였다. 이것은 에스트로겐의 혈관투과성항진작용에 의한 Na, Cl의 세포외액으로 이행과 그것에 동반하는 수분의 증가 때문이다. 이와 같이 황체기에는 수분의 저축, 부종, 체중증가와 같은 신체운동에 마이너스효과를 주는 현상이 일어난다.

⑤ 호흡기능

황체기에는 호흡수가 증가하고, 허파꽈리(폐포)탄산가스함량 및 동맥혈탄산가스분압($PACO_2$)의 저하, 허파꽈리산소함량 및 동맥혈산소분압(PAO_2)의 상승을 가져온다.

Schoene 등은 안정 시의 환기량, 구강압(mouth occlusion pressure), 저산소에 대한 환기 응답(hypoxic ventilatory response), 고탄산성 환기반응(hyper capnic ventilatory response)이 황체기에서 유일하게 높게 나타났다고 발표하였다.

이 구강압의 증대에서 나타났듯이 황체기에서는 호흡조절의 신경계 감수성이 높아지고 있다.

이는 황체기에 환기량이 높아지고 안정 시 점진적 부하에 의한 작업 시 및 최대운동 시 $\dot{V}_E$(환기량)/$\dot{V}O_2$(산소섭취량)에는 유의성이 높게 나타났다. 환기량의 증대는 일반인들에게는 작업시간, 탄산가스배출량을 저하시키는 데 비해 운동선수는 저하되지 않는다.

⑥ 순환기능

월경 시 여성들의 순환계반응은 호흡계만큼 현저한 변화는 없다. 山川純과 Jurkwokis는 안정 시 혈압, 심박수 및 체위혈압반사 회복시간에 대하여 2개월 간 측정한 결과 두 기간에는 유의한 차가 없었다. 그러나 체위혈압반사 회복시간은 월경기간 중 현저한 연장을 나타내서 배란기의 2배에 달하였다. 또 부하작업 중에서 순환계반응은 심박출량, 심박수, 1회박출량에 유의한 차가 없었다. 즉 안정 시 심박출량, 운동 직후의 심박수 등 두 주기간에는 유의한 차가 없었다.

이와 같이 안정 시나 운동 시 호흡순환계에는 황체기에서는 유의한 영향이 있다고 인정되는데, 순환계에서는 유의한 영향이 인정되지 않았다. 그러나 이것들의 반응에 대한 개인차는 큰데, 이 경우 혈중성호르몬량과 성호르몬에 대한 감수성이 개인적으로 각기 다르게 나타나는 것이 특징이다.

⑦ 근 력

월경 시 근력에 관하여는 오래전부터 많은 연구가 있었다. 그러나 공통된 결과 이 시기에 나타나는 악력, 등근력, 배근력 등 몸통의 근육들은 황체기에 전반적으로 평상 시보다 낮은 결과를 나타낸다.

⑧ 신경계

월경주기와 신경반응시간은 관계는 큰 관련이 없으나, 이 기간에는 자율신경계의 길항작용이 불안정해진다는 연구가 있다. 이것은 대사계에서 볼 수 있듯이 카테콜아민(catecholamine)의 주기적인 변동과도 일치한다. 또 성호르몬과 다른 호르몬 혹은 자율신경중추에서의 상호작용에 대해서는 확실하지 않다.

2) 여성의 폐경과 건강

최근의 경향은 초경이 연령적으로 빠르기 때문에 폐경 역시 조금씩 늦게 나타나고 있다. 이 시기에 나타나는 대표적인 증상으로 폐경기장애를 들 수 있다. 이것은 크게 자율신경성과 심인성으로 구별할 수 있다.

표 9-1은 갱년기에 자주 나타나는 증상이다. 이것들은 대부분 운동부족증과 비슷하다. 특히 폐경기나 중년기 여성은 남편이나 자녀들과의 관계악화, 노인이 된다는 강박관념, 욕구불만 등에 의하여 정서불안, 정신적 긴장상태, 신체장애 등까지 일어날 수 있다. 특히 신체운동은 정신적인 긴장상태를 풀어주는 계기가 된다. 운동에 대한 적응과정은 교감신경긴장의 저하과정이다. 적당한 운동은 갱년기 자각증상의 개선에 도움이 될 것이다.

표 9-1　여성의 갱년기에 나타나는 증상

분　류	증　상
지각장애	순간적 기억상실, 시력상실
혈관운동신경장애	현기증, 심계항진, 사지냉감, 협심증
운동기계장애	요통, 관절통, 어깨결림, 근육통, 떨림
정신신경장애	두통, 현기증, 불면, 귀울림, 흥분, 수면장애, 공포감, 기억불량, 판단력 불량
피부분비계장애	발한, 입속건조, 입속염증, 혀의 염증
비뇨기계장애	빈번한 배뇨, 배뇨 장애, 배뇨통
소화기계장애	구토, 식욕부진, 변비, 복부팽만 등

또 갱년기가 내분비환경의 변천과정에 있다면 폐경기 이후의 신체상태는 여성호르몬의 영향감소로 인하여 노화현상이 겹친 상태라고 볼 수 있다. 여성호르몬인 에스트로겐분비의 감소는 폐경기 후 특히 현저하게 감소한다.

폐경기 후 급증하는 질환은 골질이 감소하고 뼈가 잘 부서지는 골다공증이다. 이는 같은 연령의 남자보다 약 7배나 높다. 덧갑상샘(부갑상선)호르몬은 뼈에서 칼슘을 흡수하는 기능을 촉진하지만 에스트로겐은 이 작용을 억제하며 길항하고 있다.

폐경기에 동반하는 에스트로겐이 감소되어 뼈의 보호작용을 상실되는데, 여기에 칼슘부족, 운동부족에 의한 뼈의 위축이 증가되면 최악의 상태가 된다.

적당한 신체운동은 혈액순환을 양호하게 보호하고 뼈와 대사를 활발하게 한다. 갱년기, 폐경기 후에는 남성과 같이 적절한 신체운동이나 스포츠를 실시하는 것이 무엇보다도 중요하다.

◦ 참고문헌 ◦

구광수 외(2016). 건강한 삶을 위한 운동과 건강교육, 대경북스.

김복현(2013). 현대인을 위한 건강과 운동, 대경북스.

김상국 역(1996). 웰니스 개념과 적용, 21세기교육사.

김수근 외(2007). 건강설계론, 대경북스.

김수근 외(2008). 인간과 건강, 대경북스.

김승권, 장창현, 한명우(2001). 운동과 건강, 태근문화사.

김재호, 박문수(2009). 신 학교보건, 대경북스.

김종오 외(1987). 공중보건학, 고문사.

김창국 외(2007). 인간움직임을 이해하기 위한 인체해부학, 대경북스.

대한비만학회(2001). 임상비만학, 고려의학.

박계순, 이한준(2008). 뉴 패러다임 보건학, 대경북스.

보건복지가족부 질병관리본부(2016). 2016 국민건강통계.

서영환 외(2016). 운동처방과 질환별 운동치료 프로그램, 대경북스.

서영환(2016). 체육 · 스포츠와 건강과학, 대경북스.

서채문(2011). 건강교육학, 대경북스.

신군수 외(2009). 내 몸을 살리는 운동, 대경북스.

이강옥 외(2015). 건강을 위한 걷기 바이블, 대경북스.

이재홍 외(2002). 치매-일찍 알고 밝게 살자, 조선일보사.

이창현, 김영임, 이강옥 역(2004). Best 여성건강의학, 대경북스.

임재현 외(2020). 현대인의 건강과 운동이야기, 대경북스.

정일규 외(2006). 휴먼 퍼포먼스와 운동생리학, 대경북스.

정일규(2018). 굿 다이어트를 위한 지혜서, 대경북스.

최원오(2009). 현대 스포츠와 건강, 대경북스.

편집부 편(2009). 체육과학대사전, 대경북스.

Alloway RG, et al.(2015). *The Working Memory Benefits of Proprio Ceptively Demanding Training*: A Pilot Study.

Alloway RG, et al.(2016). An Exploratory Study Investigating the Effects of Barefoot Running on Working Memory.

Borer, T. K.(2003). *Exercise Endocrinology*, Human Kinetics.

Bouchard, C., R. J., Shephard, T. Stephens, J. R. Sutton, B. D. McPherson(1990). *Exercise Fitness and Health*, Human Kinetics Brooks.

Brett, J.(1987). *Preventive Medicine and Health*, John Wiley Sons, Inc.

Charles Carrol & Dean Miller(1982). *Health*, Wm. C. Brown Company Publishers.

Daniel B. Levinson(2014). *mind you can count on*: validating breath counting as a behavioral measure of mindfulness.

Daniel Sowah, et al.(2017). Vitamin D levels and deficiency with different occupations: a systematic review.

Dayna M. Yorks, et al.(2017). Effects of Group Fitness Classes on Stress and Quality of Life of Medical Students.

Dole, Arthur A, et al.(1983). *Meta-Analysis of Outcome Research in Reducing Test Anxiety*: Interventions, Rigor, and Inertia.

Eva Sahlin(2015). Using Nature-Based Rehabilitation to Restart a Stalled Process of Rehabilitation in Individuals with Stress-Related Mental Illness.

Frances E. Kuo, et al.(2004). *A Potential Natural Treatment for Attention-Deficit/ Hyperactivity Disorder*: Evidence From a National Study.

Goel N, et al.(2005). An olfactory stimulus modifies nighttime sleep in young men and women.

Gould van Praag CD, et al.(2017). Mind-wandering and alterations to default mode network connectivity when listening to naturalistic versus artificial sounds.

Gregory N. Bratmana, et al.(2015). Nature experience reduces rumination and subgenual prefrontal cortex activation.

Harold, S. D.(1964). *Healthful Living*, McGraw—Hill Book Company.

http://castingforrecovery.org/

Hur MH, et al.(2014). *Aromatherapy for stress reduction in healthy adults*: a systematic review and meta-analysis of randomized clinical trials.

Hwang E, et al.(2015). *The effects of aromatherapy on sleep improvement*: a systematic literature review and meta-analysis.

Ideno Y, et al.(2017). *Blood pressure-lowering effect of Shinrin-yoku(Forest bothing)*: a systematic review and meta-analysis.

John Hanlon,(1984). *Public Health*, Mosby College Publishing.

Jurkowski, J. E., Jones, N. L., Toews, C. J. and Stutton, J. R.(1981). Effects of menstrual cycle on blood lactate, O_2 delivery and performance during exercise, *J. Appl. physiol.*

Lee YL, et al.(2011). A systematic review on the anxiolytic effects of aromatherapy in people with anxiety symptoms.

Lewith GT, et al.(2005). A single-blinded, randomized pilot study evaluating the aroma of Lavandula augustifolia as a treatment for mild insomnia.

Lindqvist PG, et al.(2016). Avoidance of sun exposure as a risk factor for major causes of death: a competing risk analysis of the Melanoma in Southern Sweden cohort.

Luttenberger K, et al.(2015). *Indoor rock climbing(bouldering) as a new treatment for depression*: study design of a waitlist-controlled randomized group pilot study and the first results.

Magdalena M.H.E. van den Berg, et al.(2015). *Autonomic Nervous System Responses to Viewing Green and Built Settings*: Differentiating Between Sympathetic and Parasympathetic Activity.

Marselle Melissa R, et al.(2014). *Examining Group Walks in Nature and Multiple Aspects of Well-Being*: A Large-Scale Study.

Michael F. Holick(2010). *The Vitamin D Solution*: A 3-Step Strategy to Cure Our Most Common Health Problem.

Miles Richardson, et al.(2016). *Joy and Calm*: How an Evolutionary Functional Model of Affect Regulation Informs Positive Emotions in Nature.

Patricia Pendry, et al.(2014). Randomized Trial Examines Effects of Equine Facilitated Learning on Adolescents Basal Cortisol Levels.

Röttger, H.(1954). *Wasser Haushalt unt Mestreuller*, Zyclus Arch. f. Gynäk.

Samuel B. Harvey, et al.(2016). *Exercise and the Prevention of Depression*: Results of the HUNT Cohort Study.

Schone, R. B., Robertson, H. T., Pierson, D. J. and Person, A. P.(1981). Respiratory drivers and exercise in menstrual cycles of athlectic and nonathletic women, *J. Appl. Physical*.

Stanford Medicine(2015). *Balloon Breathing*.

Steven J Petruzzello, et al.(1991). A Meta Analysis on the Anxiety-Reducing Effects of Acute and Chronic Exercise.

Tarttelin, M. F. & Gorski, R. A.(1973). The effects of ovarian steroids on food and water intake and weight in the female rat, *Acta Endocr, 72*.

The Loadout Room(2012). *Tactical Breathing*.

Tina Bringslimark(2007). *Psychological Bene of Indoor Plants in Workplaces*: Putting Experimental Results into Context.

von Haaren B(2016). Does a 20-week aerobic exercise training programme increase our capabilities to buffer real-life stressors? A randomized, controlled trial using ambulatory assessment.

Wilmore, J. H., D. L. Costill(1994). *Physiology of Sport and Exercise*, Human Kinetic Publishers, Inc.

Woelk H, et al.(2010). A multi-center, double-blind, randomised study of the Lavender oil preparation Silexan in comparison to Lorazepam for generalized anxiety.

Xiao Ma(2017). *The Effect of Diaphragmatic Breathing on Attention*, Negative Affect and Stress in Healthy Adults.

▨ 참고 사이트 ▨

대한고혈압학회 http://www.koreanhypertension.org

대한비만학회 http://www.kosso.or.kr

보건복지가족부 http://www.mw.go.kr

대한당뇨병학회 http://www.diabetes.or.kr